MODERNIDADE E TRADIÇÃO CLÁSSICA

MODERNIDADE E TRADIÇÃO CLÁSSICA

ensaios sobre arquitetura 1980-87

Alan Colquhoun

TRADUÇÃO Christiane Brito

PREFÁCIO Roberto Conduru

Cosac & Naify

53.

Prefácio

Presença intelectual constante mas discreta na cena inglesa a partir dos anos 1950, Alan Colquhoun começou a atuar como crítico no início da década de 1960. O primeiro texto que lhe deu maior evidência como crítico foi a resenha de *Teoria e projeto na primeira era da máquina*, de Reyner Banham, publicada no *British Journal of Aesthetics* em 1962.[1] Apesar de aprovar sua ruptura com o determinismo de Nikolaus Pevsner e sendo o autor da sentença que inspirou Banham em seu estudo ("O que distingue a arquitetura moderna é, sem dúvida, um novo sentido de espaço e a estética da máquina"),[2] Colquhoun não deixa de apontar a persistência do positivismo no livro. Comentando o episódio, Kenneth Frampton afirma que Colquhoun, "seguindo o caminho aberto por Colin Rowe, procurou submeter a cultura arquitetônica moderna, tanto construída quanto teórica, a um exame muito mais rigoroso do que vinha recebendo até então da crítica empiricista inglesa".[3] Rigor e anti-empiricismo — traços da crítica de Colquhoun que estão presentes no livro que ora se publica em português.

Assim como seus livros anteriores, esse se constitui de textos produzidos dispersamente mas que, reunidos, permitem ver a unidade de seu olhar. E não só porque os textos concentram-se, segundo Colquhoun, em "três áreas de interesse, mas relacionadas": em alguns conceitos dominantes no discurso arquitetônico desde o início da modernidade (história, classicismo, romantismo, historicismo e racionalismo), na vanguarda clássica (especificamente nos trabalhos de Le Corbusier) e em controvérsias contemporâneas (sobretudo no pós-modernismo). Independente dos temas, sobressai a sua visada crítica.

Deixando para trás uma história engajada de modo mais ou menos evidente na defesa dos princípios do movimento moderno, Colquhoun explora as diferenças entre a teoria e a prática da arquitetura na modernidade, apontando e avaliando as descontinuidades entre os manifestos, os projetos, as obras, as avaliações críticas e as narrativas históricas existentes. De onde emergem arquitetura e história complexas e, talvez por isso, ainda mais encantadoras. Tendo firmado posição desde cedo contra reducionismos de variadas ordens, como já apontou Frampton,[4] Colquhoun critica as simplificações, inconsistências e contradições do historicismo, do funcionalismo e do estruturalismo, opondo-se ao determinismo e à causalidade na história.

Para um crítico de arquitetura europeu como Colquhoun, o classicismo é mais do que um estilo ou uma linguagem, posto que é mesmo um tópico problemático a partir do qual se define a cultura arquitetônica. Seus ensaios seguem a trilha aberta por estudos já clássicos sobre as persistências do classicismo na modernidade de Colin Rowe (*The Mathematics of the Ideal Villa*, 1947), Rudolf Wittkower (*Architectural Principals in the Age of Humanism*, de 1949), Le Corbusier (*Le Modulor*, de 1949 e 1955) e John Summerson (*A linguagem clássica da arquitetura*, de 1963; já publicado no Brasil). Participam, assim, de uma tendência de estudos sobre a tradição clássica, tanto em si quanto em relação ao movimento moderno de arquitetura, que se conecta à tradição crítica e historiográfica de longa duração na qual se incluem as obras de Erwin Panofsky, Aby Warburg e Johann Joachim Winckelman.

Não só nesse livro, mas em toda a obra de Colquhoun, Le Corbusier ocupa um lugar especial. Porque o considera um teórico proeminente, diferente em tipo e grau dos demais mestres modernos, apesar de ter uma filosofia dualística que jamais conciliou satisfatoriamente suas matrizes intelectuais contraditórias e conflitantes, apresenta um Corbusier menos positivista do que parece e de como é visto geralmente. E mais variado, já que diferencia qualitativamente sua produção — sua pintura de sua arquitetura, sua teoria de sua arquitetura e de seu urbanismo. Mais do que em sua pintura purista, é em sua arquitetura que se encontra a complexidade linguística e a tensão estética do cubismo. A obra de Le Corbusier permite a Colquhoun explicitar de modo radical a heterogeneidade da cultura arquitetônica e o problema da arquitetura como metáfora poética, como produto de uma resolução artística. Ao assumir a arquitetura como representação, diferenciada da construção à qual está imbricada, Corbusier problematiza a pretensa opacidade da arquitetura moderna e explicita o conflito, latente na sua como em outras obras modernas, do edifício como expressão anônima e forma simbólica, como monumento e protótipo. Assim, seus projetos aparecem híbridos, ambíguos, pretendendo ao mesmo tempo constituir e representar a modernidade, implantando e simbolizando um projeto social e moral. Com relação ao urbanismo, Colquhoun considera que, ao aplicar sua teoria à cidade, Corbusier volta à não resolvida dualidade entre engenharia e arquitetura, engendrando uma cidade que "seria alienante e careceria da multivalência que seus edifícios possuem em seu mais alto grau." Nesse sentido, para Colquhoun, os grandes edifícios públicos projetados por Le Corbusier no final dos anos 20 e início da década seguinte (Palácio das Nações, Centrosoyus, Cité de Refuge e Palácio dos Sovietes) possibilitam ver esse problema de um ponto de vista novo:

> com suas formas originais e sedutoras e sua plenitude de significado, parecem existir, dessa maneira, em um mundo ambíguo e metafórico que se encontra a meio caminho entre a cidade existente, da qual eles são uma crítica, e a cidade do futuro, em que eles deixariam de existir.

O que abre um instigante caminho para abordar a dialética entre edifício e cidade, entre arquitetura e urbanismo.

Os últimos ensaios do livro abordam alguns problemas da arquitetura contemporânea. O arco de tempo delineado pelas datas de publicação dos ensaios coincide com o momento pós-modernista, mas o livro não se explica por ele. Colquhoun participa do debate sobre o pós-modernismo, mas coloca-se a certa distância, analisando suas atitudes críticas, e mesmo adiante, chegando a lançar-lhe "um olhar retrospectivo". Coerentemente com sua visada sincrônica e diacrônica, apresenta o pós-modernismo ao mesmo tempo como continuidade e ruptura do modernismo, apontando permanências e alterações no campo arquitetônico. Assim, o pós-modernismo aparece de modo nada monolítico, como o modernismo.

Se o livro parece focar em alguns temas relativos a certos períodos do século XX, seu alcance é mais amplo. Para Colquhoun, o movimento moderno estava articulado a um passado distante, podendo alcançar a origem do classicismo, mas também ao momento imediatamente anterior ao modernismo, ao intenso debate arquitetônico posterior ao século XVIII e, particularmente, à tradição acadêmica contra a qual se insurgira. Como o autor retrocede constantemente aos séculos XVIII e XIX, chegando muitas vezes à Renascença, à Idade Média e à Antigüidade greco-romana, o interesse do livro é maior do que a leitura apressada das palavras que compõem o título pode sugerir. Perpassam nos ensaios instigantes considerações sobre o historicismo, o ecletismo e o idealismo na arquitetura, assim como observações iluminadoras sobre a questão da tipologia, o conceito de espaço, a relação entre arquitetura e música. Nesse sentido, o livro é importante para os que estudam tanto o Movimento Moderno, o período anterior e o pós-modernismo, quanto a arquitetura de modo geral.

Se os ensaios resultam de uma prática crítica de colaboração em revistas de arquitetura e arte (*Architectural Design*, *Art Criticism*, *Assemblage*, *Casabella*, *Modulus* e *Oppositions*), livros e enciclopédias, delineando o percurso de seu ensaísmo crítico, também permitem ver a estrutura conceitual com a qual Colquhoun pensa a arquitetura, exibindo sua grande familiaridade com a filosofia e a história. Isso explica tanto a terminologia variada, oriunda de diferentes disciplinas, quanto a citação nada empostada ou gratuita de autores como Auerbach, Saussure, Schönberg, Russel, Barthes, Vico, Greenberg, Rousseau, Foucault, Novalis, Adorno, Malinowski, Lessing e Lukács, entre muitos outros.

De argumentação sucinta, seu texto é sintético e denso, rigoroso na discussão dos conceitos e das grandes tradições do pensamento, mas também fluido e, por vezes, até veloz nas passagens de um momento histórico a outro e nas conexões entre arquitetura, história e filosofia. Entendendo a arquitetura como "uma das instituições semi-autônomas da cultura contemporânea", articula a tradição e a prática arquitetônica corrente a outras disciplinas, inserindo-as em uma cultura aparentemente infinita. Apesar de analisar menos as obras e mais os conceitos que as norteiam e as tradições nas quais se inserem, por vezes arrisca análises comparativas, como a que aproxima a arquitetura de Robert Venturi e o pensamento de Jean-François Lyotard.

Para Colquhoun, "A história fornece tanto as idéias que necessitam de crítica quanto o material a partir do qual essa crítica é forjada". Nesse sentido, seus textos constituem um exemplo de crítica histórica. E distanciada. Parafraseando Colquhoun, quando indica a arquitetura desejável contemporaneamente, pode-se dizer que a sua é uma crítica que está constantemente consciente da própria história, mas que é, também, freqüentemente crítica em relação às seduções da história. No seu entender:

> A crítica ocupa a terra-de-ninguém entre o entusiasmo e a dúvida, entre a simpatia poética e a análise. Seu objetivo não é, exceto em casos raros, elogiar ou condenar, e ela não pode nunca compreender a essência da obra que discute. Ela deve tentar penetrar na aparente originalidade da obra e expor seu enquadramento ideológico sem torná-la uma mera tautologia.[5]

O que explica o seu "caminho do meio" entre a tradição da crítica empática, de veia poética, e a visada objetiva, pretensamente científica.

Mas os textos são apenas relativamante neutros, já que também revelam o posicionamento de Colquhoun na cena contemporânea. Apesar de dois terços dos ensaios versarem sobre temas, arquitetos e obras do passado, sobretudo do modernismo, o livro vincula-se fortemente à contemporaneidade. Não poucas vezes, os ensaios acabam abordando a situação contemporânea das questões analisadas historicamente, chegando a comentar brevemente o trabalho de Giorgio Grassi, Norman Foster, Leon Krier, Cesar Pelli, Michael Graves, Robert Venturi e Aldo Rossi. Nesse sentido, é elucidativa a situação no livro do texto sobre as noções de "novidade" e "valor de época" para Aloïs Riegl: junto aos ensaios centrados na problemática recente da arquitetura, já que Colquhoun as aborda porque considera "possível aplicá-las à situação contemporânea em arquitetura."

Apesar de aceitar o pluralismo contemporâneo na arquitetura, ele é manifestamente contra o relativismo. Entretanto, não parece engajado em qualquer das tendências arquitetônicas ou teóricas que apresenta e analisa. Seu lugar parece ser o da crítica que contribui para a causa da arquitetura examinando suas idéias e realizações do modo mais distanciado e rigoroso possível. Ao final da introdução, Colquhoun externa sua "profunda preocupação com a ausência de qualquer discurso coerente" na cena contemporânea e oferece seus ensaios "como uma contribuição para o desenvolvimento de tal discurso".

Caso ocorra a idéia de cotejar seus escritos com sua produção arquitetônica, vale lembrar de antemão que, ao apresentarem a arquitetura que produziram,[6] Colquhoun e Miller citam três referências que também perpassam a crítica do primeiro. Defendem que o processo de projetar é mais dialético do que dedutivo e próximo do que, no contexto da pintura, E. H. Gombrich denominou como "making and matching". Estendem à arquitetura o que Claude Lévi-Strauss disse sobre o estruturalismo: "Uma abordagem resolutamente intelectual, uma tendência a favor de arranjos sistemáticos, uma desconfiança de soluções mecanicistas e empíricas." E consideram que o seu "trabalho, como o de outros arquitetos, revela o conflito entre o funcionalismo e tipologias mais antigas", uma dialética que "já estava presente nos anos 20 e 30 na obra de Le Corbusier". Além disso, como disse John Winter, o efeito de simultaneamente escrever, teorizar, ensinar e construir é evidente em projetos que são "intelectualmente rigorosos, às vezes ao ponto da secura"[7] — assim como seus ensaios, se poderia acrescentar.

Se, além dessa "frieza", o lapso de tempo entre a publicação avulsa dos ensaios, entre 1980 e 1988, a reunião dos mesmos em livro, em 1989, e sua tradução para o português, em 2003, fez os textos perderem o "calor" do momento e a intensidade do debate pós-modernista, não diminuiu sua atualidade. Agora que a maré pós-modernista baixou, secou a tal ponto que, por vezes, parece não ter existido, o livro surge como um documento de época, evidenciando uma das vozes daquele momento, ainda que uma especialmente distanciada. Dado o tom crítico e a visada histórica, além das vinculações de longo alcance no tempo, os ensaios indicam a tradição em que as posições do presente estão imersas e constituem um quadro de referências que ajuda a perceber a configuração contemporânea das vertentes do campo arquitetônico.

•••

No Brasil, a obra de Alan Colquhoun é conhecida ao menos desde a década de 1980, pelo que se pode depreender da leitura dos textos de Carlos Eduardo Dias Comas, Edson Mafhuz, Jorge Czajkowski, Sophia Silva Telles, Luiz Espallargas Gimenez e Carlos Alberto Ferreira Martins. Contudo, até agora, apenas dois ensaios seus haviam sido publicados no país: "Racionalismo, um conceito filosófico na arquitetura"[8] (incluído nesse volume) e "O conceito de regionalismo".[9]

Colquhoun chegou a estar no país em outubro de 1992, a convite do Núcleo de Pesquisa e Documentação da FAU/UFRJ, por iniciativa de Jorge Czajkowski, para ministrar um seminário sobre o pós-modernismo para especialistas e proferir uma palestra sobre o conceito de regionalismo para um público mais amplo,[10] contando com a participação de Alfonso Corona Martinez, que publicou na época um depoimento sobre o crítico inglês.[11] Nessa ocasião, em que também visitou Brasília, Colquhoun concedeu entrevistas a Hugo Segawa[12] e Ana Luiza Nobre.[13] Entretanto, após esse impulso de divulgação no início da década de 1990, não se pode dizer que sua obra e seu pensamento estejam suficientemente difundidos no Brasil.

Mas o valor da tradução desses ensaios atualmente é maior do que o ineditismo, pois participam do processo de atualização do debate arquitetônico no Brasil, intensificado nas últimas duas décadas. As interpretações particulares de Colquhoun somam-se às leituras da arquitetura moderna e contemporânea já editadas no país, sejam grandes narrativas ou ensaios mais pontuais, de autores como Nikolaus Pevsner, Bruno Zevi, Leonardo Benevolo, Reyner Banham, Giulio Carlo Argan, Anatole Kopp, Kenneth Frampton, Vincent Scully Jr. e Paolo Portoghesi. Entretanto, as traduções existentes não derivam de um processo sistemático de montagem de um quadro de referências minimamente suficiente. Ainda falta traduzir e editar muitas obras importantes, algumas seminais, desses e de outros autores, como Siegfried Giedion, Colin Rowe, Manfredo Tafuri, Jean-Louis Cohen, Anthony Vidler e Ignasi de Solà-Morales, entre outros; além, é óbvio, dos outros livros de Colquhoun. Apesar do que tem sido traduzido ultimamente, poucos são os autores cujas produções são editadas em maior extensão, com a publicação de outras obras além do trabalho principal ou o mais destacado na mídia.

É uma pena que os ensaios de Colquhoun não tenham sido publicados no Brasil quando foram escritos ou quando foram reunidos em livro, pois teriam colaborado para o processo de liberação da inércia modernista e para o posicionamento no campo difuso e minado do pós-modernismo. Entretanto, publicados hoje, com certeza contribuem para o entendimento e a situação no quadro ainda mais rarefeito e ardiloso da arquitetura atual.

Um dos efeitos que se pode esperar da publicação desse livro é ajudar a combater as interpretações da arquitetura moderna ainda baseadas em um positivismo reducionista, calcadas de modo mais ou menos consciente em explicações meramente tecnológicas, sociológicas e econômicas. Também é valioso o exemplo de uma abordagem da arquitetura, seja moderna, pós-moderna ou contemporânea, que vai além da simples constatação e aceitação da pluralidade arquitetônica, e considera que as diferentes vertentes, com suas respectivas tradições, exigem ou, ao menos, recomendam enfrentamentos críticos rigorosos.

Suas leituras da obra de Le Corbusier, além de estarem entre as mais "apaixonadas", apesar de — ou exatamente por — serem primordialmente críticas, são verdadeiros antídotos contra a visão provinciana que justifica as transformações da arquitetura de Le Corbusier a partir de suas viagens ao Brasil e após o conhecimento das interpretações brasileiras das proposições modernas. Evidenciando mudanças na obra de Corbusier ainda na década de 20 e sua continuidade posterior, para a qual devem ter contribuído, também e em certa medida, os desdobramentos que suas propostas receberam no Brasil, Colquhoun configura uma obra em constante transformação a partir de algumas matrizes permanentes e de variados estímulos.

Ao focar simultaneamente em arquitetura e urbanismo, considerando como teoricamente correta "a recusa de Le Corbusier em estabelecer qualquer distinção entre a arquitetura e o planejamento urbano", os textos de Colquhoun também podem auxiliar a reverter o processo de configuração de arquitetura e urbanismo como campos excludentes, quase guetos opostos, cada vez mais forte no Brasil.

Se não se aventuram em análises formais mais extensas de edifícios e espaços, como se poderia desejar, suas leituras evidenciam como a prática de projetar pertence a uma tradição muito mais ampla e complexa do que as facilidades da atual cultura da imagem parecem indicar. Para o exercício da crítica, Colquhoun oferece um exemplo de ensaísmo conectado à teoria e à prática arquitetônica que é erudito sem ser pernóstico; é abrangente, inclusivo, mas não relativista; é cativante mesmo em seu engajado ceticismo.

ROBERTO CONDURU

NOTAS

1. Alan Colquhoun, "The Modern Movement in Architecture", in *Essays in Architectural Criticism. Modern Architecture and Historical Change* (Cambridge: The MIT Press, 1981, pp. 21-25).
2. Reyner Banham, *Teoria e projeto na primeira era da máquina* (São Paulo: Perspectiva, 1979, p. 8).
3. Kenneth Frampton, "Preface", in Alan Colquhoun, op. cit., p 1.
4. Idem, ibidem.
5. Alan Colquhoun, "From *Bricolage* to Myth, or How to Put Humpty-Dumpty Together Again", op. cit., p 169.
6. Alan Colquhoun & John Miller, in Alan Colquhoun, op. cit., pp. 186-187.
7. John Winter. [s.t.], in Muriel Emanuel (ed.), *Contemporary Architects* (Londres: St. James Press, 1994, p. 187).
8. Alan Colquhoun, "Racionalismo, um conceito filosófico na arquitetura", trad. Milton Feferman, *Gávea*, n. 9, dez./1991, pp. 90-113.
9. Idem, "O conceito de regionalismo", trad. Anita Regina Di Marco, *Projeto*, n. 159, dez./1992, pp. 75-78.
10. "Alan Colquhoun na FAU/UFRJ — Seminário e Palestra" foram eventos realizados, respectivamente, no Auditório do Mestrado em Arquitetura da FAU/UFRJ e no Auditório Muniz de Aragão do Prédio da Reitoria da UFRJ, no Rio de Janeiro, em 26, 27 e 29 de outubro de 1992.
11. Alfonso Corona Martinez, "Colquhoun: honestidade e rigor crítico", *Projeto*, n. 159, dez./1992, p. 73.
12. Alan Colquhoun, "Não há diversidade na arquitetura mundial" (entrevista concedida a Hugo Segawa), *Projeto*, n. 159, dez. 1992, pp. 72-73.
13. Idem, "Regionalismo e pós-modernidade" (entrevista concedida a Ana Luiza Nobre), *AU Arquitetura e Urbanismo*, ano 8, n. 45, dez./1992-jan./1993, pp. 51-53.

Introdução

Os ensaios reunidos neste livro foram escritos para diferentes ocasiões e não possuem nenhuma unidade temática intencional. Entretanto, tendem a agrupar-se segundo três áreas de interesse diferentes, mas relacionadas. Os ensaios da primeira parte abordam alguns dos conceitos que dominaram o discurso arquitetônico durante as duas últimas décadas e ainda constituem, em grande parte, a estrutura conceitual na qual "pensamos arquitetura". O mais importante e, ao mesmo tempo, o mais ambíguo desses conceitos é a "história" propriamente dita. É no contexto do variável significado de "história" que se desenvolveram todas as "teorias" da arquitetura desde meados do século XVIII. Mesmo hoje, as posições assumidas por vários protagonistas do presente debate arquitetônico são fundamentadas, explícita ou implicitamente, em suposições sobre o papel da história na formação dos valores culturais modernos. Esse problema é abordado nos quatro primeiros ensaios. O significado de palavras-chave como *classicismo*, *romantismo*, *historicismo* e *racionalismo* é discutido com relação não somente a diferentes épocas, mas também aos variáveis conceitos de história nos quais se funda.

Os ensaios da segunda parte do livro giram em torno do mesmo conjunto de problemas, agora vistos em relação à vanguarda clássica — especificamente os trabalhos de Le Corbusier, que, de todos os mestres do movimento moderno, foi o que estava mais intensamente consciente da ruptura da continuidade cultural vivenciada no início do século XX. É das tensões e contradições de seu trabalho daí decorrentes, e de sua tentativa de atuar como mediador entre o passado e o presente, que essencialmente tratam esses três ensaios.

A parte final consiste de ensaios em que controvérsias atuais são explicitamente discutidas, particularmente o problema do chamado pós-modernismo. Esses são ensaios ocasionais em seu sentido mais amplo. Alguns são pouco mais do que rascunhos para ensaios mais substanciais que nunca serão escritos. Não obstante, talvez eles tenham o efeito de redeterminar o foco dos ensaios anteriores em direção à nossa difícil situação atual, mostrando sua relevância em face da presente crise.

O hábito de falar de arquitetura com referência a "crises" remonta ao final do século XVIII, quando a tradição clássica começou a perder sua autoridade exclusiva e os arquitetos, com sua recém-descoberta ansiedade histórica, começaram a procurar paradigmas alternativos. O século seguinte teve de lidar com dois conceitos contraditórios de história. O primeiro defendia que a história (definida como a representação de eventos passados) fornecia modelos para a imitação — uma noção herdada do século XVIII e fundamentada na visão tradicional de que o propósito dos estudos históricos era aprender com o passado. O segundo conceito via a história (que então significava os eventos propriamente ditos) como um processo irreversível. Os eventos históricos deviam sua importância ao contexto em que ocorriam, e não fazia sentido tratar nenhum desses eventos como modelos literais. A única maneira de se aprender com o passado era tentar descobrir a idéia essencial que se encontrava por trás do fluxo dos eventos.

A "crise" da arquitetura na virada do século XX estava intimamente ligada à mudança de uma prática fundamentada no primeiro conceito de história para uma que se fundamentava no segundo. Quaisquer que tenham sido os argumentos teóricos apresentados no decorrer do século XIX a favor de uma interpretação historicista da história e contra a imitação dos estilos do passado, a prática da arquitetura, e o discurso ligado a essa prática, ainda estavam arraigados em antigas formas de pensamento. Havia, é verdade, divergências em relação à maneira como a história devia ser utilizada. Alguns diziam que diferentes estilos podiam ser associados em um mesmo trabalho, outros, que apenas um único estilo devia ser seguido. A "imitação" era interpretada de maneira diferente, tendo como significado a repetição de formas finais ou a descoberta de princípios subjacentes. Em um ponto, porém, todos concordavam: a essência da arquitetura encontrava-se em exemplos históricos.

Tudo isso foi mudando com a aproximação do fim do século XIX, devido ao surgimento de novas práticas que procuravam estabelecer outros fundamentos para os projetos que não fossem a imitação estilística e a adaptação eclética. Essas novas vanguardas operavam entre dois pólos extremos: o de uma arquitetura vitalista e artesanal e o de uma arquitetura racionalista e maquinista. Dessa maneira, até certo ponto, elas davam continuidade à discussão que havia caracterizado o século XIX. Foi a segunda vertente que se tornou dominante na vanguarda pós-Primeira Guerra Mundial e que determinou o tom da prática arquitetônica como um todo após a Segunda Guerra Mundial.

Recentemente, a atenção crítica voltou-se novamente para a diferença, dentro do movimento moderno, entre aqueles cujo objetivo era modificar a linguagem arquitetônica e aqueles que possuíam o objetivo mais radical de destruir a estrutura institucional e profissional da arquitetura mediante a exposição dos fundamentos ideológicos dos chamados princípios arquitetônicos. Apesar da validade dessa distinção, não deixa de ser verdade que a grande maioria dos arquitetos do movimento moderno foi motivada por ideais sociais progressistas. Eles viam seu trabalho como uma grande narrativa que lhes conferia uma razão de ser coletiva e um contexto filosófico e social no qual se poderia inserir a arquitetura. Talvez a característica mais surpreendente do declínio da ideologia modernista durante as duas últimas décadas [70 e 80] seja o desaparecimento dessa grande narrativa.

Pode-se postular, porém, que uma versão mais generalizada e menos visível dessa grande narrativa havia desaparecido bem antes de 1965 — aquela segundo a qual a "história" dotava o presente de sua razão de ser. Se isso fosse verdade, seria necessário criar uma interpretação das raízes do modernismo diferente daquela que normalmente se adotava. Os historiadores do movimento moderno, de Pevsner e Giedion a Benevolo, Collins e Frampton, sempre tentaram dotar o modernismo de uma genealogia, traçando suas origens a uma conjuntura do século XIX, ou mesmo XVIII. Ao fazê-lo, eles estavam reforçando a noção positivista de que a história é uma progressão contínua, coerente e, em geral, benéfica. É verdade que a idéia de progresso que essa visão historicista propaga inclui necessariamente a idéia da "novidade". Porém, também subentende que o presente se desenvolveu a partir do passado, em uma analogia à evolução biológica, e qualquer interpretação razoável dessa idéia deve deixar implícito que a arquitetura do presente contém evidências de características herdadas. Aparentemente, há um modelo histórico além de um modelo darwiniano para esse processo — o *topos* da *assimilação inconsciente*, do qual o mundo medieval, com sua assimilação e transformação das formas romanas, permanece, desde o movimento romântico, como o melhor exemplo.

Porém, é um tanto forçado pensar o modernismo dessa maneira. A principal questão do modernismo, tanto em arte quanto em arquitetura, era que ele representava uma mudança na relação entre o presente e o passado, em vez de ser a continuação de uma relação existente.

Sem dúvida, essa "ruptura epistemológica" poderia ser "explicada" por mudanças na sociologia, tecnologia e economia da arquitetura, conferindo, assim, à "novidade" a aparência de ser o resultado de uma causalidade histórica. Tal explicação, contudo, não se aplica tão facilmente à arte em geral, e a influência da teoria artística geral sobre a arquitetura moderna foi tão forte quanto, ou mesmo mais forte do que, a da tecnologia, como Giedion demonstrou tão eloqüentemente em *Espaço, tempo e arquitetura*. Parece, na verdade, que a noção de "modernidade" na vanguarda clássica pode ser apenas parcialmente explicada pelo historicismo. Para ela ser compreendida em sua totalidade, outras tendências têm de ser consideradas — acima de tudo, as idéias em voga no final do século XIX que eram fortemente anti-historicistas, como as que se pode encontrar em certos escritos de Nietzsche, por um lado, e entre os formalistas neokantianos, por outro, que ou negam a lógica da mudança histórica ou explicam as formas artísticas e simbólicas segundo parâmetros outros que não históricos.

Se aceitarmos tal interpretação do "moderno", as mudanças de opinião dos últimos vinte anos irão parecer uma mera continuação da "crise" que abalou a arquitetura em torno de 1910 — o momento em que ocorreu uma ruptura aparentemente irreversível com a história. Mesmo se sustentássemos que as condições "objetivas" nunca foram determinadas com suficiente clareza para justificar a ruptura com a história exigida pela teoria modernista, temos de admitir que uma vez que essas teorias estavam consolidadas e tinham adquirido força, criou-se uma situação cultural objetiva completamente nova. Foi no contexto dessa nova situação que surgiram as várias reações contra o modernismo (inclusive a mais recente reação "pós-moderna") e foi a partir desse contexto que elas assumiram seu tom. Assim, todas as maneiras pela quais o pós-modernismo tentou reintroduzir as formas históricas foram, em sua essência, inequivocamente "modernas". Pertencem mais ao modernismo que desejam suplantar do que à tradição que tentam invocar. Por esse motivo, seria melhor interpretar a palavra "pós-moderno" como significando não somente um revivalismo de formas históricas, mas também de todas as tendências, aparentemente dentro do próprio modernismo, que modificaram seu conteúdo original.

Pois se a presente situação é inescapavelmente moderna, ela também contém aspectos estranhos às aspirações originais do movimento moderno. No nível da produção arquitetônica, os métodos contemporâneos de construção e as técnicas de projeto que foram criadas em torno deles continuaram a se desenvolver mais ou menos como fora previsto pela vanguarda da década de 20. Nesse prognóstico, os teóricos do modernismo estavam meramente mostrando uma inteligente presciência. Porém, não estavam igualmente certos em suas suposições de um desenvolvimento totalmente uniforme, seja no nível técnico ou cultural.

Eles assimilaram aos processos empíricos "científicos" todos os absolutos estéticos e simbólicos que haviam herdado do passado e viam esses processos como criadores de uma *Gesamtkunstwerk* global. A realidade do presente é muito diferente. Podem-se citar dois exemplos dessa realidade. Um deles é o edifício comercial moderno que, como um tipo funcional, assumiu uma importância muito maior do que a que foi prevista pela teoria modernista. Os edifícios corporativos modernos, apesar de utilizarem a mais avançada tecnologia, não são nem uniformes nem racionalmente segregados, como a teoria modernista os teria criado; em vez disso, eles competem lingüisticamente uns com os outros dentro da matriz da cidade existente. Ao mesmo tempo, suas dimensões megaestruturais impossibilitam o controle de escala e proporções que os arquitetos de vanguarda, de Sullivan a Mies e Le Corbusier, tentaram lhes conferir.

O segundo exemplo está na natureza descontínua do desenvolvimento moderno e sua variedade de formas lingüísticas. Essa variedade não é aleatória; obedece a certa demarcação de tipos funcionais, de modo que códigos lingüísticos separados operem para diferentes tipos como os edifícios comerciais, as habitações e os museus, e para as mudanças dentro das cidades e em seus arredores.

Por mais revigorante que a liberdade resultante de uma situação tão pluralista possa às vezes ser, ela não pode por si só sustentar um discurso arquitetônico coerente, e se torna cada vez mais difícil avaliar determinados desenvolvimentos em relação a um padrão comum de valores arquitetônicos. Uma precondição essencial para o desenredar desse problema seria esclarecer a situação que existia quando a teoria modernista foi formulada e verificar de que maneira essa teoria diferia do discurso herdado do passado. A "arquitetura moderna" era caracterizada pela nova relação obtida entre a arquitetura enquanto arte e a arquitetura enquanto provisão prática de abrigo. Historicamente, esses dois aspectos da arquitetura nunca estiveram completamente separados. O simbólico era uma transfiguração do real (arquitetura como transformação intelectual e representação da estrutura). O componente artístico da construção estava intimamente vinculado a um significado transcendental, e era o equivalente arquitetônico do naturalismo na pintura. Segundo a teoria clássica do naturalismo, a arte penetrava abaixo da superfície do que era dado para, assim, manifestar a "idéia". Era nesse sentido que a arquitetura podia ser pensada como a imitação da natureza.

Porém, com o modernismo, a arte se distanciou do que ela considerava ser uma realidade extrínseca e tornou-se uma exploração de formas puras, cujos significados eram imanentes e reflexivos. Foi com essa aparência que a arte tornou-se o paradigma para a arquitetura na década de 20. A antiga ligação entre a arquitetura enquanto abrigo e a arquitetura enquanto significado transcendental havia se perdido e uma nova unidade que atribuía valor transcendental à função em si foi vislumbrada dentro da teoria do funcionalismo. Essa ficção fundamentava-se em determinada constelação de eventos culturais; uma vez tendo essa constelação se dissolvido, a fusão entre propósito material e significado transcendental também se perderia. O resultado é que tudo o que não pode ser atribuído à conveniência prática é deixado sem um corpo teórico que o sustente.

Já se discutiu que toda teoria transcendental é desnecessária e, de fato, impossível na presente situação do capitalismo tardio; o desaparecimento das grandes narrativas que se destacaram durante o historicismo do século XIX e o nascimento do modernismo anunciam, diz-se, o desaparecimento final de qualquer possibilidade, ou necessidade, de uma fundamentação geral do valor. Contudo, todas as teorias da "desconstrução" que pretendem mostrar que a filosofia está morta são apresentadas dentro do formato da própria filosofia; elas não aceitam passivamente o relativismo que parecem estar celebrando.

É esse aparente paradoxo que leva à aceitação temporária do pluralismo contemporâneo na arquitetura e a uma profunda preocupação com a ausência de qualquer discurso coerente. Estes ensaios são oferecidos como uma contribuição para o desenvolvimento de tal discurso.

• • •

Agradeço a amigos e a colegas que ajudaram a conferir substância e clareza a muitas das idéias presentes neste livro — especialmente a Mary McLeod, Tony Vidler e Demetri Porphyrios. Agradeço também a Mark Rakatansky e Debbi Edelstein por sua presteza editorial e paciência e a Cymbre Raub por sua ajuda na seleção e processamento das ilustrações.

[parte 1] **Historicismo e o fardo do clássico**

Três tipos de historicismo

O título deste ensaio é apenas o ponto de partida para uma tentativa de se esclarecer a confusão que envolve a palavra *historicismo* na crítica da arquitetura moderna e, dessa maneira, tornar mais compreensível a presente situação da arquitetura, em que uma nova consciência histórica substituiu a tendência anti-histórica do movimento moderno.

As definições de dicionário (e de uso geral) sugerem a existência de três interpretações para a palavra *historicismo*: (1) a teoria de que todo fenômeno sociocultural é historicamente determinado e de que todas as verdades são relativas; (2) uma preocupação com as instituições e tradições do passado; (3) o uso de formas históricas. A palavra *historicismo* pode, portanto, ser aplicada a três objetos totalmente distintos: o primeiro é uma teoria da história; o segundo, uma atitude; o terceiro, uma prática artística. Não se pode garantir que os três tenham algo em comum. Investigarei essas interpretações para descobrir como elas se relacionam, caso tal relação realmente exista, e para ver como elas podem esclarecer o fenômeno muitas vezes chamado de *neovanguarda*.

A idéia de que os valores mudam e se desenvolvem com o passar do tempo histórico está, atualmente, tão arraigada no senso comum que é difícil imaginar um ponto de vista diferente. Contudo, no que concerne à história, essa idéia possui uma origem relativamente recente. Começou a tomar forma na Europa como um todo no século XVII, mas não lhe foi dada uma formulação filosófica ou historiográfica consistente até o século XVIII, com o surgimento do movimento romântico na Alemanha. A palavra *historicismo*, no que diz respeito à nossa primeira definição, tem origem na palavra alemã *historismus*. Costumava ser traduzida como *historismo*, mas, provavelmente sob a influência de Benedetto Croce, foi modificada para *historicismo* — do italiano *storicismo* — no início deste século.

No movimento alemão, o historicismo estava ligado ao idealismo e ao neoplatonismo. Mas a "Idéia" possuía conotações diferentes daquelas associadas ao pensamento clássico dos séculos XVII e XVIII. Segundo o pensamento clássico, os valores culturais provinham de uma lei natural. De fato, o valor da história para historiadores como Hume e Montesquieu era o de que ela fornecia evidências da existência dessa lei natural. Ao estudar história, era preciso livrar-se do desnecessário e do particular e expor o essencial e o universal. Por meio do estudo da história, aprendia-se com David Hume que "a natureza humana sempre foi a mesma em qualquer lugar". Daí se concluía que aquilo que possuía valor nos produtos culturais dessa natureza humana — a arte e a arquitetura, por exemplo — era igualmente fixo. A arquitetura, não menos que a pintura, era uma imitação da natureza mediante a intuição das leis que lhe eram subjacentes. A história, percebida como a história do que é contingente, causava meramente o efeito de obscurecer essas leis. É verdade que o surgimento da ciência empírica no século XVII levou certos teóricos a questionar as leis imutáveis da arquitetura imortalizadas nos escritos de Vitrúvio (por exemplo, Claude Perrault chegou ao ponto de afirmar que as regras de proporção e as ordens deviam sua autoridade à tradição), mas essa não era uma opinião universalmente aceita. A maioria dos arquitetos e teóricos dos séculos XVIII e XIX ainda acreditava que a boa arquitetura obedecia a leis naturais imutáveis. Até mesmo Laugier, escrevendo em uma época em que a noção de gosto já havia abalado as certezas clássicas, defendia que Perrault fora inspirado pelo espírito da contestação e que as regras da arquitetura podiam ser deduzidas a partir de alguns axiomas óbvios baseados em nossa observação da natureza. A melhor arquitetura era aquela que mais se assemelhava à natureza, e aquela que mais se assemelhava à natureza podia ser encontrada na construção dos antigos — apesar de algumas vezes mesmo eles terem se equivocado, casos estes em que a arqueologia tinha de ser complementada com a razão.

O idealismo da visão neoclássica da arquitetura era, portanto, absolutista e dependia de um misto de autoridade, lei natural e razão. Apesar de as doutrinas do neoclassicismo diferirem, em muitas maneiras, das do Renascimento, ambas defendiam que os valores da arquitetura referiam-se a leis fixas, exemplificadas nas construções greco-romanas.

A visão historicista discutia a epistemologia da qual dependia essa visão de arquitetura e gerou uma interpretação totalmente diferente do Ideal. Segundo o historicismo, o conceito clássico de um ideal fixo e imutável era, na verdade, um falso realismo; e tentava aplicar às obras do homem os mesmos padrões objetivos que aplicava ao mundo natural como um todo. Porém, o homem pertencia a uma categoria diversa daquela da natureza inorgânica ou orgânica. O homem e suas instituições somente podiam ser estudados em relação ao contexto de seu desenvolvimento histórico. O indivíduo e as instituições sociais por ele construídas eram governados por um princípio vital e genético, não por leis fixas e eternas. A razão humana não era um reflexo fiel das verdades abstratas; era a racionalização de tradições e instituições sociais que haviam evoluído lentamente e que variavam de acordo com o lugar e o momento. O ideal era, portanto, um objetivo que emergia da experiência e da contingência histórica. Apesar de talvez ter sido necessário postular um ideal que fosse, em última análise, o mesmo para todas as culturas, este não podia ser compreendido racionalmente. Poderíamos dar a ele somente os nomes que pertenciam aos valores de uma cultura local em sua etapa específica de desenvolvimento. Toda cultura, portanto, continha um misto de verdade e falsidade ao ser comparada com o ideal; da mesma maneira, cada cultura poderia sustentar apenas a sua própria noção de verdadeiro e de falso por meio de valores que fossem imanentes em determinadas formas sociais e institucionais.

Sob esse ponto de vista, a sociedade e suas instituições eram análogas ao indivíduo. O indivíduo somente pode ser definido segundo parâmetros relacionados a si próprio. Embora esse indivíduo tenda a ser motivado pelo que ele e sua sociedade vêem como normas objetivas de crença e conduta, sua própria essência não pode ser reduzida a essas normas; ela é constituída pelos fatores contingentes de seu nascimento e está sujeita a um desenvolvimento singular. O valor da vida desse indivíduo não pode ser definido de modo a excluir sua individualidade. O mesmo vale para sociedades, culturas e estados: eles se desenvolvem segundo leis orgânicas que foram internalizadas em suas estruturas. Neles, a verdade não pode ser separada do destino.

Com base em uma nova noção de história, essa visão encontrou sua expressão máxima no campo da historiografia. O objetivo do historiador passou a ser pesquisar o passado de determinada sociedade tendo como finalidade a pesquisa em si mesma, e não a confirmação de princípios *a priori* e a criação de modelos, como faziam os historiadores ingleses e franceses do século XVIII. Esse novo projeto foi empreendido nos países de língua alemã em reação ao racionalismo francês que havia dominado o pensamento europeu por dois séculos, e coincidiu com o surgimento da consciência nacional alemã. Na obra de Leopold von Ranke, o primeiro grande historiador dessa escola, a escrita da história era caracteri-

zada por duas tendências igualmente importantes: o exame objetivo e exaustivo de fatos e a tentativa de se penetrar no espírito essencial do país ou período em estudo. A dialética entre esses dois objetivos (que poderiam ser chamados de positivista e idealista) já havia sido claramente exposta por Wilhelm von Humboldt em seu famoso ensaio "Da tarefa do historiador", de 1821. Segundo von Humboldt, aos eventos da história são conferidos propósito e estrutura por um espírito ou idéia oculta, exatamente como a idéia ou forma é ocultada nas formas infinitamente variáveis do mundo visível. É tarefa do historiador revelar a idéia subjacente à superfície empírica dos eventos históricos, exatamente como é tarefa do artista revelar o ideal subjacente à aparência particular dos corpos. Ao mesmo tempo, a idéia somente pode tornar-se manifesta por intermédio do estudo detalhado desses eventos. Qualquer imposição à história de um propósito *a priori* inevitavelmente distorcerá a realidade, e é essa *realidade* que é o objeto do estudo histórico.

Um ideal que emerge de eventos históricos específicos acarreta uma relativização das culturas, uma vez que os aspectos do ideal a serem revelados diferem de um caso para outro; e essa relativização da perspectiva histórica está obviamente ligada, de alguma maneira, ao ecletismo na prática da arte e da arquitetura. Contudo, o ecletismo, por si só, não resultou necessariamente em uma doutrina do relativismo. Foi o produto de um interesse pela história que se desenvolveu no início do século XVIII — um fenômeno da história do gosto, antes de passar a ser

Giovanni Battista Piranesi
Templo de Netuno, Pesto, 1778.

A ponte de Stowe.

ligado à teoria histórica alemã. De fato, *retornar* a uma arquitetura baseada na natureza — uma noção tão estranha ao espírito do historicismo — era em si um dos produtos desse novo interesse e dessa nova atitude em relação à história.

A atitude em relação à história no século XVIII era fundamentalmente diversa da que se assumia na Renascença. A Renascença tinha uma forte fé em seu mundo contemporâneo. Ao regressar aos modos clássicos, retomou o caminho de um mundo que era mais moderno do que a recente cultura medieval. No século XVIII, a volta ao classicismo foi sempre acompanhada por elementos de devaneio poético, nostalgia e uma sensação de perda irrecuperável. No contexto desse tipo de consciência histórica, o ecletismo assumiu duas formas que, a princípio, podem parecer incompatíveis. Por um lado, diferentes estilos podiam coexistir, como quando se encontra um templo clássico próximo a uma ruína gótica em Stowe. Por outro lado, um estilo poderia passar a representar uma idéia moral dominante e ser associado a uma idéia de reforma social. Isso acontece, por exemplo, na segunda metade do século XVIII, na França, quando o desejo de se reformar a sociedade inicia um retorno a formas clássicas austeras, como se pode ver na arquitetura de Ledoux ou nas pinturas de David. O que é comum a ambas as formas de ecletismo é um forte apego ao passado, uma consciência da passagem do tempo histórico, e a capacidade dos estilos antigos de sugerir certas idéias poéticas ou morais. O mesmo motivo pode ser a expressão

Templo da Virtude Antiga, Stowe. Nas proximidades havia uma ruína gótica.

de um gosto privado e o símbolo da moralidade pública. Robert Rosenblum[1] cita o exemplo do frontispício do templo dórico que forma a entrada de uma caverna, uma extravagância do jardim do banqueiro Claude Bernard Saint-James antes de tornar-se um emblema da Revolução em um préstito em Lyon, alguns anos depois.

O ecletismo depende da força dos estilos históricos para se transformar em emblemas de idéias associadas às culturas que os produziram. Não há dúvida de que essa relação se tenha feito sentir pela primeira vez na Renascença, mas no final do século XVIII o conhecimento histórico tinha ampliado enormemente sua variedade de modelos culturais. Juntamente com a tradição clássica, havia um interesse pelas arquiteturas gótica e a do Oriente, o que foi, por sua vez, intensificado pela descoberta da arquitetura grega. A idéia de um regresso a um classicismo severo e primitivo fundamentado em princípios *a priori* e na lei natural era um aspecto de uma nova situação que fazia surgir a nova possibilidade da escolha. A escolha implica a existência de um padrão de gosto e uma decisão quanto à norma correta — seja esta norma fundamentada em uma escala relativa ou em um padrão absoluto.

Voltando às nossas definições, vemos que a "preocupação com as instituições do passado" e o "uso de formas históricas" pertencem a uma categoria mais ampla de fenômeno histórico do que a teoria historicista de que "todo fenômeno sociocultural é historicamente determinado". Foi somente quando se formulou a teoria historicista que a idéia

Claude-Nicolas Ledoux
Casa para um chapeleiro, 1773-79. Em *L'Architecture considerée sous le rapport de l'art, des moeurs et de la législation* (1804).

do relativismo de valores culturais tornou-se uma questão. A teoria impossibilitava, a princípio, o favorecimento de um estilo em detrimento de outro, uma vez que cada estilo estava organicamente relacionado a determinada cultura espaço-temporalmente definida e não podia ser julgado, exceto segundo seus próprios termos. Contudo, o pensamento historicista não era capaz de aceitar tudo que sua teoria implicava. O historiador Friedrich Meinecke[2] chamou a atenção para o fato de que havia duas maneiras pelas quais o historicismo tentava evitar as implicações do relativismo: o estabelecimento de um período como paradigma e o que ele chamava de "vôo para o futuro".

Representar um período histórico como paradigma poderia parecer contrário aos princípios do historicismo e, ao fazê-lo, o pensamento histórico estaria claramente retornando à prática eclética. Havia, porém, uma diferença: o ecletismo nunca rompera completamente seus laços com a tradição clássica. Ele meramente qualificara essa tradição com exemplos de outros estilos, ora utilizando esses estilos para dar variedade aos temas clássicos, ora utilizando-os para purificar a noção do classicismo propriamente dito — como no caso da arquitetura gótica e grega. Com o romantismo e o historicismo, a ruptura com o classicismo foi completa. O estilo que agora se estabelecera como paradigmático fora o gótico, visto que o gótico representava não somente determinado conjunto de associações poéticas, mas também uma sociedade "orgânica". Vemos aqui uma coincidência entre o positivismo e o historicismo,

Jacques-Louis David
Os lictores trazendo a Bruto os corpos de seus filhos, 1789. Musée du Louvre, Paris.

similar àquela que já observei em Leopold von Ranke. Por exemplo, ao buscar a essência da arquitetura gótica, Viollet-le-Duc a reduziu a um conjunto de princípios instrumentais que poderia servir de modelo dinâmico para a prática contemporânea.

O outro método pelo qual o historicismo tentou superar o relativismo — o vôo para o futuro — fundamentava-se em um conjunto de idéias diferente. Uma das noções essenciais do historicismo era, como já foi dito, a idéia de evolução. Não somente eram as várias culturas o resultado do deslocamento geográfico e temporal, não somente eram as culturas singulares e irredutíveis a um único conjunto de princípios, como também estavam sujeitas à lei do crescimento e da mudança. A noção de evolução genética era essencial. Sem ela, os vários aspectos sob os quais o ideal aparecera na história seriam totalmente aleatórios e arbitrários, já que não mais haveria nenhum ideal absoluto em relação ao qual se poderia avaliá-los. Era necessário substituir a noção de um ideal fixo, ao qual os fenômenos históricos deviam se adequar, pela noção de um ideal *potencial*, para o qual os eventos históricos caminhavam. Levada a seu extremo, essa visão acarretou a idéia de história como processo teleológico, em que todos os eventos históricos eram determinados por causas finais. A história estava agora voltada para um futuro apocalíptico e não mais para um passado normativo. Foram os filósofos do historicismo, particularmente Hegel, que enfatizaram dessa maneira o determinismo da história, e não os próprios historiadores.

Claude-Louis Chatelet *Le Rocher, Folie Saint-James, Neuilly.* Coleção Jacques Lebel.

De fato, von Ranke (seguindo os passos de von Humboldt) nos alertou sobre a tendência da filosofia de esquematizar a história recorrendo a causas finais. Para ele, isso era tão inaceitável quanto a noção clássica da lei natural, pois negava o que, para os historiadores, era o fundamento da evolução histórica — a independência espiritual do sujeito histórico e a operação do livre arbítrio na história.

O idealismo hegeliano, com sua ênfase sobre a teleologia histórica, substituiu a vontade do sujeito histórico pela vontade suprapessoal da história propriamente dita. O ideal não era visto como algo que impregnava os protagonistas individuais da história, como von Humboldt e von Ranke haviam ensinado; ele constituía uma implacável vontade histórica, da qual o sujeito histórico era o agente inconsciente.

A noção hegeliana de determinismo histórico, por mais mal interpretada que tenha sido,[3] teve uma profunda influência no modo de pensamento característico da vanguarda artística do final do século XIX e início do século XX. A arte e a arquitetura somente poderiam cumprir seus destinos históricos virando suas costas à tradição. Somente olhando para o futuro eles poderiam ser fiéis ao espírito da história e dar expressão, em suas obras, ao espírito de época. Em arquitetura, isso significava a criação contínua de novas formas sob o impulso do progresso social e tecnológico e a representação simbólica da sociedade mediante essas formas. Os historiadores do movimento moderno, como Giedion, Pevsner e Banham, tendiam a enfatizar esse aspecto de progresso da vanguarda.

Claude Couchet, o Jovem
Desenho de um préstito revolucionário, 1790.

Mas esse modo de pensamento não era o único ingrediente, e talvez não fosse o mais importante, da vanguarda do século XX. Uma outra influência era o que Philippe Junod, em seu livro *Transparence et opacité*,[4] chamou de "idealismo gnosiológico", cujo principal teórico era o filósofo do século XIX Konrad Fiedler. Livrando-se da atmosfera geral da tradição historicista, essa teoria procurava sistematicamente excluir da criação artística os últimos traços da idéia de *imitação*. Rejeitava a noção de que a obra de arte é um espelho em que alguém vê algo. O próprio Hegel foi a principal vítima desse idealismo radical, já que defendia que a obra de arte era um reflexo de uma idéia externa à própria obra. A noção da "opacidade" da obra de arte foi aprofundada pelos formalistas russos da década de 20, e tornou-se um componente essencial do pensamento vanguardista.

No extremo oposto, havia no modernismo a idéia da lei natural e de uma volta aos princípios fundamentais da forma artística, o que estava próximo ao neoclassicismo primitivo do Iluminismo. A tensão entre essa idéia e o historicismo é particularmente perceptível nos escritos e nos edifícios de Le Corbusier.

Não foram esses dois princípios do modernismo o que seus críticos atacaram, mas, em vez disso, a idéia do determinismo histórico. Eles corretamente chamaram a atenção para o fato de que uma fé cega no futuro possui o efeito de entregar o controle do ambiente arquitetônico às forças de mercado e seus representantes burocráticos. Um movi-

Horace Walpole
Strawberry Hill,
Twickenham, 1759.
Salão Holbein.

mento que começou como a representação simbólica da utopia chegou ao fim por ter se tornado uma ferramenta da prática econômica do dia-a-dia. Os críticos também mostraram (não menos corretamente) que a proscrição sistemática da história como fonte de valores arquitetônicos não pôde ser sustentada, uma vez que o ímpeto utópico inicial do modernismo se perdera.

O que esses críticos "pós-modernistas" foram incapazes de estabelecer foi uma *teoria da história* que fornecesse uma base sólida para essa recém-descoberta consciência histórica. Como seu ataque restringiu-se principalmente a dois aspectos do modernismo — o determinismo histórico e a amnésia histórica —, tudo o que foram capazes de propor foi a inversão dessas duas idéias: (1) a história não é, de maneira alguma, determinada; (2) a aceitação da tradição é, *de alguma forma*, a condição do significado arquitetônico. Essas duas propostas, por serem reações a outras propostas, permanecem negativas, e carecem de um fundamento sistemático e legítimo próprio.

O fato de a história não poder ser considerada como determinada e teleológica, de maneira alguma deixa espaço para se questionar a relação entre a historicidade de toda produção cultural, por um lado, e a natureza cumulativa e normativa dos valores culturais, por outro. Dificilmente poderíamos esperar o retorno a uma interpretação clássica da história, em que uma lei natural universal é um *a priori* ao qual se comparam todos os fenômenos culturais. Um dos principais motivos pelos

Thomas Rickman e Henry Hutchinson
Igreja Hampton Lucy, Warwickshire, 1822-26.

quais isso seria inconcebível é que hoje temos uma relação com a história diferente da que se tinha no século XVIII. No século XVIII, as classes dominantes eram versadas nos clássicos e eram capazes de interpretar sua cultura segundo parâmetros da cultura clássica, utilizando-a para gerar exemplos e modelos para sua conduta. Vimos que a noção de normas universais era produto de um vivo e concreto gosto pelo passado histórico. Nos dias de hoje, nosso conhecimento do passado aumentou enormemente, mas ele é da competência de especialistas, e é equivalente e oposto a uma difundida ignorância e imprecisão sobre a história em nossa cultura. Quanto mais nosso conhecimento do passado torna-se objetivo, menos ele pode ser aplicado à nossa própria época. O uso do passado para gerar modelos para o presente funda-se na distorção ideológica do passado; e todo o esforço da historiografia moderna é eliminar essas distorções. Nesse sentido, a historiografia moderna é descendente direta do historicismo. Como tal, é comprometida com uma visão relativista do passado e se opõe ao uso da história para gerar modelos diretos.

Por outro lado, é igualmente difícil imaginar uma cultura que ignore totalmente sua tradição histórica. O vôo para o futuro, que caracterizava a fase do historicismo que afetou diretamente o modernismo, tentou deliberadamente instilar um esquecimento da história. Ao fazê-lo, levantou a questão do que pode ser considerado como os dois pontos fracos do pensamento historicista do século XIX. Em primeiro lugar, ele não levava em consideração o empréstimo cultural. Preocupado com a ênfase da singularidade de cada cultura, o pensamento historicista não percebia até que ponto todas as culturas, mesmos as mais "nativas", fundavam-se nas idéias e princípios de outras culturas preexistentes. Nunca existiu uma cultura totalmente pura; para demonstrar isso, é preciso mencionar a atração que várias proto-renascenças exerceram sobre o mundo medieval e a influência que o mundo clássico nunca deixou de exercer sobre a cultura européia.

O segundo ponto fraco do historicismo (intimamente relacionado ao primeiro) é que ele tendia a suprimir o papel que o estabelecimento de normas e tipos sempre desempenhara no desenvolvimento cultural. Confundia duas coisas que, na verdade, não estavam relacionadas: a maneira pela qual as culturas podiam ser estudadas e a maneira pela qual as culturas de fato operam. Apesar de poder ser proveitoso estudar a história como se a cultura em exame fosse um organismo singular, isso não significa que ela seja de fato tal organismo. Como, por exemplo, um historicista poderia estudar uma cultura que acreditasse na lei natural e no princípio da imitação da idéia sem, de alguma maneira, contradizer seu próprio método? Para fazê-lo, a análise histórica teria de conciliar dois princípios contraditórios dentro de si mesma. Por mais paradoxal que possa parecer, esse é um importante princípio que deve ser enfrentado. Ele sugere que nossa cultura — e nossa arquitetura, como uma de suas manifestações — precisa fazer a mesma conciliação. A singularidade de nossa cultura, que é produto de nosso desenvolvimento histórico, deve ser conciliada com o palpável fato de que ela opera dentro de um contexto histórico e contém em si mesma sua própria memória histórica.

De que maneira a memória cultural pode se manifestar na arquitetura de hoje? Em minha opinião, ela não pode fazê-lo regressando ao ecletismo, se por ecletismo entendemos algo que pertence à cultura dos séculos XVIII e XIX. Tentei mostrar que, nos séculos XVIII e XIX, o ecletismo dependia da força do estilo arquitetônico para tornar-se um sinal ou emblema de determinado conjunto de idéias. Porém, isso se fundava no conhecimento e em uma identificação favorável com os estilos do passado e uma capacidade de sujeitar esses estilos a distorções ideológicas — distorções estas que nem por isso deixaram de se fundamentar em um conhecimento profundo dos estilos propriamente ditos. A arquitetura é uma forma de conhecimento por meio da experiência. Entretanto, é precisamente esse elemento pessoal de conhecimento e experiência o que falta hoje. Quando tentamos resgatar o passado em arquitetura, atravessamos um abismo — o abismo entre o final do século XIX e o início do século XX, durante o qual a força característica do estilo arquitetônico para expressar significados definidos desapareceu completamente. O ecletismo moderno não está mais ideologicamente ativo como no século XIX. Quando reavivamos o passado no momento presente, tendemos a expressar suas conotações mais gerais e triviais; o que é evocado é meramente a “antigüidade” do passado. O fenômeno já foi reconhecido há oitenta anos por Aloïs Riegl, que chamou a atenção para as duas difundidas atitudes que então prevaleciam em relação a obras de arte: “a novidade” e “a antigüidade”. Como um emblema da “antigüidade”, a volta moderna ao passado histórico opõe-se, na verdade, a uma memória demasiadamente precisa dos estilos do passado; é somente dessa maneira que ela pode tornar-se um item de consumo cultural. Assim como o modernismo propriamente dito foi recuperado pelo capitalismo, o mesmo ocorre com o “pós-modernismo” em todos os seus aspectos. O modernismo e o “pós-modernismo” são duas faces da mesma moeda. São, ambos, fenômenos essencialmente “modernos” e estão igualmente distantes da atitude em relação à história dos séculos XVIII e XIX.

Considerando-se o fato de ser inevitável que o que produzimos hoje seja especificamente moderno, independente de o quanto incorporemos o passado a nosso trabalho, devemos nos voltar para uma outra tradição — a tradição do modernismo — para ver quais de seus elementos fatalmente persistem em nossa atitude em relação a obras de arte e à arquitetura. Mencionei dois aspectos que são independentes da noção de determinismo histórico e do vôo para o futuro: a opacidade da obra de arte e a busca de fontes primitivas. A opacidade nega que a obra de arte seja meramente um reflexo ou uma imitação de algum modelo, seja

este modelo pensado como uma forma platônica ou constituído pelo mundo “real”. Nesse sentido, a opacidade opõe-se tanto ao idealismo realista quanto ao naturalismo. Mas ela não é incompatível com a idéia de memória histórica. Ao priorizar a autonomia das disciplinas artísticas, a opacidade permite, ou mesmo exige, a persistência da tradição como algo que é internalizado nessas disciplinas. A tradição artística é um dos “fatos objetivos” transformados pelo ato criativo.

Parece-me, portanto, ser válido abordar o problema da tradição em arquitetura como o estudo da arquitetura enquanto disciplina autônoma — uma disciplina que incorpora em si mesma um conjunto de normas estéticas que são o resultado de uma acumulação histórica e cultural e que tira daí seu significado. Porém, esses valores estéticos não podem mais ser vistos como constituintes de um sistema fechado de regras ou como representações de uma lei natural fixa e universal. As noções de opacidade da obra de arte e da busca de princípios básicos não pressupõem que a arquitetura seja um sistema fechado que não possui contato com a vida exterior, com a não-estética. A estética assume uma nova forma por intermédio da existência de determinada situação material, mesmo não sendo inteiramente condicionada por essa situação. Os historiadores de hoje têm uma inclinação pela investigação das condições materiais da produção artística do passado; os arquitetos de hoje devem estar igualmente a par da transformação da tradição acarretada por essas condições.

O que eu disse implica que o historicismo, considerado como a teoria pela qual todos os fenômenos socioculturais são historicamente determinados, deve ainda constituir a base de nossa atitude em relação à história. Mas a sutil manobra com que o idealismo historicista substituiu o ideal fixo por uma idéia emergente não pode mais ser aceita. É inevitável que um conceito tão unitário e místico leve a sistemas de pensamento — tanto políticos quanto artísticos — que pressuponham o que, na verdade, ainda não foi provado: que qualquer sistema histórico é uma unidade orgânica que leva, fatalmente, ao progresso da humanidade.

Ao contrário, todos os sistemas de pensamento, todos os conceitos ideológicos, necessitam de uma crítica constante e consciente; e o processo de revisão só pode acontecer se supormos a existência de um padrão mais alto e mais universal em relação ao qual se possa avaliar o sistema existente. A história fornece tanto as idéias que necessitam de crítica quanto o material a partir do qual essa crítica é forjada. O que devemos almejar hoje é uma arquitetura que esteja constantemente consciente da própria história, mas que seja sempre crítica em relação às seduções da história.

[Publicado originalmente em Architectural Design, 53, set.-out. 1983.]

NOTAS

1. Robert Rosenblum, *Transformations in Late Eighteenth Century Art* (Princeton: Princeton University Press, 1967), p. 127.
2. Friedrich Meinecke, "Geschichte und Gegenwort", 1933, in *Vom Geschichtlichen Sinn und vom Sinn der Geschichte*, 2.ed. (1939), pp. 14 et seqs.; citado por Karl Hinrichs in Friedrich Meinecke, *Historism: The Rise of a New Historical Outlook*, trad. J. E. Anderson (Londres: Routledge and Kegan Paul, 1972), p. LI.
3. Em *Introdução à filosofia da história mundial*, Hegel dá mais ênfase à necessidade de uma abordagem empírica do que normalmente se supõe.
4. Philippe Junod, *Transparence et opacité* (Lausanne: L'Age d'homme, 1976).

Classicismo vernáculo

As teorias da arquitetura apresentadas em determinado período geralmente consistem em transformações e recombinações de teorias anteriores. Além disso, às vezes acontece de uma teoria posterior inverter uma teoria anterior e esses dois conceitos, anteriormente antitéticos, tornarem-se aliados.

A expressão "classicismo vernáculo" parece ser um exemplo desse tipo de transformação. Ao que tudo indica, ela é uma antítese. Durante os períodos autoconscientemente clássicos — tanto o helenístico quanto a pós-Renascença —, *clássico* está para *vernáculo* assim como as artes maiores estão para as "artes menores", apesar de essas palavras propriamente ditas não serem empregadas até o final do movimento romântico. No romantismo, às idéias associadas ao vernáculo atribuía-se um valor independente do lugar que elas ocupavam na hierarquia clássica dos estilos artísticos. O estilo "mimético menor" tornou-se o modelo para a arte em geral e era utilizado para expressar os tipos de idéias sérias que anteriormente eram reservados ao estilo "mimético maior".[1] No pensamento romântico, porém, os significados expressos pelos dois termos permaneciam antitéticos.

A palavra *clássico* não foi empregada, de maneira geral, em relação à arquitetura ou às artes visuais até depois do movimento romântico alemão, quando a oposição entre clássico e romântico foi originalmente

Sebastiano Serlio
Cena trágica, 1545.
Em seu tratado
Architettura, livro II,
(1537-51).

cunhada.[2] Antes disso, quando os críticos ou historiadores desejavam referir-se à arte da Grécia ou de Roma, eles geralmente falavam da "antigüidade". Não obstante, na poética, a palavra *clássico* já era empregada no século II d.C., quando o gramático Aulo Gélio usava-a para distinguir entre o *scriptor classicus* e o *scriptor proletarius*. As palavras *classicus* e *proletarius* foram emprestadas da lei de impostos romana; *classicus* referia-se à primeira das quatro ordens sociais supostamente fundadas por Sérvio Túlio. Nessa tradução metafórica para a literatura, o *scriptor classicus* era aquele que escrevia para poucos, e o *scriptor proletarius*, para muitos.

A palavra *classicus* entrou novamente em voga na Renascença, primeiramente na Itália, e então na França e Inglaterra, quando passou a significar textos utilizados para o ensino em escolas ou textos gregos ou romanos oficiais que eram dignos de imitação por autores modernos. Nesse contexto, *clássico* possuía a conotação de "classe mais alta", e acarretava a transformação estilística dos vários vernáculos da Europa pós-medieval em conformidade com os modelos gregos ou romanos. Não é preciso dizer que esse é um dos sentidos em que a palavra ainda é utilizada hoje em dia, apesar de suas implicações normativas não serem mais consideradas.[3]

Parece legítimo utilizar *clássico* nesse sentido para descrever a arquitetura, bem como a literatura, da Antigüidade. A relação foi, de fato, estabelecida na Renascença e nos três séculos que se seguiram, durante

Sebastiano Serlio
Cena cômica, 1545.
Em seu tratado
Architettura, livro II,
(1537-51).

os quais a teoria clássica dominou todos os aspectos da cultura européia. O período da pós-Renascença retomou não somente muitas das práticas artísticas dos antigos, mas também sua teoria artística: a de Vitrúvio na arquitetura e as da *Poética* de Aristóteles e da *Arte da poesia*, de Horácio, na literatura e na pintura. Foi principalmente a partir dessas fontes que se originaram idéias tão fundamentais para o classicismo acadêmico quanto a *imitação* e o *decoro*.

Dessa maneira, tanto em determinada fase da própria Antigüidade quanto na Renascença, *clássico* significava práticas codificadas em um sistema de regras canônicas que reclamavam superioridade sobre todas as outras práticas, fossem elas consideradas como "gramaticais" em um sentido limitado ou, de maneira mais ampla, "artísticas". Um processo similar havia ocorrido na Índia em torno do século IV a.C., quando a antiga língua dos Vedas foi codificada pelos gramáticos e chamada de sânscrito (da raiz *san*, junto, e *Kr*, fazer).

A palavra *vernáculo* origina-se igualmente de conceitos sociais e econômicos. *Verna* significava escravo e *vernáculo* significava uma pessoa que residia na casa de seu senhor. Daí o significado aplicado posteriormente — primeiro à língua e então às artes — de formas locais, nativas e menores.

No contexto da história européia, então, a palavra *vernáculo* pode ser aplicada às práticas do *fazer* (lingüísticas, construtivas etc.) que são anteriores ou que não são abordadas pela teoria e prática clássicas. Tais

Leon Battista Alberti
Sant'Andrea, Mântua, projetada em 1470.

práticas, continuando em paralelo às das "artes maiores", foram reconhecidas pela teoria clássica e colocadas por ela no nível mais baixo da hierarquia artística (na representação da comédia de Serlio, por exemplo, em que a *fabrique* consiste em edifícios "vernáculos" dispostos sem simetria, em contraste com a simetria clássica do estilo nobre mais adequado à tragédia).

Depois da desintegração do sistema clássico no final do século XVIII, entretanto, essas formas vernáculas não-clássicas da arte começaram a ser estudadas como um fim em si mesmas. Começaram a ser pensadas não como "estilos" pertencentes a um sistema mais amplo, mas como formas de arte que possuíam significado próprio, desafiando as pretensões universais do cânone clássico. A crítica de arte e a crítica literária, depois do início do romantismo e do historicismo, tentaram inverter os valores do clássico e do não-clássico (ex.: estabelecer a arte medieval como superior à arte clássica) ou relativizar todos os sistemas de acordo com alguma teoria da evolução histórica.

O estudo literário seminal de Eric Auerbach, *Mimesis* (1946), é um excelente exemplo dessa última tradição. Auerbach estabelecia uma distinção entre a tipologia da literatura clássica e a de vários textos não-clássicos, notavelmente a Bíblia e a literatura medieval. Segundo Auerbach, enquanto a literatura clássica era caracterizada por "uma abundante ostentação de conectivos [...] uma precisa graduação de orações subordinadas temporais, comparativas e concessivas [...] e cons-

Catedral de
Estrasburgo.

truções no particípio", a Bíblia e os escritos do período medieval tendiam a "dispor diferentes imagens em fila, como contas em um fio" e a "dividir o curso de eventos em um mosaico de imagens parciais".[4] Ele via esses e outros elementos afins como pertencentes a uma tradição especificamente cristã, cujas idéias não podiam ser expressas segundo os parâmetros do decoro clássico, uma vez que exigiam uma mistura de estilos: o tratamento de sujeitos nobres em um cenário ignóbil.

Fosse ou não legítimo identificar esse tipo de estrutura literária paratáxica com a arte "vernácula" em geral, parece evidente que Auerbach está descrevendo uma tradição não-clássica geral que floresceu no período inicial da cultura cristã e que devia muito às tradições locais. Obviamente existem problemas na tentativa de se aplicar esse paradigma a *toda* a arte medieval. A catedral gótica, por exemplo, não é, de maneira alguma, um edifício "vernáculo". É um sistema representacional codificado e, como mostrou Panofsky, era organizada com uma lógica análoga ao pensamento escolástico. Pode-se defender, portanto, que a arte do alto gótico possuía muitas das características subjacentes ao classicismo. De fato, ela fundava-se na arquitetura antiga, na forma em que esta havia sobrevivido na Idade das Trevas e sido modificada por hábitos vernáculos do norte. Entretanto, a "imitação" medieval da construção dá margem a um mais alto grau de liberdade paratáxica do que é permitido nas estruturas predominantemente subordinativas da arquitetura clássica. A aceitação das desiguais torres de Chartres e de outras catedrais e a disposição aditiva e pragmática de complexos monásticos são exemplos disso. Em contraposição, um edifício clássico era concebido como um corpo cujas partes, perfeitamente distintas em si mesmas, relacionavam-se umas com as outras em uma hierarquia coordenada e auto-suficiente, em uma analogia com o corpo humano. O conceito de "ordem" por ele exemplificado, e que caracterizava o pensamento clássico, foi resumido no epigrama pitagórico "A ordem e a medida (*taxia* e *simetria*) são agradáveis, a desordem e o excesso (*ataxia* e *assimetria*) são feias e perniciosas".[5] Qualquer que seja a lógica que a catedral gótica possa ter possuído, ela não representava esse tipo de ordem. Ela pode ter pretendido levar os fiéis a uma visão da perfeição, mas não constituía em si uma imagem materializada de tal perfeição.

O que agradava os românticos em relação à arte medieval era sua mistura de estilos e sua *parataxia*. Como evidência do gosto por uma mistura de estilos, podemos citar Ruskin em *As pedras de Veneza*. "Tudo na natureza", diz ele, "possui o bem e o mal em si mesmo, e os artistas, considerados como aqueles que buscam a verdade [...] dividem-se em três grandes classes [...] os da direita percebem e buscam o bem e abandonam o mal; os do centro, *os melhores*, percebem e buscam o bem e o mal juntos e a totalidade das coisas exatamente como elas são; os da esquerda percebem e buscam o mal e abandonam o bem" (grifo meu).[6]

Templo ou casa,
Perachora,
c. 750-725 a.C.

As "três grandes classes" de Ruskin são, é claro, as mesmas mencionadas por Aristóteles na *Poética*; porém, invertidas. Quanto ao amor do romântico pela parataxia, encontramo-lo tanto na crítica literária quanto na arquitetônica. Em um de seus "Fragmentos", Novalis descreve a poesia moderna ideal da seguinte maneira: "Narrativas desconexas e incoerentes que, nem por isso, deixam de apresentar associações, assim como os *sonhos*. Simplesmente, poemas que são perfeitamente harmoniosos, mas sem coerência ou nenhum significado [...] que devem ser como puros fragmentos das idéias mais diversas".[7] Encontra-se uma atração similar pelo irracional e pelo incompreensível nas observações do jovem Goethe sobre a catedral de Estrasburgo: "Com que inesperada emoção aquela visão me surpreendeu [...] uma sensação de totalidade e grandeza me encheu a alma, sensação esta que, composta de milhares de detalhes harmoniosos, pude saborear e desfrutar, ainda que, de nenhuma maneira, pudesse-os compreender ou explicar".[8] As descrições de Friedrich Schlegel do gótico são expressas de modo similar.

A noção de parataxia, ou de "dispor as coisas lado a lado" talvez pudesse parecer, à primeira vista, incompatível com o outro conceito crucial da estética romântica: a totalidade orgânica. Para os românticos, porém, a superfície fragmentária e aparentemente desordenada de uma obra de arte, longe de indicar uma falta de unidade orgânica, era, na verdade, um sinal da mais profunda unidade, que escapava à análise por surgir das profundezas do inconsciente da mente do artista.

O "primitivismo" que encontramos no Iluminismo é muito diferente dessa abordagem romântica da arquitetura vernácula. O "retorno" não é a uma cultura particular e idiossincrática, fundada em tradições artesanais locais; é às origens da arquitetura como uma linguagem universal que obedece às necessidades da lei natural.

O neoclassicismo remontava a uma arquitetura "natural" que devia ter existido antes de a sociedade tornar-se corrupta, ou antes de a arquitetura tornar-se fragmentada em todos os "dialetos" que a pesquisa e viagens históricas haviam desvelado. A postulação de uma cultura primitiva comum, que Laugier compartilhava até certo ponto com Rousseau, não envolve a descoberta empírica de um verdadeiro vernáculo; é uma hipótese fundada no que logicamente deve ter ocorrido, associando o lógico ao cronológico.

Não se sabe muito sobre a arquitetura pré-monumental da Grécia antiga, mas o que é sabido leva-nos a crer que ela não guardava nenhuma relação com a cabana primitiva de Laugier. Nem mesmo sabe-se ao certo quais foram as origens da arquitetura monumental grega.[9] Laugier não se preocupava mais com o "verdadeiro" vernáculo mediterrâneo do que Rousseau com uma sociedade primitiva histórica. Ele estava preocupado com a purificação da doutrina clássica. Não estava procurando voltar aos primórdios do homem, mas às origens puras da

arquitetura clássica. Esse processo acarretava não a descoberta de um edifício vernáculo, mas a *revernacularização* do classicismo, com o qual se poderia consubstanciar um mito das origens.

Portanto, quando definimos *vernáculo* segundo a noção de primitivo do século XVIII, estamos envolvidos em um argumento que é caracteristicamente clássico. O mito das origens, conforme foi registrado por Vitrúvio, era uma parte integral da doutrina clássica e era necessário para o estabelecimento do classicismo como um sistema universal fundamentado na natureza. Porém, para se "compreender" determinada crença segundo critérios históricos não é necessário aprová-la. Hoje em dia é difícil deixar de perceber a tentativa do século XVIII de criar uma ontologia arquitetônica limitada pela epistemologia do século XVIII. A crença na essencial razão de ser da arquitetura, e de suas origens, é coerente com as idéias dos gramáticos do século XVIII, e encontra-se inextricavelmente ligada a elas. Assim como a linguagem, a arquitetura era considerada uma forma universal de conhecimento, mas uma forma de conhecimento que não estava completamente elaborada. Ela havia surgido por meio da tosca ordenação de nossas representações. A história e a prática tanto da linguagem quanto da arquitetura apresentavam ao observador elementos de verdade; cabia-lhe desemaranhar o novelo que havia sido enrolado no decorrer de séculos, de um modo não sistemático, e colocar os fios de volta em seu lugar.[10] É somente nos parâmetros de tal lingüística que podemos compreender o que o século XVIII

Mercado, Tetbury, c. 1700.

entendia por verdade ontológica, e como esta era aplicada ao discurso arquitetônico.

Quando, portanto, utilizamos a expressão "classicismo vernáculo", estamos descrevendo um processo pelo qual o classicismo, nos termos de sua própria teoria de linguagem, recria suas próprias origens. É um movimento de regresso dentro de um *episteme* fechado. Em todas as tentativas de se descobrir uma ontologia da arquitetura no classicismo (assim como em todos os casos em que o sistema clássico alcançava os construtores locais — de fazendas italianas a mercados ingleses), é provável que encontremos vestígios desses elementos de alto estilo que pertenciam originalmente a uma sofisticada e plenamente desenvolvida arquitetura de monumentos — a própria antítese do edifício vernáculo.

[Publicado originalmente em *Architectural Design*, 54, maio-jun. 1984.]

NOTAS

1. Para uma definição de estilos miméticos maior e menor, ver Northrop Frye, *Anatomy of Criticism* (Princeton: Princeton University Press, 1971).
2. Por Friedrich Schlegel; ver Rene Wellek, *History of Modern Criticism* (Cambridge: Cambridge University Press, 1981), vol. 2, p. 14.
3. Vestígios do *status* normativo dos estudos clássicos são curiosamente preservados nos livros didáticos de latim até hoje utilizados em escolas na Inglaterra.

Neles, ainda se encontram as regras gerais da gramática dispostas nas páginas iniciais, como se o estudo da gramática e o estudo do latim fossem a mesma coisa. Esse exemplo mostra como a maneira de pensar engendrada pelos textos clássicos (por exemplo, segundo as regras gramaticais da língua) permaneceu ligada às circunstâncias de sua origem e se sobrepôs a uma tradição nativa e mais empírica. Aprende-se gramática juntamente com o latim, e não juntamente com a própria linguagem de alguém, que é considerada "sem regras".

4. Eric Auerbach, *Mimesis* (Princeton: Princeton University Press, 1968), cap. 5, "Roland against Ganelon", e cap. 7, "Adam and Eve".

5. Timpanaro-Cardini, *Pitagorici, Testimonianze e Frammenti* (Florença, 1958), p. 299; citado em David Summers, *Michelangelo and the Language of Art* (Princeton: Princeton University Press, 1981), p. 314.

6. John Ruskin, *The Stones of Venice* (Londres: George Allen, 1886), vol. 2, cap. 6, "The nature of Gothic", p. 187.

7. Novalis, *Oeuvres complètes*, ed. A. Guerue (Paris, 1975); citado em Tzvetan Todorov, *Theories of the Symbol* (Ithaca: Cornell University Press, 1982), p. 176.

8. Wolfgang von Goethe, "Von deutscher Baukunst" (1772), traduzido para o Inglês em *Goethe on Art*, ed. John Gage (Londres: Scholar Press, 1980), pp. 103-12.

9. Cf. J. J. Coulton, *Greek Architects at Work* (Londres: Granada, 1982), cap. 3, "The Problem of Beginning".

10. Cf. Michel Foucault, *The Order of Things* (Nova York: Pantheon, 1970), cap. 4, "Speaking".

Composição x projeto

Nos países anglo-saxões, o conflito ideológico simbolizado pela oposição *composizione/projettazione* é marcado menos por uma palavra que atua como o antônimo de *composição* do que pela simples exclusão da palavra do vocabulário crítico. Nos anos do pós-guerra, essa proscrição era típica de um clima arquitetônico moral, utilitário e pragmático. A crítica, nessa época, ignorava a ambigüidade da relação entre a idéia de composição e as vanguardas artísticas. O presente ensaio tratará de algumas dessas ambigüidades.

Talvez o uso mais familiar da palavra *composição* se encontre no contexto da música, em que, no século XIX, a palavra devia ter conotações progressistas em vez de retrógradas. Esse progresso possuía fundamentação teórica na estética neokantiana e no formalismo alemão, no qual, como um tipo de extensão de Lessing, a pintura, a música e as artes em geral deviam ser estudadas empiricamente sob as duas classificações de meios materiais e de recepção psicológica. Paradoxalmente, essas investigações dos meios e efeitos específicos de cada uma das artes levaram a música a tornar-se o paradigma de todas as artes. Um possível motivo para isso foi o fato de que na campanha do século XIX contra as teorias tradicionais da imitação — ou, pelo menos, contra a interpretação cada vez mais realista dessas teorias — a música era vista como a arte menos contaminada por um objeto de imitação. A *composição* passou a significar um procedimento criativo em que o artista criava "a partir do nada" e dispunha seu material segundo leis geradas a partir do próprio trabalho. Ao mesmo tempo, o exemplo da música possibilitava repensar as relações entre forma e conteúdo, características da teoria clássica. A forma não mais era vista como um meio de se expressar determinada idéia, mas como algo indissolúvel e co-extensivo à idéia. A *composição*, portanto, era capaz de representar uma estética da imanência na qual a arte tornara-se um tipo independente de conhecimento do mundo e não mais era, como havia sido nas tradições clássica e medieval, o meio pelo qual certas "verdades" ou conceitos recebiam uma roupagem retórica.[1]

A extensão em que essa tradição formalista geral penetrou na teoria e na prática da vanguarda arquitetônica do século XX foi obscurecida pela doutrina do funcionalismo, que teve o efeito de reativar uma visão aparentemente mais tradicional e *retardatária* do "conteúdo" da obra arquitetônica, com uma roupagem de "programa arquitetônico".

Se, porém, excluirmos certos "funcionalistas" extremistas, temos de admitir que o formalismo foi um dos mais fortes impulsos subjacentes ao modernismo arquitetônico.[2] Mas a relação entre arquitetura e formalismo era um tanto diferente daquela que existia nas outras artes. Mais do que estas, a arquitetura manteve um obstinado ecletismo estilístico durante todo o século XIX. Isso parece ter ocorrido devido ao fato de que,

na arquitetura, a referência à tradição se dá por meio de sintagmas, números ou tropos de tamanho tão relativo que se recusam a ser reabsorvidos na textura do trabalho como um todo. Nas outras artes foi possível, durante todo o século XIX, manter-se um vínculo com a tradição e, ao mesmo tempo, romper com muitos procedimentos tradicionais. (Pode-se pensar, por exemplo, na perda da centralidade tonal no trabalho de Robert Schumann.) O que fora deixado da tradição era suficientemente sutil para não dar a imediata impressão de ser um uma citação ou imitação das formas anteriores. Nesse sentido, a arquitetura parece ser a mais arcaica das artes. Até a Renascença, era comum, em todas as artes, que trabalhos novos reiterassem extensas passagens de trabalhos antigos sem que se fizesse nenhuma sugestão do que hoje chamaríamos de plágio. A arquitetura é a única arte onde isso ainda é válido.

Pelo menos em parte, o propósito do funcionalismo era tentar exorcizar aquelas formas persistentes cujas funções semânticas e expressivas fundamentavam-se na repetição de formas. Quanto a esse aspecto, o funcionalismo era um álibi para um sistema de formas que seria inocente em relação à contaminação estilística. O "significado" de um edifício poderia agora ser transferido de sua forma para seu conteúdo, libertando a forma e deixando-a livre para desenvolver seus próprios significados imanentes.

Esse processo fundava-se em procedimentos compositivos precisamente no sentido de que a arquitetura evitava a repetição de soluções formais anteriores e dos significados nelas implícitos. Isso se torna evidente se tomarmos o exemplo do neoplasticismo. Apesar de Mondrian ser um pintor, ele trabalhava próximo aos arquitetos, com quem compartilhava certo contexto de doutrinas. Seus escritos continham uma ladainha de termos como "equilíbrio dinâmico", "relações mútuas", "estabilidade", "movimento", "elementos construtivos", "relações de posição", "composição definida e objetiva", todos os quais fazem parte de uma tentativa de desenvolver um vocabulário com o qual se pudesse descrever relações formais no espaço. Moholy-Nagy foi outro teórico que desenvolveu uma terminologia compositiva. A citação a seguir, de seu *Von Material zu Architecktur* não somente demonstra isso, mas também mostra a ligação já mencionada entre funcionalismo e formalismo:

> Os elementos necessários à realização de uma função de um edifício unem-se em uma criação espacial que pode tornar-se, para nós, uma experiência espacial. A ordenação do espaço, nesse caso, não é mais do que a união mais econômica de métodos de planejamento com as necessidades humanas. O programa atual desempenha um importante papel nessa ordenação, mas não determina inteiramente o tipo de espaço criado.[3]

Está claro que a função — que determina relações que *podem* tornar-se uma experiência espacial (isto é, formal), mas que não determina *inteiramente* o tipo de espaço (forma) criado — é meramente uma máscara para a forma (espaço). Todas as válvulas de escape são cuidadosamente deixadas abertas para providenciar a retração de uma interpretação demasiadamente rigorosa do determinismo funcional.

A função, nesse sistema de idéias, fornece a lógica do jogo compositivo. Serve também como catalisadora. A principal diferença entre o modernismo e a composição clássica é que naquele existe um alto grau de liberdade nas relações entre as partes e não porque seus próprios elementos sejam infinitos. A definição de espaço de Moholy-Nagy como "a relação entre as posições dos corpos"[4] sugere que, pelo menos para ele, os elementos eram dados e finitos ("encontrados"). O que era infinito eram as suas possibilidades de combinação, uma vez que as regras de combinação eram topológicas (elas eram "tipos de" relações). O resto cabia à livre invenção do arquiteto.

Quando passamos da teoria à prática, descobrimos o mesmo. A casa de Rietveld para a senhora Schroeder é um objeto tridimensional cuidadosamente composto. O jogo de linhas e planos não é o resultado da necessidade construtiva, apesar de a memória de tal necessidade entrar em sua semântica. Nos inúmeros projetos que normalmente antecedem as soluções finais de Le Corbusier (por exemplo, o Palácio dos Sovietes ou o Centrosoyus),[5] pode-se sentir a emoção com que o arquiteto brinca com todas as permutações de relações entre os elementos fixos. A distri-

Piet Mondrian
Composição com vermelho, amarelo e azul, 1922.

buição funcional é apenas um entre os muitos tipos de variáveis que precisam ser sintetizados na solução. O que os diferencia da composição acadêmica é até que ponto esses tipos de desenho estão livres de regras de combinação fixas e são ativos e dinâmicos em seu livre jogo de formas, e não a presença ou a ausência da composição como tal.

Não obstante, apesar da óbvia importância da composição na prática modernista e apesar do fato de a idéia de composição carregar consigo sutilezas progressistas do formalismo artístico, as conotações da palavra em círculos vanguardistas eram extremamente negativas e estavam irrevogavelmente ligadas à tradição acadêmica e à arquitetura de imitação estilística representada pela École de Beaux-Arts. Portanto, talvez seja útil lançar um olhar sobre o papel da composição desempenhado nessa tradição.

Para Quatremère de Quincy, a palavra *composição* era associada ao declínio dos grandes empreendimentos construtivos do passado e à resultante proliferação de projetos enormes e inexeqüíveis que nunca saíram do papel. Como ele observou em seu *Dictionnaire*:

> É preciso dizer que os tempos modernos, e acima de tudo as escolas, talvez tenham permitido que um excesso de composição arquitetônica entrasse nos exercícios práticos dos alunos. Pode-se observar que esse abuso é decorrente, a seu próprio modo, da mesma causa que multiplicou os discursos e composições dos retóricos da Roma antiga.[6]

Entretanto, a palavra *composição* não parece ter caído no uso geral na École de Beaux-Arts até meados do século XIX. Antes disso, a palavra *disposição* era mais comum.[7] Seu uso parece estar ligado a um grupo de fenômenos, dos quais um dos mais importantes é o ecletismo. A composição torna-se um meio pelo qual podem ser estabelecidas regras de desenho comuns a todos os estilos. Já no caso de Dubut e Durand, o enfraquecimento de significados expressos pelas figuras clássicas tornou possível e necessária a redução desses algarismos a cifras, em um sistema de combinações. A *composição* no uso acadêmico parece pressupor um corpo de regras que são a-estilísticas. É verdade que antes da década de 1880, a tradição estilística nunca fora abandonada. Porém, há muitas evidências na crítica arquitetônica do século XIX de que os estilos pareciam cada vez mais "inautênticos". A aparente vitalidade do ecletismo estilístico do século XIX só é comparável à virulência com que ele foi atacado por todos os lados. No contexto desse colapso da "convicção estilística", tanto os franceses quanto os ingleses dependiam cada vez mais de fórmulas compositivas, fossem elas mais ou menos regulares, como na École de Beaux-Arts, ou irregulares e pitorescas, como no revivalismo gótico inglês ou no estilo livre.

Gerrit Rietveld
Residência Schroeder, Utrecht, 1924.

A idéia de composição foi herdada pela vanguarda do século XX diretamente da tradição acadêmica. Além disso, em ambos os casos esta retirava sua autoridade da mesma causa, a saber, a falta de qualquer regra de estilo culturalmente imposta. Se esse fosse realmente o caso, não seria a primeira vez que um movimento revolucionário tomava emprestadas as estruturas e instituições do próprio regime que procurava destruir.

Uma das maneiras pelas quais a composição foi assimilada pelo modernismo é ilustrada pela onda de livros sobre composição que tomou conta do discurso arquitetônico, pelo menos nos países anglo-saxões, nas primeiras décadas do século XX. Provavelmente nenhum desses livros é de grande valor intrínseco, mas eles mostram como as idéias e atitudes da vanguarda foram filtradas, chegando aos escalões mais conservadores da profissão, e o papel que a composição desempenhou nesse processo. Um exemplo interessante é fornecido por dois livros do arquiteto inglês Howard Robertson, *The Principles of Architectural Composition* e *Modern Architectural Design*.[8] O impulso para esses livros veio do revivalismo do classicismo, que foi um fenômeno tão generalizado na Europa quanto nos Estados Unidos no início do século XX. (A freqüência com que a mudança das formas goticizantes do romantismo nacional e do *art nouveau* para as do classicismo foi um prelúdio para o modernismo é demonstrada na obra de Peter Behrens, Karl Moser e Le Corbusier, entre outros.) A mensagem do primeiro livro de Robertson é que existem regras de composição fundamentais

Le Corbusier
Palácio dos Sovietes, Moscou. Esboço preliminar.

J.-N.-L. Durand
Desenhos comparativos de pátios internos e de fachadas. Em *Précis des leçons données à l'Ecole Polytechnique* (1802-5).

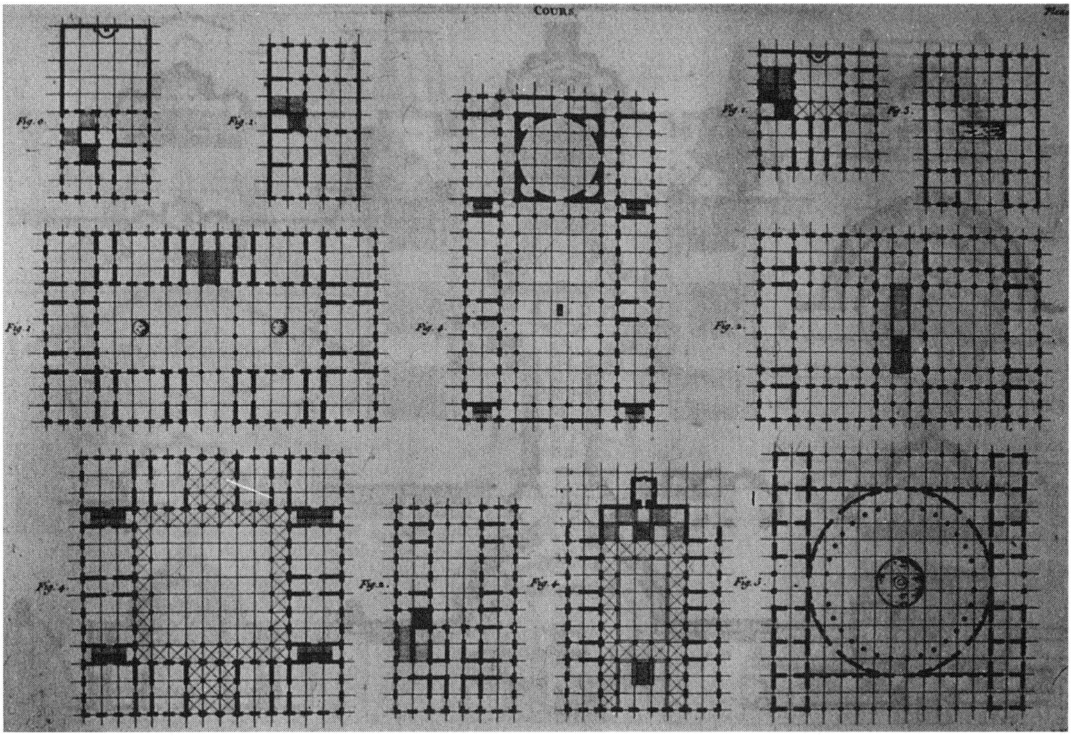
COURS

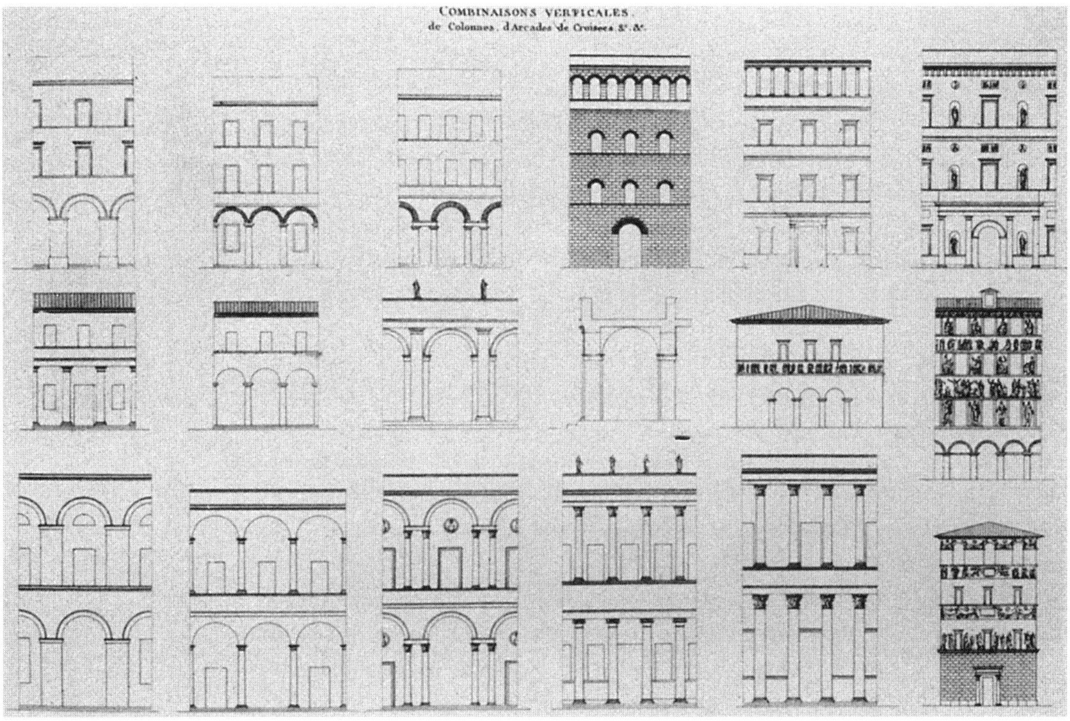
COMBINAISONS VERTICALES
de Colonnes, d'Arcades de Croisées &c. &c.

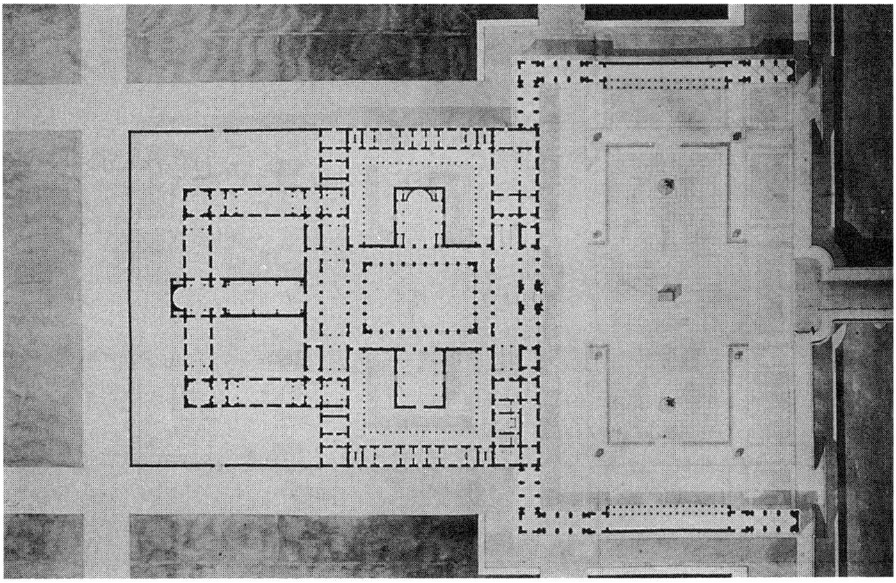

Joseph-Louis Duc
Hôtel de Ville para Paris, 1825. Planta baixa do andar superior.

em arquitetura que são independentes dos estilos. Os estilos têm valor relativo: dependem das revoluções do gosto. Os valores da arquitetura, ao contrário, são permanentes. Robertson os estuda agrupando-os em tópicos como a unidade, a composição de massas, o contraste, a proporção detalhada, a escala, a composição do plano e a relação entre plano e elevação. Essas categorias fundamentam-se claramente no ensino da École de Beaux-Arts, onde Robertson havia estudado. Fundamentam-se também na teoria clássica, na medida em que afirmam que as regras da arquitetura são trans-históricas. A maioria dos exemplos é de construções tradicionais; no entanto, existem certas similaridades entre os argumentos do livro e os de *Por uma arquitetura*, de Le Corbusier.

Em seu segundo livro, Robertson aprofunda alguns dos temas do primeiro. A importância dessa segunda publicação encontra-se no fato de que a maioria dos exemplos são "modernos", e o tom do livro é cautelosamente vanguardista. O autor quer mostrar que a aplicação dos princípios universais da arquitetura não impede a existência de uma "nova arquitetura" adequada a um novo estilo de vida. Se não há nada contraditório nisso é por que os princípios são totalmente a-estilísticos. A "nova arquitetura" de Robertson tende a ser um tanto anódina, e a seu argumento falta totalmente a força dialética de Le Corbusier. Mas esses dois livros mostram claramente o papel contínuo da composição na transição de uma posição classicizante a uma modernista.

Julien Guadet
"Um asilo nos Alpes", Prix de Rome, 1864. Elevação.

Considerando-se essas palpáveis ligações, onde devemos procurar as origens do violento antagonismo da vanguarda do século XX em relação à composição? Se uma das origens do modernismo da década de 20 foi o revivalismo clássico e a crença nos valores trans-históricos da arquitetura, uma outra foi o movimento romântico, e sua preocupação com o processo de geração, crescimento e desenvolvimento. É desse sistema de idéias que a vanguarda extraiu sua suspeita da composição, além das noções de partes e formas separadas que vieram juntamente com ela.

Tais idéias de finalidade remontam a muito além da Beaux-Arts; elas reverberam por toda a tradição clássica. A *composição*, em seu sentido moderno, pode ter uma origem bastante recente, mas o conjunto de idéias ao qual ela deve sua origem tem raízes na Antigüidade. Ela diz respeito à noção de se dispor as partes da arquitetura como elementos de uma sintaxe, e de acordo com certas regras *a priori*, para se formar um todo. Esse sentido geral é exemplificado na teoria artística de Alberti. Em *De pictura*, Alberti utiliza a palavra *composição* para significar "as propriedades com que as partes das coisas vistas são apresentadas conjuntamente no quadro" ("ragione di dipingere con la quale le parti delle cose vedute si porgono insieme in pictura").[9] A palavra equivalente em *De re aedificatoria* é *collatio* — um dos três termos compreendido pelo conceito de *concinnitas*, sendo os outros dois *numerus* e *finito*.[10] É claro que, para Alberti, a palavra *collatio* não significa exatamente o mesmo que nossa palavra *composição*. De maneira geral, a teo-

58

William Butterfield
Presbitério Saint Mary, Coalpit Heath, 1845.

Ludwig Mies van der Rohe
Residência Wolf, Guben, 1926.

Walter Gropius
Casa para professores (Mucha / Schlemmer), Dessau (Bauhaus), 1928.

ria clássica entre os séculos XVI e XVIII tinha como preocupação primordial a disposição das partes de um corpo arquitetônico em um sistema de proporções. Em *Cours*, de François Blondel, *composição* refere-se à aplicação de proporções musicais às ordens.[11] É somente a partir do século XVIII que o problema da disposição ou justaposição de diferentes corpos para formar um todo começa a preceder a disposição de partes dentro de um único corpo. Mas ambos os tipos de composição fundavam-se igualmente na idéia de um todo formado por partes que já são, de alguma maneira, dadas, de modo que seja sempre possível pensar nesse todo como um conjunto, por mais que as partes possam se sobrepor, possibilitando uma forte leitura unitária.[12]

Essas idéias persistem até o fim do século XVIII, e não somente em arquitetura. Como Lionel Gossman destacou, o modelo de cultura do historiador do século XVIII foi o de "um mecanismo de partes funcionalmente inter-relacionadas, cada uma das quais podendo ser, a princípio, destacada e estudada individualmente". De acordo com esse modo de pensar, um tipo de organização (como uma cavalaria) "poderia aparecer em diferentes momentos da história, com diferentes faces, como parte de sociedades estruturadas de maneira similar e para atender a necessidades similares".[13] Aqui, a idéia de *composição* é ampliada, passando a significar a associação de partes encontradas em diferentes contextos históricos ou geográficos (de alguma maneira lembrando a doutrina aristotélica de "belezas dispersas").

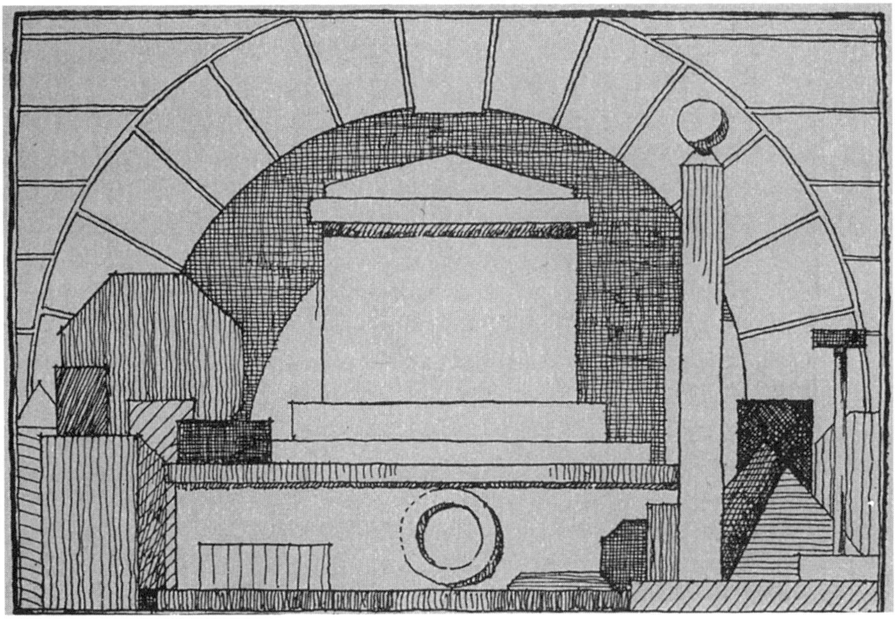

60

Howard Robertson
Desenho em *The Principles of Architectural Composition* (1924).

Edifício Folies Bergère, que Robertson, em *Modern Architectural Design* (1932), compara à fábrica Van Nelle em Roterdã.

Brinkmann e Van der Vlugt
Fábrica Van Nelle, Roterdã, 1926-30.

Todo esse modo de pensar a arte e a história foi rejeitado pelos românticos. Foi Novalis quem elaborou uma das definições mais sucintas do objetivo do romantismo nas artes miméticas: "Existe uma imitação sintomática e uma imitação genética. A única que está viva é a segunda".[14] Como Tzvetan Todorov aponta, isso implica uma mudança de atenção, da relação entre as formas (que é pensada como a imitação de sintomas e é ligada à composição) para o processo de produção (imitação genética).[15] Em Schelling, encontramos uma idéia similar: "obras nascidas da justaposição de formas [...] ainda continuariam completamente sem beleza, pois o que concede à obra de arte como um todo sua beleza não pode mais ser a forma, mas algo acima da forma, a saber: a essência [...] a expressão do espírito que nela deve habitar".[16]

No âmbito da arquitetura, era o gótico que mais freqüentemente exemplificava essas idéias organicistas. O tipo de ecletismo proposto por Legrand, Hope e Raoul-Rochette[17] — um ecletismo em que se selecionariam as melhores partes de cada estilo, compondo-as em novos todos — era pensado pelos adeptos da escola gótica como algo que acarretava "les accouplements monstrueux". A unidade de estilo que góticos como Viollet-le-Duc exigiam fundamentava-se na analogia entre a arquitetura e a natureza orgânica. Viollet expressou essa idéia quando disse que devemos ser capazes de deduzir a forma de um edifício inteiro a partir da observação de uma de suas partes. Em uma estrutura com tal caráter de sinédoque, seria absurdo falar em composição.

62

Roland Fréart

"A ordem coríntia".

Em *Parallèle de l'architecture* (1650).

Claude-Nicolas Ledoux
Casa comercial. Perspectiva. Em *L'Architecture considerée sous le rapport de l'art, des moeurs et de la législation* (1804).

As formas finais da arquitetura, assim como as da natureza, devem ser o resultado de determinado princípio de estruturação, a partir do qual a forma seria automaticamente decorrente, sem a intervenção do juízo "compositivo" consciente do artista. Era tão necessário imaginar o arquiteto "compondo" uma construção quanto era necessário imaginar Deus interferindo nos eventos do universo depois do ato criativo inicial, que conteria a semente de tudo o que veio a seguir.

Viollet normalmente é considerado um racionalista, e a vanguarda da década de 20 tem sido vista como inserida nessa herança racional em sua promoção de uma arquitetura fundada na aplicação da produção e da mecanização industrial. Às vezes, porém, esquece-se que, para Viollet-le-Duc, assim como para Le Corbusier, para não citar mais de dois dos principais atuantes dessa tradição, havia uma forte analogia entre as formas mecânicas e orgânicas. Essa fusão de idéias aparentemente contraditórias tem uma longa história. M. H. Abrams destacou que na teoria do início do século XIX havia freqüentemente uma infiltração mútua de crenças mecanicistas e organicistas, em que os mecanicistas defendiam serem os organismos máquinas de uma ordem superior e os organicistas advogavam serem as máquinas tipos de organismos rudimentares.[18]

Se, como sugiro, a idéia de composição estivesse intimamente ligada ao conflito entre as tradições clássica e romântica, o conceito que melhor representaria o antônimo da composição provavelmente seria expresso

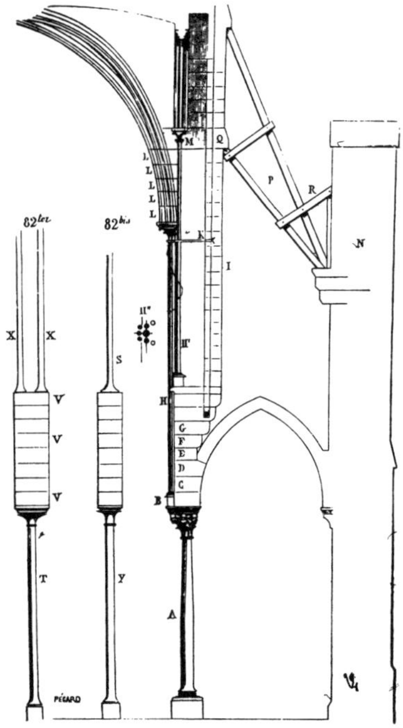

Eugène-Emmanuel Viollet-le-Duc
Seção diagramática cortando a nave lateral de uma catedral gótica. Em *Dictionnaire raisonné de l'architecture française du* XI *au* XVI *siècle*, 4 (1875).

pela palavra *sistema*. Apesar do continuado uso da composição como uma técnica de desenho, havia uma persistente tendência no modernismo arquitetônico a gravitar em direção ao conceito da construção como sistema. Sem dúvida, essa tendência deve muito, no fim das contas, ao idealismo transcendental alemão e à noção de que a arte e a arquitetura de qualquer período devem ser um reflexo do *Zeitgeist* e de que o elemento de "escolha" que a composição acarreta contradiz tal visão holística.

Não seria exagero dizer que a reação contra o modernismo nos quinze últimos anos, aproximadamente, é um sintoma da rejeição às pretensões desse idealismo, com sua insistência na indivisibilidade e inevitabilidade do progresso cultural e técnico. Vista sob essa perspectiva, a dicotomia representada por *composizione/projettazione* ou *composição/sistema* ainda expressa uma grande carga de conteúdo ideológico. A *composição* foi interpretada de diversas maneiras ao longo da história da crítica, e há bons motivos para que seja reinterpretada hoje.

[Publicado originalmente em *Casabella*, 50, jan.-fev. 1986, pp. 11-8.]

NOTAS

1. Deve-se enfatizar, porém, que na dicotomia figura/conceito implícita na doutrina clássica, o conceito não é tão abstrato nem a figura é tão dependente quanto os românticos tendiam a afirmar.

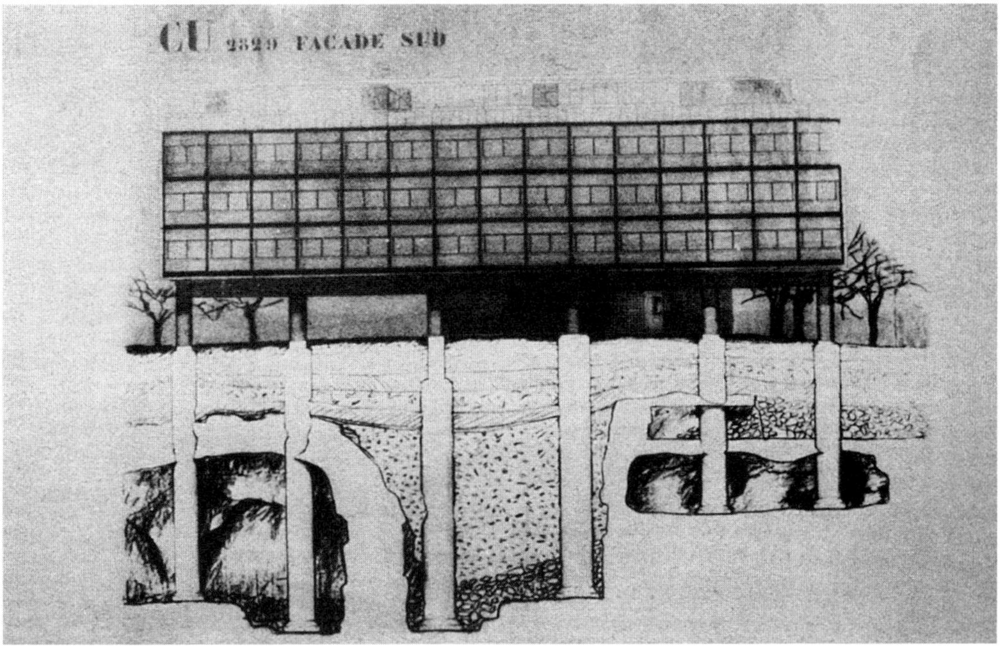

Le Corbusier
Pavilhão Suíço, 1930-32. Desenho mostrando fundações penetrando os vãos de uma pedreira desativada.

2. Um exemplo disso é a influência das idéias de Konrad Fiedler sobre o curso de professores da Bauhaus.
3. László Moholy-Nagy, *Von Material zu Architektur* (Munique, 1929); citado em Reyner Banham, *Theory and Design in the First Machine Age* (Londres: Architectural Press, 1960), p. 317.
4. Ibid.
5. Esse processo está bem documentado em Jean-Louis Cohen, "Le Corbusier and the Mystique of the U.S.S.R.", *Oppositions*, 23, inverno de 1981, p. 85.
6. Quatrème de Quincy, "Composition", in *Dictionnaire historique d'architecture* (Paris, 1832).
7. David van Zanten, "Architectural Composition at the École des Beaux-Arts from Charles Percier to Charles Garnier", in *The Architecture of the École des Beaux-Arts*, ed. Arthur Drexler (Nova York: Museum of Modern Art, 1977), p. 112. Van Zanten cita *distribuição* como uma outra precursora da palavra *composição*, mas que tinha um significado bastante diferente; ver Quatremère de Quincy, "Distribution", in *Dictionnaire*.
8. Howard Robertson, *The Principles of Architectural Composition* (Londres, 1924) e *Modern Architectural Design* (Londres, 1932).
9. Leon Battista Alberti, *De pictura*, II.
10. Leon Battista Alberti, *De re aedificatoria*, IX, 5.
11. François Blondel, *Cours d'architecture enseigné dans l'academie royale d'architecture* (Paris, 1675-83).
12. A clássica distinção de Paul Frankl entre uma Renascença aditiva e um

Barroco subtrativo, apesar de não estar completamente errada, requer algumas ressalvas.

13. Lionel Gossman, *Mediaevalism and the Ideologies of the Enlightenment* (Baltimore: Johns Hopkins University Press, 1968), p. 351.

14. Novalis, *Oeuvres complètes*, ed. A. Guerne (Paris, 1975); citado em Tzvetan Todorov, *Theories of the Symbol* (Ithaca: Cornell University Press, 1984), p. 169.

15. Todorov, *Theories of the Symbol*, p. 169

16. F. W. J. Schelling, *Sämmtliche Werke* (Stuttgart and Augsburg), 7, p. 302, citado em Todorov, *Theories of the Symbol*, p. 169.

17. Sobre a controvérsia entre Raoul-Rochette, de um lado, e Lassus, Viollet-le-Duc e os *Annales archéologiques*, de outro, ver Nikolaus Pevsner, *Some Architectural Writers of the Nineteenth Century* (Oxford: Clarendon Press, 1972), pp. 201-2.

18. M. H. Abrams, *The Mirror and the Lamp* (Oxford: Oxford University Press, 1953), p. 186.

Racionalismo: um conceito filosófico em arquitetura

DO RACIONALISMO CLÁSSICO AO ILUMINISMO: A BUSCA DA BELEZA

Existe uma visão corrente que divide as atividades mentais em científicas, que se fundamentam na razão, e artísticas, que se fundamentam na emoção ou na intuição. Essa simples dicotomia não leva em consideração nem o papel que a intuição desempenha no pensamento científico, nem o papel que o intelecto "formador de juízos" desempenha na criação artística. Não obstante, a distinção contém um elemento de verdade — menos como um modo de se distinguir entre ciência e arte do que como um modo de se distinguir entre diferentes aspectos do processo artístico.

Entre todas as artes, a arquitetura é aquela em que é menos possível se excluir a idéia de racionalidade. Uma construção tem de satisfazer critérios pragmáticos e construtivos, que circunscrevem, se não determinam, o campo em que opera a imaginação do arquiteto. Portanto, a medida segundo a qual se pode considerar a arquitetura racional depende menos da presença ou ausência de critérios "racionais" do que da importância atribuída a esses critérios no processo total de desenho arquitetônico e em determinadas ideologias. O "racional" na arquitetura nunca existe isoladamente. Não se trata de uma categoria da história da arte como o neoclassicismo. Trata-se de um dos aspectos de um complexo sistema que só pode ser expresso segundo uma série de oposições mais ou menos homólogas: razão/emoção; ordem/desordem; necessidade/liberdade; universal/particular, e assim por diante.

Porém, uma vez feita essa distinção inicial, confrontamo-nos imediatamente com uma outra. A definição do "racional" em arquitetura não permanece constante ao longo da história. Não estamos lidando com um conceito simples e estático, mas com um conceito que tem variado segundo a constelação de idéias predominantes em determinadas fases históricas. Essas mudanças de significado fundam-se em mudanças de ideologia e não podem ser consideradas independentemente dos fatores econômicos e sociais ou das idéias filosóficas.

Como passo preliminar na definição do racionalismo arquitetônico, é necessário observar o sentido em que o termo é utilizado na história da filosofia. Em filosofia, a distinção primordial é a que se estabelece entre racionalismo e empirismo, ou razão e experiência. Embora a oposição razão/emoção não possa ser reduzida a tais categorias filosóficas, existe, contudo, uma relação entre elas. Em ambos os casos, razão implica a intervenção de uma regra ou lei entre a experiência direta do mundo e qualquer *práxis* ou *techné* como a arquitetura. É esta noção — a de que a arquitetura é o resultado da aplicação de regras gerais estabelecidas por uma operação da razão — que deve ser tomada como a

definição mais geral do racionalismo em arquitetura.

O conflito entre racionalismo e empirismo é um conflito que se estabelece entre duas concepções de conhecimento (ou ciência) que o definem como *a priori* ou *a posteriori*. Na medida em que o conhecimento é tido como *a priori*, o conhecimento empírico parece aleatório, sem fundamento e sujeito à contingência. Na medida em que o conhecimento é considerado como *a posteriori*, os termos são invertidos e é o conhecimento *a priori* que se torna incerto e fundado na autoridade, em idéias universalmente aceitas, ou no hábito. A história da teoria da arquitetura durante os duzentos últimos anos tem sido a história do conflito entre esses dois conceitos de conhecimento arquitetônico. Porém mais do que isso; a dominância de um ou de outro determinou o papel atribuído a outros processos mentais que não podem ser incluídos na operação da razão ou da ciência. Quando se discute o racionalismo na arquitetura discutem-se, portanto, dois conjuntos de relações variáveis: aquelas que provêm de diferentes conceitos do conhecimento propriamente dito e aquelas que provêm da distinção entre o conhecimento e a intuição ou emoção.

A filosofia racionalista do século XVII, representada por Descartes, Spinoza e Leibniz assimilou a seu sistema a visão tradicional de que havia idéias inatas e de que a "ciência" era uma tarefa fundamentalmente *a priori* que nelas se fundava. As idéias inatas deveriam ser pensadas como se tivessem sido implantadas por Deus e, como tais, poderiam ser sacramentadas em uma sabedoria que fôra revelada à humanidade no passado e que constituía uma autoridade válida. O conhecimento obtido por meio da experiência e da indução, em última análise, seria avaliado em função dessa autoridade.

O racionalismo cartesiano não abandonou essa tradição, mas inaugurou uma busca pela clareza de conceitos, pelo rigor na dedução e pela certeza intuitiva dos princípios fundamentais. Isso se refletiu na teoria artística acadêmica do século XVII, da qual se podem tomar como exemplos *L'Art poétique*, de Nicolas-Boileau Despréaux, *Traité de l'harmonie réduite à ses principes naturels*, de Jean-Philippe Rameau, e *Cours d'architecture*, de François Blondel.

Os princípios enunciados nesses trabalhos fundamentavam-se em um corpo de idéias mais antigas. Quando, no final do século XV, a arquitetura pela primeira vez se constituiu como campo independente da ciência, uma importante parte do conhecimento que formava essa ciência fundava-se na autoridade da Antigüidade e nos preceitos encontrados no único tratado arquitetônico antigo que sobrevivera: o de Vitrúvio. Ao mesmo tempo, a teoria arquitetônica começou a inscrever-se em uma doutrina artística proveniente de Aristóteles, Horácio e Cícero, por um lado, e do neoplatonismo, de outro. O mais importante componente dessa doutrina era a idéia de que a arte era uma imitação da natureza, e que a arte da Antigüidade, por originar-se dessa lei, também era digna de imitação. Assim, o principal modo de abordagem da natureza fazia-se por meio da autoridade da Antigüidade. A noção de autoridade está intimamente ligada à doutrina do século XVII acerca do conhecimento *a priori* e de idéias inatas.

Uma das origens do conceito de imitação pode ser encontrada na *Física*, de Aristóteles. Dizia ele:

> Se a casa fosse uma das coisas propiciadas pela natureza, ela seria igual ao que é agora quando produzida pela arte. E se os fenômenos naturais fossem produzidos não somente pela natureza, mas também pela arte, eles teriam, nesse caso, passado a existir por meio da arte do mesmo modo que o fazem na natureza [...]. Em resumo, a arte ou completa o processo que a natureza é incapaz de realizar por inteiro, ou imita a natureza.[1]

Vemos aqui duas idéias que, para a mente moderna, parecem bastante diferentes, senão contraditórias: a idéia de que a arquitetura e outros artefatos são extensões das leis da natureza e a idéia de que isso resulta em um processo de imitação ou representação. Na verdade, nos séculos XVIII e XIX, houve uma progressiva separação dessas idéias e o conceito de arquitetura dividiu-se em suas funções construtivas e "científicas" e suas funções representacionais e "artísticas", sendo a "razão" reservada para a primeira e a "emoção" para a última.

Tal divisão, entretanto, seria inconcebível para a mente clássica. O acesso à verdade e à beleza fazia-se por intermédio de leis já inscritas — embora obscuramente — na natureza. A verdade era a revelação do que já existia e, caso se fundasse na revelação, deveria igualmente fundar-se em verdades já reveladas aos homens do passado. Toda a verdade era, portanto, uma re-apresentação. Essa visão ainda é encontrada no trabalho de certos escritores até o final do século XVIII. O arquiteto inglês John Wood, o Velho, sustentava que a *ciência* da arquitetura era sua parte especulativa e metafísica, enquanto que a *arte* da arquitetura era o conhecimento de suas causas específicas e sua aplicação aos usos humanos.[2] É a causa final que atribui sentido à arquitetura, e não a causa eficiente ou as soluções de problemas específicos. A distinção que aqui encontramos entre ciência e arte é oposta à que geralmente se faz hoje em dia; a ciência, para Wood, pertencia ao domínio da metafísica e a arte, ao domínio do prático e do contingente. Quatremère de Quincy estava igualmente convencido de que a arquitetura devia imitar a *idéia* de natureza. Essa imitação resultaria em edifícios com certo "caráter", que poderia ser de três tipos — essencial, relativo e acidental —, dependendo do fato de se imitar a natureza em seus aspectos mais genéricos e atemporais ou em seus aspectos mais específicos e momentâneos.[3] (A idéia de caráter origina-se da teoria dos gêneros da *Poética*, de Aristóteles, mas Quatremère a transformou em algo um tanto neoplatônico).

Porém, estava se desenvolvendo no *ethos* do racionalismo do século XVII uma nova atitude que enfatizava o papel que tanto a ciência empírica quanto a inteligência individual desempenhavam na descoberta da verdade e que tendia a gerar dúvidas em relação ao *status* do conhecimento *a priori* e das idéias inatas, assim como à autoridade dos antigos ou da Bíblia. A querela entre os "antigos" e os "modernos" deu origem a uma crescente contenda crítica sobre quais regras arquitetônicas pertenciam ao domínio das idéias inatas e quais pertenciam ao domínio da experiência empírica. O "legítimo" agora se dividia entre o que era eterno e absoluto e o que era costumeiro — este último sendo cada vez mais guiado pelo "gosto".

Essa divisão possui exemplos na teoria arquitetônica, bem como na teoria musical. Na arquitetura, Claude Perrault atacava a doutrina clássica das ordens, afirmando que as regras das proporções fundavam-se somente no costume.[4] Na música, havia um desentendimento entre os seguidores de Gioseffe Zarlino (1517-90), que insistiam em uma fundamentação matemática para os acordes aceitáveis, e os seguidores de Vincenzo Galilei (1533-91), que afirmavam poder o belo ser decidido somente pelo ouvido.

Diante desse problema, o objetivo do século XVIII passou a ser conciliar um "apriorismo" racionalista com o gosto e o juízo subjetivo e mostrar que a constituição do ser humano individual tendia à harmonia com a Lei Natural. Charles-Étienne Briseaux dizia:

> A natureza sempre age com a mesma sabedoria e de maneira uniforme [...] do que se pode concluir que o prazer do ouvido e do olho consiste na perfeição da concordância harmônica ser análoga à nossa própria constituição [...] e que esse princípio reside não somente na música, mas também em todas as produções das artes.[5]

No ensaio de Laugier, *Essai sur l'architecture*, de 1753, as regras da boa arquitetura são apresentadas como inquestionáveis para mente e olhos incorruptos; a razão *a priori* é confirmada pela experiência empírica e pela sensação. Dessa forma, a razão destreinada confirmava as verdades das arquiteturas mais remotas e não mais dependia da orientação de determinados modelos antigos. Porém, razão e verdade estavam ainda vinculadas à purificação da tradição e, nesse sentido, já existiam modelos mais ou menos imperfeitos. Assim como era tarefa do pintor e do escultor, nas doutrinas clássica e neoclássica, imitar a idéia subjacente às aparências imperfeitas da natureza, era tarefa do arquiteto descobrir os tipos ocultos nos múltiplos, mas imperfeitos, exemplos apresentados pela história da arquitetura. A arquitetura é tratada exatamente como se fosse um fenômeno natural. Mesmo Carlo Lodoli, cujo funcionalismo *avant la lettre* sempre foi confundido com um empirismo puro, aderiu a um conceito de ornamento arquitetônico no qual existe uma clara distinção entre o que é normativo e típico e o que se deve a diferenças culturais "acidentais".[6] O Iluminismo pode ter desejado substituir o "espírito da natureza" pelo "espírito sistemático", com o intuito de libertar a prática da dominação da autoridade e das idéias universalmente aceitas, mas seu objetivo ainda era descobrir as leis universais e subjacentes à experiência empírica. Um edifício como a Sainte-Geneviève de Soufflot, unindo "a nobre decoração dos gregos à leveza dos arquitetos góticos",[7] e o racionalismo de um Lodoli ou de um Laugier apontavam ambos para a necessidade de se libertar a arquitetura das regras arbitrárias e de mau gosto às quais ela havia sucumbido com o barroco, e trazê-la de volta à natureza, cujas leis eram simples e eternas.

Esse projeto era similar em muitos aspectos ao dos gramáticos em sua busca das leis racionais e universais da linguagem.[8] A arquitetura era também uma "linguagem" racional sujeita às variações de caráter exigidas pelo clima, costume e decoro, mas capaz, entretanto, de ser reduzida, pelo exercício da razão, a um sistema universal de cujas leis nem mesmo o gênio poderia escapar. O século XVIII é marcado pela oposição entre razão e capricho, sendo a razão a única capaz de discernir verdades universais. Mas essa *razão* alia-se agora à experiência subjetiva; a experiência empírica não mais se coloca em oposição a uma razão que nos foi implantada por Deus e que constitui uma autoridade inquestionável; é usada como uma prova complementar da existência da Lei Natural.

RACIONALISMO UTILITÁRIO E ECLÉTICO: A BUSCA DA UTILIDADE

Com o crescimento do utilitarismo, a estrutura de pensamento sobre a qual se fundava a aliança entre racionalismo e classicismo tornou-se cada vez mais tênue. A razão "científica" direcionava-se cada vez mais para a eficácia instrumental em lugar da metafísica. As causas eficientes substituíram as causas finais. Já não havia mais nenhuma teoria que pudesse sustentar o crescimento do capricho e do ecletismo ou a proliferação do que Quatremère chamou de "caráter acidental". J.-N.-L. Durand, embora ainda trabalhasse dentro da linguagem formal do classicismo, justificava uma arquitetura racional respaldando-se puramente na economia e na utilidade.[9] Os esforços dos arquitetos e teóricos como Durand, Legrand, Thomas Hope e Schinkel eram agora direcionados para um ecletismo que selecionaria, em um sistema de combinações e permutações, os elementos estilísticos adequados a partir do panorama da história ou de edifícios de natureza utilitária. Havia agora tantas "arquiteturas" (a palavra foi empregada por Legrand) quanto havia épocas e povos; o classicismo fora reduzido a uma tradição específica (reconhecidamente, a "nossa" própria tradição) cujo uso justificava-se puramente por convenção. No final de seu livro, *Essai sur l'histoire générale de l'architecture*, de 1800, Legrand apresentava a seguinte pergunta retórica:

> Não podemos chegar ao fim [de uma arquitetura moderna] tomando emprestado de todos os gêneros o que cada um possui de razoável e peculiar, de modo a compor um estilo moderno adequado ao clima, costumes e materiais [...] e às regras de decoro de cada país, e que seria o feliz resultado de nosso conhecimento da arte de construir entre todos os povos?[10]

Thomas Hope expressa a mesma opinião:

> Ninguém parece ter concebido ainda o [...] desejo [...] de apenas tomar emprestado de cada estilo arquitetônico do passado aquilo que ele possa apresentar de útil ou ornamental, de científico ou de bom gosto [...] compondo uma arquitetura que [...] tendo nascido em nossa própria terra e estando em harmonia com nosso clima, instituições e hábitos [...] possa verdadeiramente merecer ser chamada de nossa.[11]

Porém, por mais que esses sentimentos pareçam prever a "sociedade orgânica" do romantismo e o "revivalismo" gótico, elas ainda se pren-

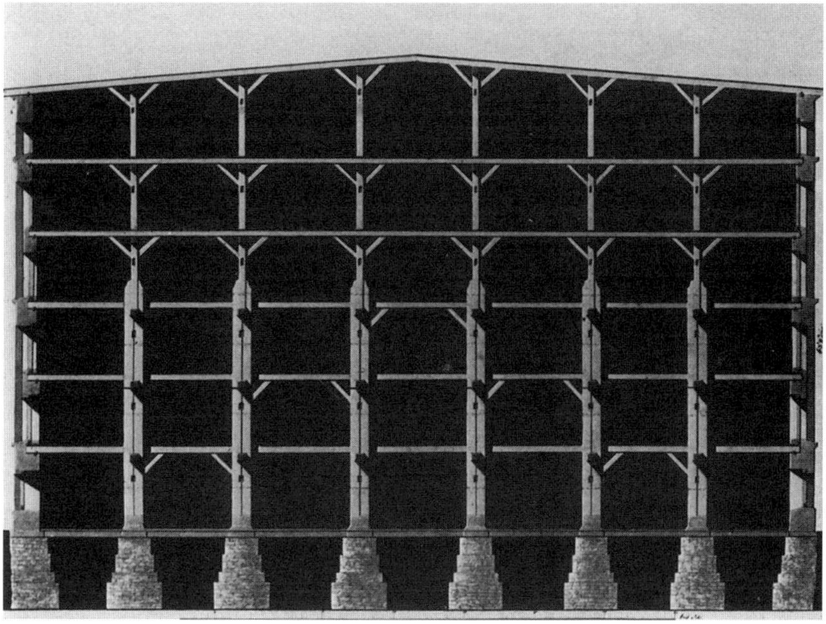

Escola de David Gilly
Armazém, c. 1800. Corte.

dem às noções de decoro do século XVIII e à concepção de "composição mecânica" que, desde 1800, foi virulentamente atacada pelos românticos alemães.[12]

RACIONALISMO ORGÂNICO E ESTRUTURAL: A BUSCA DA AUTENTICIDADE

A partir da segunda metade do século XVIII, a divisão conceitual entre a arquitetura como construção e a arquitetura como representação começara a abalar seriamente a doutrina unitária do classicismo. Porém, persistia uma forma fraca da doutrina clássica, na qual era possível se pensar no uso de diferentes estilos como algo permissível dentro das noções clássicas de caráter e decoro.

O desenvolvimento de um racionalismo fundado na lógica da estrutura teve lugar principalmente na França, onde, desde o século XVII, os arquitetos reconheciam na arquitetura gótica um princípio construtivo racional. Os racionalistas estruturais do final do século XVIII não rejeitavam o classicismo; buscavam submetê-lo a uma análise funcional mais severa nos parâmetros da nova ciência da resistência dos materiais e com relação ao uso.[13] Essa tradição continuou pelo século XIX adentro, mesmo depois do impacto do positivismo de Comte. A crença, característica dos positivistas, de que a ciência nos fornece o único conhecimento válido e de que os fatos são seus únicos objetos, era bastante compatível com uma forma de idealismo que promovia tudo aquilo que não era redutível pela ciência experimental a um domínio vagamente neoclássico da "Beleza". Essa visão foi expressa por Léonce Reynaud, um proeminente representante da persuasão clássico-racionalista em meados do século XIX:

> Embora acredite que considerações de cunho científico devam entrar no estudo da forma de nossos edifícios, estou longe de pensar que elas englobam tudo. Aquilo que toca a íntima essência da arte é algo que é sentido, não explicado.[14]

Para Reynaud, o classicismo era um conjunto de princípios formais definidos de maneira geral, no qual a arquitetura própria de determinada era científica poderia se infiltrar. Certas formas históricas haviam alcançado uma espécie de perfeição por meio da evolução e não deviam ser descartadas (ecos dessas noções ainda podem ser encontrados em Le Corbusier). As categorias nas quais Reynaud dividia os valores arquitetônicos — utilidade, ordem e simplicidade, e caráter — eram similares às que haviam sido sugeridas por Durand meio século antes.

O último representante dessa tradição, César Daly, fundador da *Revue générale d'architecture,* definia o racionalismo arquitetônico como:

1. A arquitetura é uma estrutura ornamentada.

2. As formas arquitetônicas exigem uma justificativa racional e devem extrair suas leis da ciência.
3. A tarefa da escola racionalista é a de conciliar a arquitetura com a ciência e a tecnologia modernas.
4. Uma vez que se tenha consolidado a aliança entre a arquitetura e a razão, o passo seguinte será a aliança entre a arquitetura e a emoção.[15]

Dentre os arquitetos praticantes, é freqüentemente visível o mesmo sincretismo entre a técnica moderna e o classicismo. Por exemplo, na Biblioteca Sainte-Geneviève, Henri Labrouste não permite que seu interesse por estruturas de ferro interfira em sua idéia — decorrente da teoria clássica — da forma externa correta de um monumento público.

Essa discussão, entretanto, assumiu uma forma diferente entre os revivalistas góticos. Segundo eles, a arquitetura gótica não era um estilo que podia ser usado ecleticamente, como uma maneira de se obter associações literárias *dentro* da definição clássica de "caráter"; ela devia ser vista como uma tradição *alternativa* à do classicismo. A diferença entre os revivalistas góticos e os ecléticos clássicos era que para os primeiros, a estrutura propriamente dita tornara-se a essência do significado arquitetônico. O ornamento e a "representação" eram agora pensados como algo que emergia da estrutura de um edifício, em vez de uma roupagem arbitrária que podia ser a ele acrescida. Daí se conclui que, dos três tipos de caráter descritos por Quatremère, somente o primeiro — o caráter essencial — foi mantido.

O principal porta-voz dessa escola de pensamento e, possivelmente, o mais influente escritor de arquitetura do século XIX, foi Viollet-le-Duc.[16] Para ele, a técnica tornara-se o fundamento de uma arquitetura que é racional em sua própria essência. Ele via na arquitetura gótica um princípio construtivo que devia tornar-se o paradigma metodológico da arquitetura do futuro. A despeito da predominância de restaurações na obra de Viollet e de sua nostalgia da cultura medieval, seus escritos demonstram a mesma adesão ao positivismo exibida pela escola oposta, os ecléticos clássicos, e até mesmo uma crença mais forte no infindável progresso da humanidade, que supostamente se seguiria à revolução industrial. Contudo, para Viollet-le-Duc, a história da arquitetura é um desenvolvimento tecnológico contínuo que exclui a possibilidade de repetição das formas "perfeitas" decorrentes da Antigüidade. A morfologia da arquitetura não mais é determinada por uma taxonomia de formas externas e históricas, mas sim por um sistema de funções subjacentes. "Aquilo que geralmente é considerado como o tema da verdadeira arte, a saber, a simetria, a forma aparente, é uma consideração totalmente secundária."[17]

Esse racionalismo "evolucionário", que vinculava a arquitetura a um implacável e objetivo destino histórico, associava-se a um moralismo subjetivo. Os princípios da arquitetura gótica eram tanto racionais quanto morais. Em uma brilhante análise dos escritos de Viollet, Philippe Junod mostra que Viollet flutua constantemente entre um ponto de vista objetivo e um subjetivo. Por um lado, a razão é oposta à emoção, a lógica, à fantasia, o sistema, ao instinto, de um modo que o aproxima à tradição racionalista que se estende, *mutatis mutandis*, de Descartes a Comte. Por outro lado, a sinceridade, a honestidade e a verdade são opostas à falsidade, ao fingimento e às mentiras. Nesse argumento circular, Viollet apela à emoção subjetiva para justificar o racional, e ao racional para justificar a emoção subjetiva.[18]

Que "leis" são essas que permitem a Viollet flutuar, com visível inconsistência, entre uma avaliação negativa e uma positiva da emoção subjetiva? Elas são as Leis da Natureza, igualmente imperativas à mente e à alma, ao mundo objetivo e à emoção. Ao discutir a relação entre as partes e o todo de um edifício, Viollet diz: "Da mesma forma que ao vermos a folha de uma planta podemos deduzir dela a planta inteira e do osso de um animal, o animal inteiro, ao vermos um perfil, deduzimos as partes da arquitetura e, das partes, o monumento inteiro".[19] Não havia nada de particularmente novo nessa analogia; Denis Diderot já havia sugerido que a zoologia oferecia ao artista um exemplo típico de coerência funcional.[20] Porém, por volta da metade do século XIX, o argumento havia se aprofundado. Viollet (assim como Gottfried Semper) pôde apresentar o exemplo de Cuvier da taxonomia "funcional" das espécies animais; sobretudo, ele estava seguindo os passos do romantismo germânico. Sua analogia orgânica não está longe daquela expressa por A. W. Schlegel em suas *Dramatic Lectures*:

> A forma é mecânica quando [...] é passada a um material como uma mera adição acidental, sem relação com sua natureza [...]. A forma orgânica, por outro lado, é inata; desenvolve-se a partir de seu próprio interior e adquire sua definição simultaneamente ao desenvolvimento total do germe [...]. Todas as formas genuínas são orgânicas, isto é, determinadas pelo conteúdo da obra de arte. Em resumo, a arte não é senão um exterior significativo, a fisionomia expressa de tudo [...] que é testemunha de sua natureza oculta.[21]

A menos que reconheçamos esse aspecto romântico e "organicista" de Viollet, próprio de sua interpretação do gótico, é difícil explicar sua influência sobre a vanguarda do século XX, sobre o vitalismo do *art nouveau* e sobre os arquitetos da Escola de Chicago. A teoria de uma arquitetura orgânica de Louis Sullivan (retomada posteriormente por Frank Lloyd Wright) é decorrente em parte de Viollet e em parte dos românticos germânicos (presumivelmente por meio de Coleridge e dos transcendentalistas norte-americanos), e é claramente expressa na declaração: "É a lei que permeia todas as coisas, orgânicas e inorgânicas, todas as coisas humanas e sobre-humanas, todas as verdadeiras manifestações da mente, do coração e da alma, de que a vida é reconhecível em sua expressão, de que a forma sempre acompanha a função. Essa é a lei".[22]

É evidente que não se pode traçar uma linha precisa, no século XIX, entre o racionalismo positivista e o romantismo orgânico, com sua ênfase no imperativo moral subjacente à necessidade de conformar-se às leis da natureza. Neste ensaio, porém, não podemos seguir esse outro caminho que vai de Viollet-le-Duc, passando pelo *art nouveau*, até o organicismo e o expressionismo, pois isso nos afastaria da corrente principal da vanguarda do século XX, na qual a teoria da forma orgânica foi assimilada a idéias de cunho analítico e mecanicista, incorporando a máquina, em vez de a ela se opor.

O RACIONALISMO E A VANGUARDA DO SÉCULO XX: A BUSCA DA TRANSPARÊNCIA

Freqüentemente argumentou-se que somente no século XX o positivismo e o racionalismo estrutural do século XIX deram frutos. Se a lei da evolução e progresso históricos tivesse de ser demonstrada, a arquitetura teria de finalmente cortar seus laços com os estilos do passado e extrair seus *significados* e sua linguagem exclusivamente das condições objetivas da técnica e do programa. Foi somente no final do século XIX que certos arquitetos começaram a pôr esses princípios em prática. Entre eles, H. P. Berlage e Otto Wagner destacaram-se pela maneira pela qual foram capazes de transformar sua herança estilística (o revivalismo gótico e o neoclassicismo, respectivamente) com a aplicação de princípios construtivos racionais. Os dois "saguões" paradigmáticos do início do século XX, o da Bolsa de Valores de Amsterdã e o do prédio do Caixa Econômica dos Correios, em Viena, assimilaram as coberturas de exposições ou de estações ferroviárias do século XIX ao uso em programas socioculturais e os introduziram em uma arquitetura que, embora reconhecidamente tradicional no conjunto da forma, tentava desenvolver um novo tipo de ornamento derivado da construção.

Entretanto, embora os princípios artesanais empregados nesses edifícios fossem incorporados à doutrina da vanguarda do século XX, o racionalismo do "movimento moderno" não pode ser compreendido somente nesses termos. O racionalismo do século XX difere radicalmente do racionalismo do século XIX e para compreender essa diferença é necessário analisá-la mediante três conceitos: o *atomismo lógico*, o *funcionalismo* e o *formalismo*, que, apesar de não serem absolutamente novos, assumiam, então, uma forma inteiramente nova.

O atomismo lógico

A lógica foi enfatizada no pensamento positivista, mas vimos que para Viollet-le-Duc havia sempre uma passagem da lógica, por intermédio da técnica, para o sentimento subjetivo e a natureza orgânica. Viollet falara da máquina como um paradigma para a arquitetura, mas, para ele, a mecanização não implicava nenhuma mudança na relação entre os componentes da arquitetura e o edifício como um todo. O ferro podia substituir a madeira ou a pedra, mas essa substituição, embora acarretasse substanciais transformações formais, fundava-se no fato de que esses materiais possuíam propriedades análogas e podiam ainda ser "trabalhados" de maneira artesanal. Foi exatamente esse vínculo entre "lógica" e "técnica" que permitiu a Viollet ver a arquitetura como um processo contínuo de evolução, cujos princípios permaneciam constantes, ainda que sua feição material mudasse.

No final do século XIX e início do século XX uma série de desenvolvimentos na teoria estética, na filosofia, na construção e na produção alteraram radicalmente esse conceito fundamentalmente tradicional de arquitetura. Não se trata de assinalar causas e efeitos; iremos meramente justapor alguns desenvolvimentos paralelos que possuem semelhanças *prima facie*.

As condições construtivas e de produção da arquitetura no século XX foram estabelecidas na segunda metade do século XIX por engenheiros que usavam ferro fundido e forjado na construção de pontes, estufas, estações de trem e estruturas para mercados e exposições. Em todas essas construções era possível desenvolver métodos pragmáticos e analíticos

 com um mínimo de interferência da ideologia arquitetônica. Um exemplo crucial é o Palácio de Cristal de Paxton, de 1851, onde pela primeira vez, e no âmbito do típico pragmatismo inglês, a divisão do trabalho e a padronização de ferramentas e materiais tornou-se uma parte essencial do conceito de projeto. Na torre que Gustav Eiffel construiu para a exposição de Paris de 1889, além desses procedimentos produtivos são utilizados métodos de desenho empírico-matemáticos para gerar formas de uma nova transparência e dinamismo. Um outro desenvolvimento da construção é encontrado posteriormente nas pontes de Robert Maillart, nas quais é desenvolvido um conceito completamente novo de planos de concreto armado.

A primeira aplicação em escala substancial desses novos tipos de procedimentos empíricos na arquitetura foi a introdução da estrutura metálica em edifícios de escritórios de muitos andares construídos em Chicago, na década de 1880. Na estrutura metálica, os elementos de construção são determinados mais pelas necessidades do processo de produção do que por uma forma de "lógica" construtiva que fundamentava a filosofia de Viollet. A estrutura introduz um sistema generalizado que minimiza diferenças precisamente quando Viollet as teria maximizado: por exemplo, as diferenças entre elementos de sustentação e elementos sustentados e seus pontos de conexão. As formas resultantes estão mais próximas da abstração cartesiana do que das leis quase "orgânicas" do material e da expressão visual dessas leis.

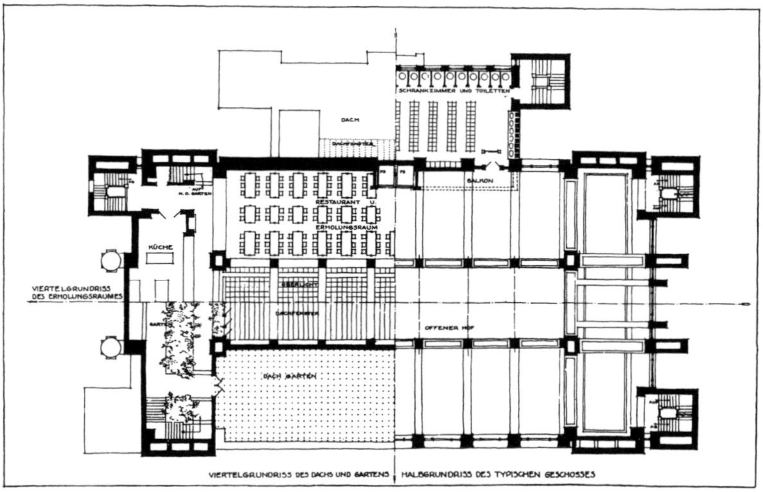

Frank Lloyd Wright

Edifício da Larkin Company, Buffalo, Nova York, 1903. Perspectiva e planta parcial.

Há paralelos amplos entre tais mudanças pragmáticas e alguns desenvolvimentos contemporâneos em filosofia, notavelmente nas teorias de Bertrand Russell do *construtivismo lógico* e do *atomismo lógico* que ele começou a desenvolver em 1900. Em sua teoria do construtivismo lógico, Russell tentou demonstrar que todas as entidades problemáticas do ponto de vista da experiência empírica e do senso comum poderiam ser reduzidas a (ou "construídas" a partir de) entidades mais simples e não problemáticas: "a máxima suprema do filosofar científico é a seguinte: sempre que possível, as entidades inferidas devem ser substituídas por construções lógicas". A teoria do atomismo lógico que Russell desenvolveu pouco depois era um esforço para atribuir um *status* metafísico a esse princípio puramente epistemológico por meio da postulação de uma linguagem ideal, de fundamento empírico, que correspondesse à estrutura da realidade:

- O mundo consiste em entidades elementares que possuem somente propriedades elementares e que se ligam por meio de relações elementares.
- Nossa visão científica do mundo deve ser composta de maneira analógica a partir de proposições elementares.

O paradoxo do projeto é que, para satisfazer às exigências da verdade empírica, o mundo precisa sujeitar-se a uma análise puramente formal e estar despido de toda imediaticidade de significado. Ele procura reduzir toda operação mental àquelas que forem adequadas às ciências físicas.

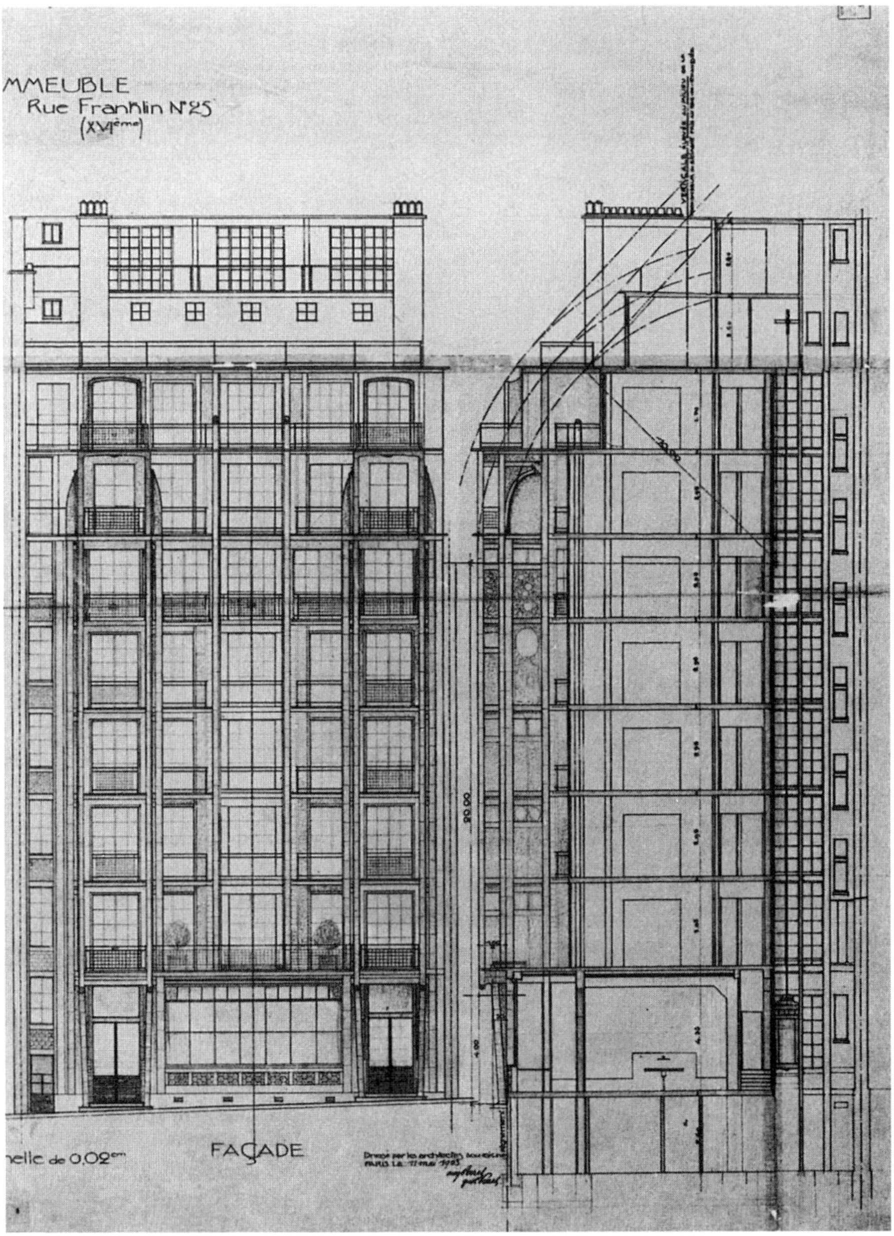
MMEUBLE
Rue Franklin N°25
(XVIème)
FAÇADE
helle de 0,02 m

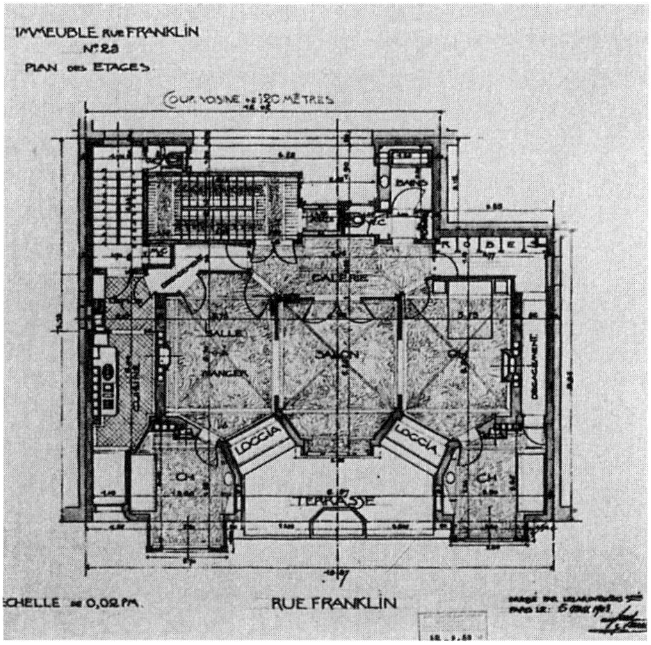

Auguste e Gustave Perret
Edifício de apartamentos em 25 bis rue Franklin, Paris, 1903. Elevação, corte e planta baixa do pavimento tipo.

Há um forte paralelo entre essa visão e a visão dos fundadores do movimento moderno na segunda década do século XX que, de maneira semelhante, desejavam decompor as figuras herdadas da arte e da arquitetura em seus elementos irredutíveis. Fossem tais elementos considerados "formais" (como em Kandinski, Mondrian e no movimento De Stijl) ou "construtivos" (como na vanguarda russa), eles constituíam um léxico de entidades irredutíveis ligadas entre si por meio de relações elementares. Do mesmo modo, no "construtivismo" de Russell as totalidades são substituídas por unidades cujo significado é imanente e se justificam por si mesmas.

Tal elementarização certamente pode ser pensada como um empobrecimento dos significados estabelecidos pelas convenções culturais. Deve-se enfatizar, porém, que essa não foi a interpretação feita pelos círculos da vanguarda artística; ao contrário, ela foi elaborada como um meio de se alcançar significados mais profundos — porque mais primitivos — e de distanciar o artista de uma concepção burguesa "degenerada" da arte.

Essas tendências tiveram início antes dos eventos que estamos descrevendo. Podem ser vistas, por exemplo, nas pinturas impressionistas e pós-impressionistas, onde a multiplicidade da percepção é analisada e reconstruída a partir de unidades atômicas. Podem também ser vistas na estética neokantiana formalista alemã, de Herbart a Fiedler,[25] em que é desenvolvida uma lógica da percepção artística. Tais desenvolvi-

Otto Wagner
Caixa Econômica dos Correios, Viena, 1903-6. Saguão principal.

Hendrik Petrus Berlage,
Bolsa de Valores de Amsterdã, 1898-1903. Saguão da bolsa de produtos.

mentos devem ser considerados como parte de um programa "racionalista", na medida em que buscam aplicar a metodologia da ciência à análise da experiência subjetiva. Foi dos herdeiros dessa tradição analítica em pintura — principalmente do cubismo — que os modernistas da arquitetura da década de 20 extraíram sua inspiração formal, quaisquer que fossem suas outras fontes, positivistas ou metafísicas.

Uma conexão ainda mais direta com a filosofia do atomismo lógico, entretanto, talvez possa ser vista na obra de Adolf Loos, cuja *Raumplan Analysen* fora iniciada por volta da virada do século. Em sua obra, o espaço da casa é construído a partir de "salas" atômicas, cada qual com sua especificidade. Outro exemplo é a casa que Ludwig Wittgenstein construiu para sua irmã em 1926 em colaboração com o arquiteto Paul Engelmann. Nessa casa, todos os elementos são redefinidos segundo funções elementares e parecem refletir a teoria imagética da linguagem de Wittgenstein, descrita no *Tratado lógico-filosófico* (e desenvolvida sob a influência de Russell), segundo a qual existe uma relação de um-para-um entre as frases e as coisas. Essa casa pertence igualmente ao espírito da vanguarda dos anos 20 e às preocupações filosóficas do próprio Wittgenstein; nada poderia expressar melhor seu lema: "O significado é o uso".

A insistência sobre o "valor de uso" na arquitetura de Loos e Wittgenstein vincula a idéia do atomismo lógico à noção de "função".

O funcionalismo

A idéia, fundamental para o movimento moderno, de que há uma indiscutível relação causal entre funções e formas na arquitetura, faz parte de uma tradição que remonta a Vitrúvio. Até o final do século XVIII, como vimos, essa idéia estava intimamente ligada à idéia de imitação no sentido atribuído por Aristóteles. Porém, na primeira metade do século XIX, sob a influência do romantismo e do historicismo, ela passou a ser associada à noção de evolução genética. Uma necessidade intrínseca tomou o lugar da "analogia" como a geradora de formas expressivas do programa ou da estrutura de um edifício. Essa "necessidade intrínseca" era passível ou de uma interpretação idealista (um espírito invisível que direcionava a causalidade material) ou de uma interpretação "científica" (fundamentada em causas eficientes e na investigação empírica).

No final do século XIX, o sentido atribuído à palavra "função" pelas diferentes disciplinas perdera grande parte de seu conteúdo idealista. Em matemática, por exemplo, uma função não era mais uma relação entre uma variável e um objeto fixo conhecido, mas a relação entre duas variáveis. Segundo Ernst Mach, a noção de função devia substituir a de causa. Quando a ciência reúne vários elementos em uma equação, cada elemento torna-se uma *função* dos outros; a dependência entre os elementos torna-se recíproca, e a relação entre causa e efeito torna-se reversível.[24]

Essa noção de função, com sua implicação de um sistema independente de "valores" externos, está estritamente relacionada à antropologia funcionalista de Bronislaw Malinowski. De acordo com as hipóteses de Malinowski, as sociedades devem ser vistas como sistemas auto-organizados, e a *função* de um elemento é o papel que ele desempenha na manutenção do sistema. Malinowski dizia: "A visão funcional [...] insiste no princípio de que em todos os tipos de civilização, cada costume, objeto material, idéia e crença realiza alguma função vital [...] dentro do todo em funcionamento".[25] A circularidade desse argumento é evidente: o sistema é definido como a soma de fatos, enquanto que o "fato" é definido como o que é relevante para o sistema.

Encontra-se algo análogo a essa visão na idéia de uma arquitetura "funcional". Não deve haver interferência, no projeto ou na avaliação de um edifício, de noções preconcebidas do que é a "arquitetura". O projeto deve ser definido como a soma desses elementos.

O grupo de arquitetos modernos da Nova Objetividade apresenta, em sua teoria, um exemplo extremo desse tipo de "funcionalismo". Quando Hannes Meyer definiu a arquitetura como *função* x *economia*, ele a estava tentando reduzir a um sistema absolutamente primitivo que excluía todos os "valores" *a priori*.[26] Porém, obviamente a natureza desse sistema já estava determinada pela própria restrição arbitrária dos fatos relevantes: a estrutura, a economia e as "necessidades" fundamentais, que poderiam ser empiricamente testadas pelo método "científico". Em um campo do conhecimento completamente "axiomatizado", como a matemática, essas limitações arbitrárias são justificáveis e, de fato, essenciais. Entretanto, em um campo afetivo e ideológico como a arquitetura, sua rígida aplicação só pode ser explicada por motivos ideológicos que são os agentes invisíveis de sua auto-exclusão.

O termo *funcional*, como é empregado na arquitetura moderna, assumiu seu tom usual devido a essa arbitrária limitação do que poderia ser deduzido logicamente ou verificado empiricamente. Os resultados, em vez de serem compreendidos como aspectos de uma operação meramente formal, como o são na matemática, foram tomados por descrições objetivamente verdadeiras do mundo real.

Uma situação similar era pertinente ao "funcionalismo" na antropologia, onde o registro dos comportamentos empiricamente observáveis foi considerado como o único meio de se chegar a declarações verdadeiras sobre determinada sociedade.

Nos anos 40, na antropologia e, algum tempo depois, na arquitetura, desenvolveu-se uma crítica estruturalista cujo propósito era demonstrar que não havia nenhuma correlação necessária entre formas e estruturas, de um lado, e entre "funções" e "padrões de comportamento", de outro. As formas, afirmava-se, eram independentes das situações empíricas que lhes emprestavam *significado* em qualquer época ou lugar.

O formalismo

Pode-se definir o formalismo como o tipo de pensamento que enfatiza as relações governadas por regras em vez de as relações de causa e efeito. De acordo com essa definição, o formalismo está associado a uma definição de função puramente matemática. Estuda as estruturas de determinados campos independentemente do que exista fora deles; é relativo ao "como" das coisas, e não a seu "porquê". Essa parece ser a característica do pensamento do final do século XIX e do início do século XX, em disciplinas totalmente diversas — filosofia, arte e arquitetura.

Já mencionamos essa abordagem em relação à teoria estética alemã do século XIX. Isso pode também ser observado um pouco mais tarde, na história da arte. Nesse caso, uma abordagem formalista restringe o objeto de estudo às estruturas formais da obra de arte e evita a discussão sobre o que se achava que essas obras "significavam" em determinados períodos históricos. Do mesmo modo, essa abordagem procura a lógica da mudança histórica nos problemas especificamente artísticos que os artistas enfrentaram em diferentes épocas, em vez de vê-los como o (indemonstrável) resultado de eventos históricos externos.

Os historiadores da arte Franz Wickhoff, Aloïs Riegl e Heinrich Wölfflin foram representantes desse ponto de vista. Todos foram fortemente influenciados pela teoria da "visibilidade pura" de Konrad Fiedler e todos, por sua vez, influenciaram a atmosfera intelectual da vanguarda artística do início do século XX.

Embora um dos objetivos da história da arte formalista fosse romper com a vigência da estética normativa clássica, esses objetivos somente podiam ser alcançados mediante o estabelecimento de normas mais gerais que se aplicassem a todas as artes, fosse qual fosse seu período. Dessa maneira, havia uma tendência ao estabelecimento de leis a-históricas e, ao fazê-lo, a história da arte assemelhava-se à própria teoria clássica. A teoria formalista da arte concentrou-se no "como" da arte por rejeitar o tipo de explicação do "porquê", sempre fornecida para justificar determinado sistema de valores (ou determinado estilo). Porém, a doutrina clássica também se concentrava no "porquê" (as regras da boa poesia, da retórica etc.) exatamente por *aceitar* sem questionamento determinado sistema de valores.

As tendências formalistas da vanguarda do século XX contradiziam, portanto, as interpretações historicistas da arquitetura moderna feitas por Viollet-le-Duc e seus seguidores. Em vez de verem a arquitetura como um contínuo desenvolvimento de acordo com uma lei histórica da evolução técnica e social, tais interpretações implicavam que a arquitetura moderna era uma ruptura radical com a história — que ela tinha alcançado um limite que lhe permitia dar forma às leis eternas da estética. Dessa maneira, pode ser vista como um tipo de classicismo, mas um classicismo que rejeita as formas específicas e historicamente determinadas do estilo clássico. Essa visão estava, apesar de tudo, estreitamente ligada ao desenvolvimento das técnicas construtivas, que eram vistas como que se libertassem o arquiteto das restrições técnicas que antes atrelavam a estética arquitetônica a determinadas épocas e tradições artesanais.

Um dos primeiros arquitetos a vincular explicitamente a arquitetura industrializada ao classicismo foi Hermann Muthesius, que via nesse vínculo o meio para se chegar a uma tipologia de formas arquitetônicas que correspondesse às leis universais da percepção estética. A racionalização da construção nos parâmetros da produção fabril recriaria, em um nível mais abstrato, as mesmas tradições artísticas e valores culturais que ajudara a destruir.[27]

Na década de 20, a maioria dos arquitetos de vanguarda começou a aceitar a substituição do artesanato pela máquina como o preço que a arquitetura tinha de pagar para realizar as urgentes tarefas sociais que a ela se apresentavam. Porém, embora isso envolvesse certa simplificação das massas e a ênfase do típico sobre o individual, seu incipiente classicismo foi encoberto por princípios de composição elementaristas

 do tipo que era utilizado em montagens, que negavam as hierarquias formais do sistema clássico. Isso era particularmente verdadeiro para os arquitetos da chamada Nova Objetividade, que trabalhavam na República de Weimar — Hannes Meyer, Ernst May, Mart Stam e Hans Schmidt, entre outros.

Ludwig Hilberseimer Projeto para uma cidade de arranha-céus, 1924. Rua leste-oeste.

Há, no trabalho desses arquitetos, e especialmente nos projetos urbanos de Ludwig Hilberseimer, um esquematismo extremo, que transpõe diagramas resultantes de operações puramente analíticas para objetos do mundo perceptivo real. Esse é um tipo primitivo de formalismo que interrompe o processo de abstração no meio do caminho, por assim dizer, sem permitir que continue operando em direção a uma imagem mais adequada.

Na obra de Le Corbusier e de Mies van der Rohe, porém, esse formalismo esquemático associou-se a tendências clássicas mais manifestas. O classicismo de Le Corbusier, em particular, era bastante explícito e fundamentava-se em uma aceitação generalizada da tradição clássica francesa. Na maior parte de seus trabalhos, ele estava preocupado em conciliar a idéia clássica de uma ordem artística *a priori* com a noção de progresso contínuo que herdara das tradições historicistas e positivistas. Seu desenho da estrutura Dom-ino foi a primeira demonstração de um princípio dialético que viria a dominar todo o seu trabalho posterior. Aqui, a estrutura de concreto carrega toda a certeza de um *a priori* cartesiano. Nessa estrutura, os volumes e o equipamento da casa podem ser

Giuseppe Terragni
Casa del Fascio,
Como, 1934.
Perspectiva da
fachada posterior.

dispostos de maneira independente, de acordo com as necessidades práticas. A organização dessas necessidades deveria seguir uma exigência empírica cujas leis são tão rigorosas quanto as da estrutura platônica e o seu envoltório cúbico implícito (embora, de fato, seja exatamente aqui que a invenção do arquiteto/artista entra em jogo, com toda a sua liberdade de alusão metafórica). O diálogo entre a estrutura e o seu preenchimento torna-se visível por meio das técnicas cubistas de simultaneidade espacial, elas mesmas possibilitadas pelas novas técnicas construtivas.

A arquitetura de Le Corbusier dá expressão artística ao conflito entre as duas tradições do racionalismo que acompanhamos: o *a priori* e o empírico. De um lado, encontramos as "idéias claras e distintas" que, traduzidas de uma metafísica cartesiana para sensoriais objetos de arte, haviam sido promovidas pelos teóricos clássicos franceses de Boileau a Durand. De outro lado, encontramos as idéias empíricas e cientificistas do positivismo, que são expressas como o funcional, o acidental e o contingente. Ambos os racionalismos são redutíveis a uma tipologia: o primeiro, aos tipos que estão inscritos em nossa própria consciência, o segundo, aos tipos que resultam de uma evolução teleológica.

Um formalismo que tende igualmente ao clássico é encontrado tanto no modernismo escandinavo quanto no italiano. Na Escandinávia, ele está presente na obra de Gunnar Asplund e nos primeiros trabalhos de Alvar Aalto — em ambos os casos, devido à existência de uma forte tradição do neoclassicismo que data da primeira década do século XX.

Na Itália, essa tendência é inseparável das exigências culturais do fascismo e da tentativa de se conciliar os ideais progressistas com a tradição. O exemplo da arquitetura e dos escritos de Le Corbusier foi provavelmente a influência individual mais importante sobre a vanguarda italiana dos anos 30 (os autodenominados "racionalistas" do Gruppo 7). Em seu livro *Por uma arquitetura*, publicado em 1923, Le Corbusier havia equiparado os produtos da tecnologia moderna, como os automóveis, ao Partenon — cada um deles sendo apresentado como o resultado de um processo evolutivo que culminava em uma perfeita forma "típica". Essa imagem permitiu que os arquitetos italianos conciliassem os aspectos dinâmicos e mecanicistas do futurismo com a tradição clássica.

Antonio Sant'Elia, em seu *Città Nuova*, de 1914, sintetizou as idéias de Henri Sauvage e da Wagnerschule, produzindo a sublime imagem de uma congestionada e mecanizada cidade moderna. Se compararmos as imagens desse livro com uma obra dos racionalistas, como a Casa del Fascio de Giuseppe Terragni, e certas obras de Edoardo Persico e Gino Pollini, veremos que o expressionismo romântico de Sant'Elia cedeu lugar a um classicismo calmo e atemporal. A esse classicismo, no entanto, falta a iconografia estilística característica dos arquitetos do *Novecento*, Giovanni Muzio e Marcello Piacentini. Ele é reduzido a uma "estrutura" abstrata de neutralidade deliberada.

Adalberto Libera
Desenho do concurso para a reurbanização da praia em Castelfusano, 1933-34.

[páginas 90-1]
Vittorio Gregotti, Franco Amoroso, Salvatore Bisogni, Hiromichi Matsui e Franco Purini
Conjunto habitacional Zen, Palermo, 1970. Perspectiva aérea.

O movimento moderno dos anos 20 foi marcado por um fervor evangélico que lhe emprestava todos os atributos de um movimento religioso. Como em todos os movimentos religiosos, seus adeptos tinham de passar, mediante uma *conversão*, a um estado mental em que os melhores e mais mundanos aspectos da vida fossem transfigurados. O racionalismo da vanguarda do século XX era envolvido por um anti-racionalismo dogmático e idealista que talvez só pudesse sobreviver em uma forma pura por um período de tempo muito curto.

Já na década de 30 começa um processo de "liberalização", que culminaria na década de 50. Essa liberalização não abandonou a posição racionalista como fundamento, mas buscou "humanizá-la". Na década de 30, Le Corbusier começou a introduzir em suas obras materiais naturais e elementos vernáculos. J. J. P. Oud, que havia se associado ao movimento De Stijl, procurou reintroduzir o ornamento em seus edifícios, e Alvar Aalto desenvolveu um estilo que explicitamente concedia espaço a fatores "irracionais" e "psicológicos". Após a Segunda Guerra Mundial, esse processo continuou sob diferentes rubricas, como o "neo-empirismo", o "brutalismo" e o "neo-realismo". Ao mesmo tempo, particularmente nos Estados Unidos, o progresso técnico alcançou um patamar em que era possível aproveitar o aspecto racional/construtivo do modernismo para as necessidades ideológicas

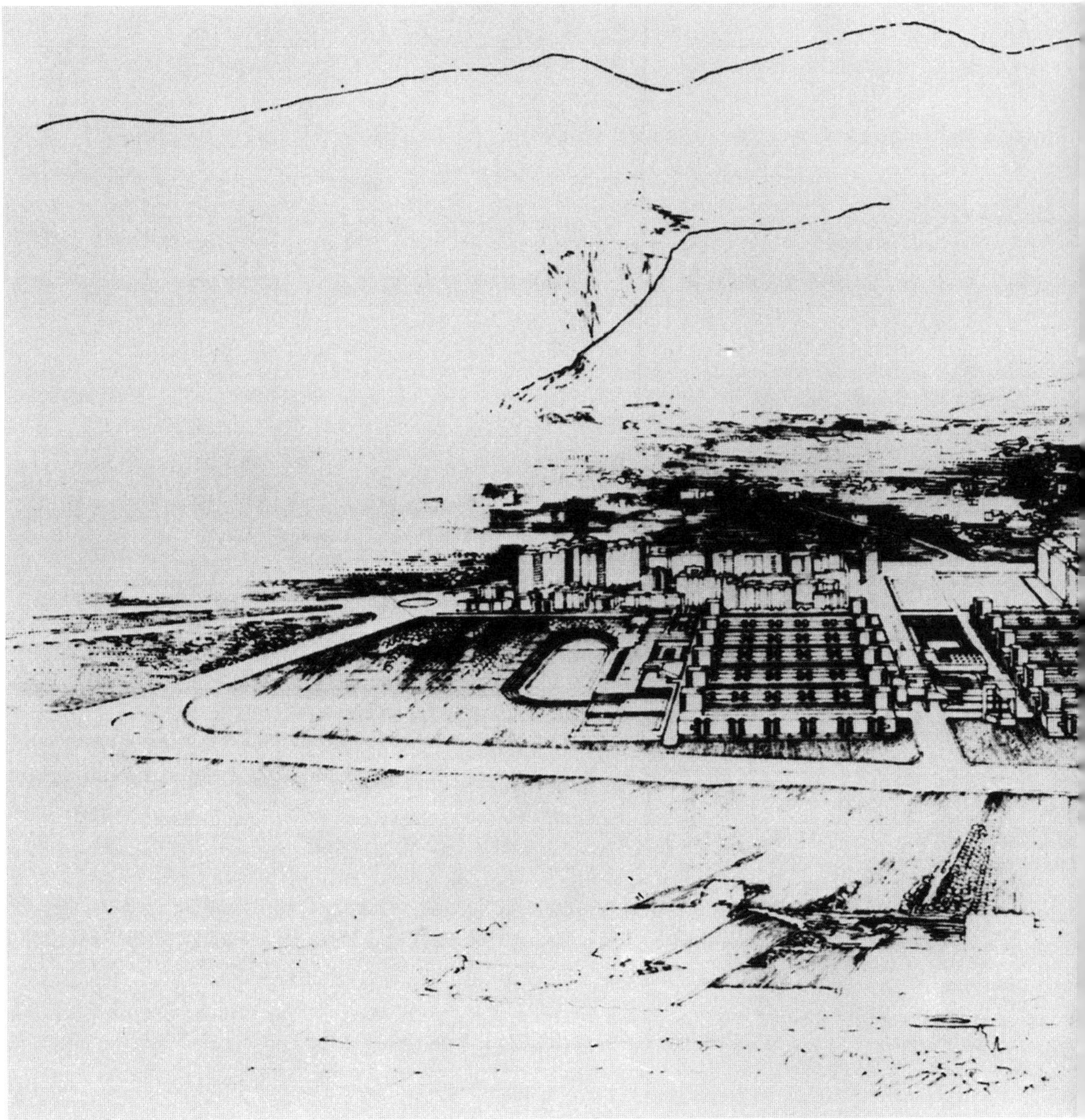

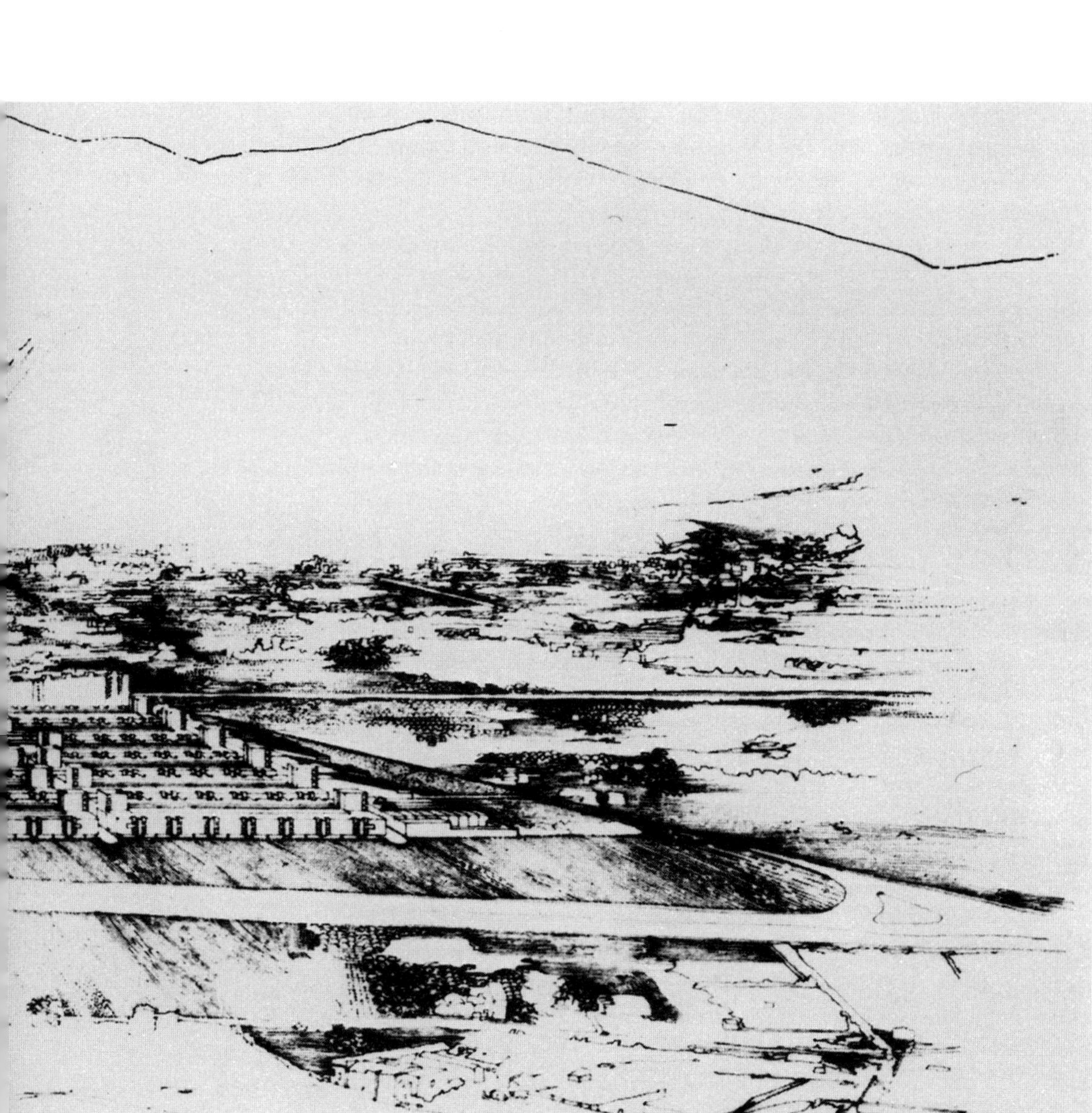

do desenvolvimento imobiliário, solapando, dessa maneira, os fundamentos utópicos do modernismo.

Nenhuma dessas tendências questionava as premissas fundamentais do racionalismo modernista. Elas viam o modernismo como capaz de gradualmente reformar a si mesmo a partir de seu próprio interior, de modo a absorver as necessidades "humanistas" e pragmáticas que haviam sido excluídas de seu programa original.

Um desenvolvimento paralelo talvez possa ser visto em curso na filosofia analítica. Os "jogos de linguagem" de Wittgenstein, apresentados nas *Investigações filosóficas*, a filosofia da "linguagem comum" de J. L. Austin e o conceito de "sociedade aberta" de Karl Popper, todos eles renderam-se, por caminhos diversos, às tentativas de se equiparar os processos de análise racional ao mundo real.

Em meados da década de 60, no entanto, houve uma forte reação ao discurso arquitetônico que, em vez de tentar reformar a arquitetura a partir de uma interpretação especificamente modernista do racionalismo, buscava antes redefinir o racionalismo nos termos de uma tradição autônoma da arquitetura. Esse movimento originou-se no círculo de jovens arquitetos agrupados em torno de Ernesto Rogers, o editor da revista *Casabella*. A transformação específica à qual o racionalismo se sujeitara ao longo da evolução histórica era vista como algo secundário e que se fundava em uma tradição mais profunda, segundo a qual o que é "racional" em arquitetura é o que conserva a arquitetura como um discurso cultural que perpassa toda a história. Essas idéias fundamentavam-se em grande parte na lingüística estrutural, que enfatizava o valor paradigmático das estruturas típicas e invariáveis que eram subjacentes a atos de fala individuais.

Embora haja uma evidente conexão histórica entre essa visão e os aspectos formalistas do modernismo, eles diferem em um aspecto crucial. O formalismo modernista supunha que a arquitetura podia ser reduzida a formas correspondentes à estrutura da mente humana (*les constants humains*), enquanto que o novo formalismo que estamos descrevendo via os elementos invariáveis da arquitetura como irredutíveis para além da experiência da arquitetura propriamente dita, como uma realidade social e cultural.

Essa visão implica que devemos olhar para a história da arquitetura — ou, pelo menos, para um amplo segmento dela — como se fosse um instante contínuo no qual o pensamento e a memória são co-extensivos. O modelo dessa visão é o pensamento iluminista, que via o progresso não como o desenvolvimento imprevisível e infindável, mas como a reordenação e exploração racionais do material já existente. De acordo com essa visão, as características tipológicas de uma arquitetura racional não são aquelas criadas pela tecnologia ou por formas especificamente modernas de comportamento social, mas aquelas que persistem por meio da mudança tecnológica e social e que nos prendem a uma imagem permanente do homem. Há um retorno à visão da razão do século XVIII como a faculdade que se encontra, essencialmente, fora da história: a história fornece à razão modelos mutáveis de realizações humanas (nesse caso, arquitetônicos) dentre os quais ela [a razão] é capaz de escolher livremente.

Os arquitetos que exemplificam essas atitudes mais claramente são Giorgio Brassi e Aldo Rossi. O primeiro enfatiza os aspectos mais ontológicos e tectônicos da tradição racionalista, enquanto que o segundo enfatiza as imagens subjetivas e poéticas às quais ela pode dar origem.[28] Como parte de uma tendência "pós-moderna" mais geral, esse tipo de racionalismo deve ser visto como uma reação defensiva às atuais condições sociais de produção e consumo. Não é por acidente que, em ambos os casos, a produção é pequena e de escala deliberadamente modesta. Alcançamos um patamar na evolução social em que os produtos da razão humana estão cada vez mais separados da experiência do fazer, do construir ou do imaginar. Falando, em 1894, da distância entre o pensamento conceitual científico moderno e nossa capacidade de reduzir o mundo às imagens sensoriais da ordem, Paul Valéry escreveu:

> Por que somente uma pequena parte do mundo pode ser reduzida dessa maneira? Há um momento em que o figural torna-se tão complicado, ou os eventos parecem tão novos, que precisamos abandonar a tentativa de considerá-los como um todo, ou de prosseguir sua tradução em valores contínuos. Em que ponto nosso Euclides paralisou sua apreensão da forma?[29]

Quase cem anos depois, o problema tornou-se ainda mais ofuscante. Será que podemos ainda empregar a palavra "racionalismo" em arquitetura no sentido em que ela sempre foi empregada, a despeito de todas as mudanças de significado: como a tentativa de se fornecer o análogo sensorial, a presença emblemática, para aquela razão que um dia se supôs permear o universo?

[Publicado originalmente em *Das Abenteuer der Ideen: Architektur und Philosophie seit der Industriellen Revolution*, ed. Claus Baldus (Berlim: Internationale Bauausstellung, 1987)]

NOTAS

1. Aristóteles, *Física*, 199a, 15-19.
2. John Wood, o Velho, *The Origin of Building, or the Plagiarism of the Heathens Detected* (Londres, 1741).
3. Quatremère de Quincy, "Caractère", in *Architecture* (Paris, 1788). E também "Caractère", in *Dictionnaire historique d'architecture* (Paris, 1832).
4. Ver Wolfgang Herrmann, *The Theory of Claude Perrault* (Londres, 1962).

5. Charles-Etienne Briseaux, *Traité du beau essentiel dans les arts* (Paris, 1752).
6. Ver Joseph Rykwert, *The First Moderns* (Cambridge: The MIT Press, 1980), cap. 8.
7. Para essa e outras opiniões contemporâneas sobre Sainte-Geneviève, ver R. D. Middleton, "The Abbé de Cordemoy and the Graeco Gothic Ideal", *Journal of the Warburg and Courtauld Institutes*, 25, 1962, p. 111.
8. A busca, durante o Iluminismo, das leis de uma gramática universal fundamentava-se no trabalho dos Port Royale Grammarians, Arnaud e Lancelot, cuja *Grammaire générale et raisonnée* foi publicada em 1660. O gramático inglês James Harris (1709-80) definia a gramática universal como "a gramática que, sem considerar as várias expressões idiomáticas de determinadas línguas, somente respeita os princípios que são essenciais a todas elas". As principais personalidades dessa tradição foram Cézar Chesneau Dumarsais (1676-1746), Nicolas Beauzée (1717-89) e Destutt de Tracy (1754-1836).
9. J. N. L Durand, "Introduction", in *Précis des leçons d'architecture données à l'Ecole Royale Polytechnique* (Paris, 1819).
10. Jacques-Guillaume Legrand, *Essai sur l'histoire générale de l'architecture* (Paris, 1800).
11. Thomas Hope, *An Historical Essay on Architecture*, 3.ed., 1840, vol. 1, p. 495; citado em D. Watkin, *Thomas Hope and the Neoclassical Idea* (Londres, 1968), p. 214.

12. O documento crucial da doutrina romântica da arquitetura é a revista *Das Athenaeum* (1798-1800), escrita principalmente por Friedrich e August Wilhelm Schlegel. Essa doutrina foi disseminada na França e na Inglaterra por Madame de Stäel, cujo livro *De l'Allemagne* foi publicado em 1813.
13. Ver Peter Collins, *Changing Ideals in Modern Architecture* (Toronto: McGill University Press, 1967), cap. 19, "Rationalism".
14. Léonce Reynaud, *Traité d'architecture* (Paris, 1860-63), p. IX.
15. Ver Collins, *Changing Ideals*, cap. 19.
16. As principais declarações teóricas de Viollet-le-Duc encontram-se no *Dictionnaire raisonné d'architecture française, du XIe au XVIe siècle* (Paris, 1858-68) e em *Entretiens sur l'architecture* (Paris, 1863-72).
17. Viollet-le-Duc, *Entretiens*, n. 10.
18. Ver Philippe Junod, "La terminologie esthétique de Viollet-le-Duc", in *Viollet-le-Duc, centenaire de sa mort à Lausanne* (Lausanne, 1979), p. 57.
19. Viollet-le-Duc, "Style", in *Dictionnaire raisonné.*
20. Ver Junod, "La terminologie".
21. A. W. Schlegel, *Über Dramatische Kunst und Literatur*, 2.ed. (Heidelberg, 1817), III, p. 8; citado por Rene Wellek, *A History of Modern Criticism* (Cambridge, 1981), vol. 2, p. 148.
22. Louis Sullivan, *Kindergarten Chats and Other Writings* (Nova York, 1979), p. 194.
23. Os filósofos estetas formalistas alemães foram contrários à teoria clássica da imitação. Segundo Johann Friedrich Herbart (1776-1841), a beleza é uma sensa-

ção irredutível que não "significa" nada além de si mesma. A abordagem de Herbart foi desenvolvida de maneiras diversas e em diferentes artes, por Wilhelm Unger, Robert Zimmermann, Eduard Hanslick, Konrad Fiedler e outros, até o final do século XIX.

24. Ernst Mach, *Die Mechanik in ihrer Entwicklung*.

25. Bronislaw Malinowski, "Anthropology", in *Encyclopaedia Britannica*, 13.ed., suplemento 1 (Chicago, 1926).

26. Ver Claude Schnaidt, *Hannes Meyes* (Arthur Nigli, 1965), p. 23.

27. Ver "Proposition", de Hermann Muthesius, in *Proceedings of the Deutscher Werkbund Congress at Cologne* (1914). Em 1912, o crítico inglês T. E. Hulme também fez uma analogia entre o classicismo e a máquina ao atacar a poesia expressionista. Ver Raymond Williams, *Culture and Society* (Nova York, 1958).

28. Ver Ignasi de Solà Morales, "Critical Discipline", *Oppositions*, 23, inverno de 1981. Esse é um estudo sensível sobre a obra e as idéias de Giorgio Grassi. Ver também Aldo Rossi, *The Architecture of the City* (Cambridge: The MIT Press, 1981).

29. Paul Valéry, "Introduction à la méthode de Leonard de Vinci", *La Nouvelle revue française*, 15 ago. 1895; traduzido em James R. Lawler, ed., *Paul Valéry, An Anthology* (Princeton: Princeton University Press, 1976), p. 61.

[parte 2] **Tradições e deslocamentos: três estudos de Le Corbusier**

Arquitetura e engenharia: Le Corbusier e o paradoxo da razão

Em seu livro *De David a Delacroix*,[1] Walter Friedlander faz uma distinção entre duas grandes correntes da pintura francesa, que chama de racional e irracional. Essas categorias, caso as aceitemos, devem aplicar-se somente até certo ponto às outras artes, inclusive à arquitetura. A corrente racional é moralizante e didática, e pertence à tradição do classicismo francês. É tentador ver Le Corbusier como pertencente a essa tradição didática e como alguém que traz para a vanguarda arquitetônica da década de 20 uma combinação peculiarmente francesa de moralismo, formalismo e classicismo.[2]

De todos os arquitetos do movimento moderno, foi Le Corbusier que construiu seus fundamentos teóricos mais elaborados. Sua teoria arquitetônica difere significativamente da teoria de outros arquitetos, não só em tipo, mas também em grau. Enquanto para Walter Gropius a teoria era o *instrumental* e o desenho seu produto direto, para Le Corbusier a teoria era a *justificativa*. Le Corbusier procurava justificar a arquitetura como uma disciplina autônoma[3] e normativa e, nesse sentido, pertencia à tradição da teoria arquitetônica francesa de Philibert de L'Orme a Ledoux. Seus escritos teóricos tinham por objetivo conciliar novos fenômenos decorrentes da produção industrial moderna com certos valores arquitetônicos *a priori*. Esses valores eram vistos como as condições que tornavam a prática da arquitetura inteligível.

Le Corbusier tem sido freqüentemente chamado de positivista e criticado por tentar aplicar ao século XX uma mentalidade que pertence ao século XIX. Apesar de compartilhar com os positivistas seu formalismo epistemológico, Le Corbusier não compartilhava a prioridade que eles atribuíam ao Fato.[4] Como diz em *Por uma arquitetura*: "A abstração arquitetônica possui a particular e magnífica propriedade de que, quando arraigada no fato bruto, ela o espiritualiza, pois o fato bruto não é nada senão a materialização, o símbolo da Idéia possível".[5]

O formalismo de Le Corbusier tinha por objetivo ser teoricamente sistemático, mas não necessariamente pretendia transformar o mundo real. Contudo, é fácil ver por que foi chamado de positivista: ele mantinha-se obstinadamente fiel a soluções finais, como se estivesse asseverando uma relação direta, *à la* Bentham, entre forma e função. Essa qualidade do trabalho de Le Corbusier pode ser vista se o compararmos aos teóricos do construtivismo russo, que acreditavam serem coincidentes os sistemas teóricos e a ação sobre o material do mundo real. Para eles, o empírico podia sempre ser utilizado para criticar e modificar a forma artística, e tais modificações tornariam essas formas teoricamente *mais* corretas. Para Le Corbusier, o empírico habita um mundo diferente do ideal; nunca há nenhuma possibilidade de uma passagem direta do Fato para o Significado. Quando insistia na inviolável qualidade de seus desenhos, estava defendendo suas qualidades ideais, e não suas qualidades empíricas. De fato, com freqüência Le Corbusier mantinha-se fiel às soluções de projetos contra toda evidência empírica, como no caso do Abrigo do Exército da Salvação (Cité de Refuge), cuja história foi documentada por Brian Brace Taylor.[6]

A arquitetura de Le Corbusier, suas qualidades, além do que talvez possam ser consideradas suas falhas, decorre diretamente dessa filosofia dualística. Não obstante, ele jamais conciliou satisfatoriamente sua busca pelos valores humanos atemporais da arquitetura com sua crença de que a tecnologia moderna e as estruturas do capitalismo moderno forneciam os meios pelos quais esses valores poderiam ser restabelecidos em uma nova forma.

O discurso de Le Corbusier tentava sintetizar, no que dizia respeito ao problema da arquitetura, as contraditórias visões de mundo que eram correntes na época de sua formação intelectual. Para compreender essas visões de mundo e suas decorrentes ideologias e contradições, deve-se voltar ao discurso arquitetônico do século XVII, no momento em que a tradição de Vitrúvio foi desafiada pela primeira vez. A forma desse desafio é bem conhecida. Ao dividir a beleza arquitetônica em dois tipos, *beleza certa* e *beleza arbitrária*, Claude Perrault introduziu no discurso arquitetônico a distinção epistemológica entre o conhecimento *a priori* e o conhecimento empírico, entre o signo natural e o signo arbitrário, distinção esta que ocorreu paralelamente na filosofia contemporânea e na teoria lingüística.[7] A definição de Perrault podia ser interpretada de duas maneiras: ou como um estímulo à busca das causas naturais da beleza absoluta, que não mais eram vistas como decorrentes da autoridade antiga, ou como um estímulo ao ceticismo.

A teoria de Perrault exerceu certa influência sobre outros arquitetos, notavelmente Christopher Wren. A partir das notas de Wren, publicadas em *Parentalia*, pode-se ver que o método de Perrault foi bastante utilizado por teóricos subseqüentes, não para justificar o costume e a associação como o fundamento do signo arquitetônico, mas para encontrar novas fontes de certeza que fossem acessíveis à razão. O método empírico desacreditava das antigas certezas *a priori*, mas criava novas certezas em seu lugar. Um novo conjunto de fenômenos que até então eram pensados como secundários, particularmente os do campo da óptica, agora eram vistos como sujeitos a leis e a necessidades e acessíveis a experiências e ao tratamento matemático. Essa convicção de que se podia provar que o gosto e o julgamento estético fundamentavam-se em princípios naturais é característica de uma importante vertente do pensamento do século XVIII. Reconhecemos elementos dessa visão no pensamento de Le Corbusier.

No final do século XIX, porém, essa visão havia sido modificada e distorcida tanto pelo positivismo quanto pelo historicismo, que deram uma ênfase totalmente nova ao problema da natureza regrada do mundo da experiência humana: o primeiro, dizendo que o conhecimento encontra sua comprovação e significado último na ação sobre o mundo material; o segundo, tentando conciliar a verdade absoluta com a mudança e o progresso históricos. No pensamento de Le Corbusier, esses dois impulsos são sobrepostos pelo idealismo prevalecente no final do século XIX, que era antipositivista e antimaterialista e que, de alguma maneira, aceitou o idealismo de Hegel sem o relativismo cultural propiciado pelo sistema hegeliano.[8]

Em *The Education of Le Corbusier*,[9] Paul Turner fornece evidências de que Le Corbusier foi fortemente influenciado pelo livro de Henry Provensal, *L'Art de demain*, publicado em 1907. Segundo Turner, esse livro enfatiza a acessibilidade da "Idéia" hegeliana à compreensão intuitiva do artista. Essa "Idéia" não parece ser idêntica às noções do século XVIII que sustentavam que a verdade e a beleza são eternas porque o homem é sempre, e em todos os lugares, o mesmo. Em vez disso, ela tenta supor uma Idéia emergente que seja capaz de ser percebida pela primeira vez devido ao estágio de desenvolvimento histórico que o homem alcançou. Após um período de divergência, a arte e a ciência haviam chegado a um ponto em que poderiam novamente unir-se e tornar-se transparentes uma para a outra. Significativamente, essa filosofia funda-se em certa noção de abstração. A beleza ideal expressava a mente e o espírito em vez dos sentidos físicos. Assim, ligava-se à ciência. O argumento de Provensal era o de que a "Ciência, que começa por debilitar o sentimento, acaba fortalecendo-o".[10]

Tal qualidade de abstração possui dois interessantes corolários. Em primeiro lugar, a arquitetura e a música são consideradas as maiores das artes pois ambas "recorrem a abstrações". (A idéia da música como o paradigma das artes era obviamente comum no final do século XIX.) Em segundo lugar, dizia-se que a arquitetura preocupava-se com a forma cúbica, expressando diretamente as formas de cristais minerais que, sendo únicos entre as formas naturais, supostamente revelavam a subjacente estrutura matemática da natureza. A arquitetura, disse Provensal, é uma questão de composição de volumes, de justaposição do sólido e do vazio, da sombra e da luz. "O artista", disse ele, "encontrará os elementos da realização do material onde o drama plástico é cristalizado sob a benéfica ação da luz." Turner ressalta o paralelo óbvio entre esta e a conhecida formulação de Le Corbusier da arquitetura como "o sábio, correto e magnífico jogo de volumes reunidos sob a luz".[11]

A análise feita por Turner do texto de Provensal ajuda a solucionar um problema. Por meio dela, somos capazes de conectar duas idéias que sempre pareceram contraditórias no pensamento de Le Corbusier: a idéia dos valores artísticos absolutos e imutáveis, associados ao classicismo do século XVIII, e a idéia do espírito de época, que tem sua origem em Hegel e na tradição historicista alemã. No livro de Provensal, encontramos a associação de valores absolutos à idéia vanguardista do "novo". O grande ciclo de Hegel parece ter chegado ao fim; o Espírito finalmente é exposto e, uma vez revelado por uma elite artística, se tornará acessível a todos. Essa visão cíclica da história, que invoca a idéia de um retorno ou repetição, é levantada explicitamente por Le Corbusier em *Urbanismo*, quando ele discute as idades do homem.

O livro de Provensal indiscutivelmente ajudou a formar certos traços permanentes do pensamento de Le Corbusier em relação à eterna e geométrica natureza da arquitetura, sua relação com a ciência em um nível fundamental e a idéia de uma descoberta iminente, de um momento apocalíptico. Muitas outras experiências, entretanto, ajudaram a cristalizar a concepção corbusiana de uma nova arquitetura, três das quais parecem ser de especial importância.

A primeira foi a doutrina regionalista e artesanal que Le Corbusier assimilou de seu professor em La Chaux-de-Fonds, L'Eplattenier.[12] Essa doutrina é decorrente do movimento *arts and crafts* e das teorias do ornamento de Owen Jones. L'Eplattenier ensinava que a natureza podia ser reduzida a uma estrutura geométrica que lhe era subjacente. Essa noção era, de muitas maneiras, a antítese das idéias de Provensal, já que, em vez de postular uma Idéia abstrata que pudesse ser representada diretamente, via a Idéia como algo revelado ou exposto nas condi-

Le Corbusier
Villa Fallet, La Chaux-de-Fonds, 1905-6.

ções concretas de determinada época e lugar. Fazia parte de uma tradição que pensava nos termos de um significado contingente em vez de universal, e que procurava uma renovação da arquitetura por meio do ornamento e do artesanato.

Le Corbusier era freqüentemente tentado, em seus vinte anos, por sua visão de uma elite artística que criasse uma arte popular com base nas condições locais. Ao mesmo tempo, porém, estava se afastando dessa visão e se aproximando de uma visão mais universalista. Mesmo quando viajou para a Turquia e ficou absorto na arquitetura popular, o que mais o intrigou foi a maneira como tal arquitetura podia ser reduzida a uma tipologia e vista como o fundamento de uma linguagem universal. Escrevendo mais tarde em *Urbanismo* sobre o problema do detalhe arquitetônico, Le Corbusier disse:

> Nas tradicionais cidades arquitetônicas, encontram-se hábitos de construção. Até o século XIX, uma janela, uma porta, eram aberturas "humanas", elementos na escala humana: os telhados eram construídos de acordo com procedimentos uniformemente aceitos e excelentes. Em Istambul, todas as casas eram de madeira, todos os telhados tinham o mesmo grau de inclinação e as mesmas telhas. Todos os edifícios religiosos eram de pedra.[13]

Essas características tradicionais são vistas como algo que incorpora os princípios com os quais se poderia gerar uma arquitetura totalmente

Le Corbusier
Rua em Istambul, Turquia. Croqui de viagem.

nova. Também há nisso, porém, um elemento de nostalgia, e Le Corbusier nunca abandonou inteiramente a noção de uma arquitetura que incorporasse técnicas artesanais. Na década de 30, já estava combinando tais elementos com as formas abstratas da tecnologia, para o descontentamento dos puristas da Nova Objetividade.

A segunda experiência foi a da tradição arquitetônica. Entre os protagonistas do movimento moderno, uma iconoclastia moralista impossibilitava que se falasse da tradição segundo parâmetros que não fossem os mais gerais. Até certo ponto, Le Corbusier compartilhava essa atitude. Porém, por mais radicais que fossem muitos de seus julgamentos sobre a história da arquitetura, eles não deixavam de se fundamentar em um estudo aprofundado de edifícios e textos. Para ele, a tradição que devia ser preservada e transformada era mais do que um conjunto de preceitos morais. Era, acima de tudo, um conjunto de exemplos concretos, e a maneira por meio da qual ele comunicava esse conhecimento era o desenho.

A maioria dos preceitos gerais de Le Corbusier parecem ter sua origem em exemplos específicos: casas da Turquia, os mosteiros dos montes Athos e Emo, os sítios dos templos da Índia, do Camboja e da Caldéia, casas de Pompéia, os projetos urbanos de Luís XIV, os estúdios e cafés da Paris do final do século XIX. Esse hábito não se restringe a seu interesse em tipos históricos, mas marca seu confronto com os produtos da tecnologia moderna, os *objets-types* da civilização moderna. Seu "baú mental" está cheio de objetos que estão prontos para serem utili-

Le Corbusier
Villa de Mandrot, Le Pradet, 1929.

zados em um *bricolage* — objetos que parecem ter sido todos gravados em sua memória em um momento de epifania.

Das influências que já foram mencionadas, as de Provensal e de L'Eplattenier estavam relacionadas a princípios teóricos. A última influência a ser mencionada é o princípio construtivo exemplificado na tecnologia da construção moderna. As fontes dessa influência encontram-se fora da experiência imediata de La Chaux-de-Fonds, nos países industrialmente avançados, principalmente na Alemanha e na França.

Vimos que, até certo ponto, o idealismo hegeliano associado às teorias de Provensal e o regionalismo associado a L'Eplattenier eram antagônicos. Também é óbvio que a indústria moderna e a tecnologia eram opostas ao revivalismo do artesanato. A construção moderna e o idealismo da forma pura pressupõem a abstração. Contudo, a abstração da geometria pura difere da abstração das técnicas da produção moderna por estas estarem preocupadas com o mundo real e empírico. Essa abstração é herdeira do positivismo e do instrumentalismo do século XIX e, nesse sentido, é compatível com a noção dos padrões de beleza ideais e absolutos.

Quando Le Corbusier foi para a Alemanha, deparou-se com modos de operação e uma escala de produção que eram tanto abstratos quanto instrumentais. Admirou a obra de Behrens para a AEG e simpatizou com as idéias de Muthesius, na medida em que elas priorizavam valores espirituais em detrimento de valores materiais. (Muthesius havia dito que os edifícios utilitários possuem valor estético *se* incorporam princípios formais, e não *porque* incorporam esses princípios.[14]) Porém, a natureza utilitária e materialista da cultura alemã não parecia, para Le Corbusier, refletir essa idéia.[15]

A resposta de Le Corbusier a Paris foi diferente. Nos princípios do concreto armado, desenvolvidos por Auguste Perret, ele parece ter encontrado uma interpretação para o racionalismo construtivo que era compatível com seu idealismo. Um motivo para isso era a natureza plástica do concreto e sua maleabilidade à vontade do projetista. Porém, em vez da síntese do classicismo "*à la* Behrens" e do racionalismo de Perret que ele alcançara com a Villa Schwob, Le Corbusier evidentemente ainda estava totalmente consciente do conflito entre um idealismo estético que tendia em direção ao clássico e um vanguardismo que desejava abraçar as tendências mais modernas. Esse conflito é assunto de várias extensas passagens tanto em *Por uma arquitetura* quanto em *Urbanismo*, e elas merecem ser analisadas com certa profundidade.

A primeira idéia fundamental apresentada em *Por uma arquitetura* é que, comprometendo-se com os princípios gerais da engenharia moderna, o arquiteto redescobriria as origens de sua própria disciplina. Para demonstrar isso, Le Corbusier precisa primeiro estabelecer uma distinção entre engenharia e arquitetura. O objetivo do engenheiro é fornecer o que é *útil*. O objetivo do arquiteto é *despertar a emoção*. Porém, assim como o engenheiro, por meio de cálculos, produz formas que estão em harmonia com o universo, e como a mais refinada forma de emoção despertada pela arquitetura é decorrente de sua conformidade com as mesmíssimas leis universais, conclui-se que o engenheiro e o arquiteto compartilham fundamentos comuns.[16] Nessa teoria, a diferença entre o engenheiro e o arquiteto parece estar no grau de intencionalidade. Os engenheiros fazem arquitetura, de alguma maneira, não intencionalmente. Eles nos fazem sentir a harmonia, mas é na manipulação intencional de sua sensação de harmonia que consiste o trabalho do arquiteto. Dessa maneira, se em um sentido o engenheiro e o arquiteto partem dos mesmos fundamentos, em outro sentido a arquitetura possui seus próprios alicerces, que consistem em sua capacidade de estimular nossos sentidos por meio de formas simples e claras. O engenheiro, prosseguindo pela rota do conhecimento, mostra-nos meramente o caminho da verdade, enquanto que o arquiteto torna tal verdade palpável.

Essa verdade do arquiteto não repousa sobre sensações brutas e óbvias. "Quando o homem faz uso da memória, do exame, do raciocínio, da criação", diz Le Corbusier, "surgem certas relações que agitam nossa consciência e nos deixam em um estado de regozijo (*jouissance*)."[17] Com essa declaração, Le Corbusier abre a arquitetura a uma incalculável e infinita "cultura". Isso implica que todos os valores tradicionais da arquitetura sejam invocados (já que a memória está envolvida).

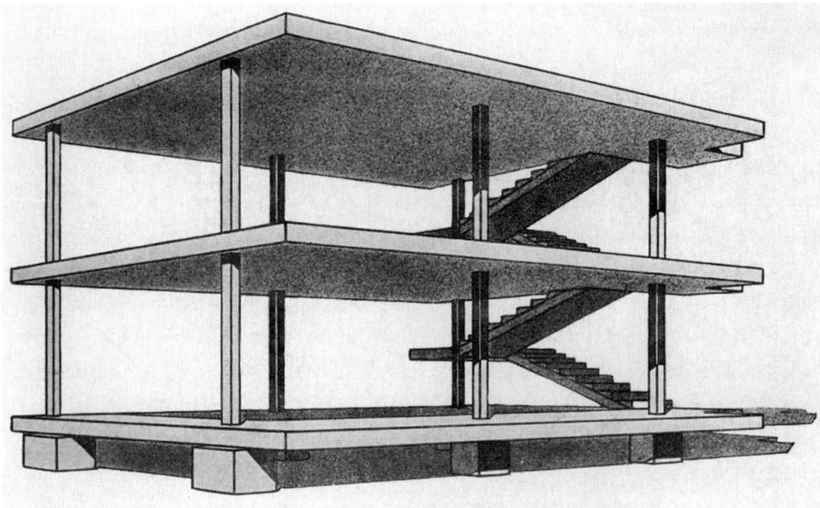

Le Corbusier
Protótipo da casa
Dom-ino, 1914.

Porém, imediatamente e sem transição Le Corbusier opõe-se a essa idéia dizendo que nosso mundo exterior foi transformado em decorrência da máquina e que temos uma nova visão e uma nova vida social.[18] Parecemos ver, nesse argumento, uma distinção implícita entre um mundo interno e espiritual que, de alguma maneira, permanece constante, ante um mundo exterior que foi completamente transformado.

A dicotomia entre a engenharia e a arquitetura é retomada em um capítulo posterior. Nesse capítulo, Le Corbusier diz que quando algo responde a uma necessidade, ele satisfaz "o todo da primeira parte de nossa mente" — a parte em que a satisfação última do espírito não é possível. Essa satisfação pertence à arquitetura, por intermédio do alcance de "um estado de grandiosidade platônica, ordem matemática, especulação e percepção da harmonia por meio de relações que estão em movimento".[19] O *status* do útil nesse propósito *arquitetônico* não fica claro. Pode-se deduzir que a concentração do útil e do necessário expurga a mente e a liberta da contemplação platônica. Existe, dessa maneira, um imperativo moral, um imperativo de autonegação e ascetismo que parece ser a condição do prazer estético.

Ao discutir estética, Le Corbusier divide-a no sensorial e no intelectual. O sensorial é o aspecto que sempre agrada às pessoas simples e é expresso na decoração e na cor. O intelectual é o aspecto que agrada gente culta, e é expresso na harmonia e na proporção. Cada aspecto é definido como uma "superfluidez necessária".[20] Porém, imediatamente depois, Le Corbusier diz que a utilidade e a economia propiciam satisfação à mente, enquanto que a forma (cubos, cilindros etc.) propicia satisfação aos sentidos.[21] Portanto, temos um esquema em que proporção e harmonia pertencem à *mente* em relação à decoração, mas ao *sentido*, em relação à utilidade. A atribuição da satisfação intelectual à utilidade *e* à forma estética parece sugerir uma interpretação do "intelecto" (*esprit*) de duas maneiras diametralmente opostas, uma sendo decorrente do racionalismo ou positivismo e a outra, do neoplatonismo.

Em *Urbanismo*, os temas do engenheiro e do arquiteto, razão e emoção, são tratados com muito maior profundidade e em um nível mais filosófico. Primeiramente, Le Corbusier propõe uma teoria da evolução cultural, fundamentada em modelos gerais do século XVIII, de Rousseau a Hegel, e que lembram aquela de Vico em suas implicações cíclicas. De acordo com esse esquema, a história da cultura consiste em três etapas: a do "Animal humano", a do "caminho para a cultura" e a do "alcance do Equilíbrio". Na primeira etapa, o homem age instintivamente, de acordo com a lei universal; na segunda, a aquisição de conhecimento coloca-o em desequilíbrio e ele passa a ter consciência de sua ignorância; e na terceira, há uma nova fusão entre conhecimento e lei universal.[22]

A terceira etapa é identificada com o classicismo, no qual, diz Le

Corbusier, criamos "fria e puramente". A geometria e o ângulo reto são os emblemas dessa etapa. "O propósito da arte", diz Le Corbusier, "é nos elevar acima da desordem e, por meio disso, nos proporcionar o espetáculo do equilíbrio."[23] Existem três momentos clássicos — Grécia e Roma, o século XVIII e o mundo moderno. Entre esses momentos vêm períodos de preparação, a Idade Média e o século XIX, em que a aquisição do novo conhecimento coloca o sistema anterior em desequilíbrio, mas ao mesmo tempo pressagia um novo estado de harmonia.

Le Corbusier discute, então, o papel da intuição e do sentimento (a esfera do artista) dentro desse ciclo.[24] "A intuição", diz ele, "é a soma do conhecimento adquirido", que foi gravado na memória coletiva. O "sentimento" é uma "emanação" desse conhecimento gravado. Dessa maneira, a intuição e o sentimento não são antagônicos à razão. São, sim, a razão sob seus aspectos instintivo, sensorial e emotivo. Como, em primeiro lugar, o sentimento é dependente da razão, ele é algo "merecido". Não pode ser apreciado ordinariamente, "não pode ser 'roubado'". Esse sentimento merecido nos leva para além das experiências cotidianas, em direção a uma forma ideal, ao estilo, à cultura. Fica implícito um tipo de pirâmide, tendo a razão pragmática como sua base e o conceito de forma ideal como seu cume.

Agora, diz Le Corbusier, chegamos ao momento fatal do ciclo histórico em que nossos impulsos sentimentais devem ser vistos como idênticos à regra da razão. O geral, o típico e o comum nos atraem mais do que o específico e o excepcional. O sentimento não se esforça mais para ser heróico: reconhece que aquilo que é verdadeiramente heróico encontra-se no aparentemente banal mundo dos fatos revelado pela ciência.[25] Isso é verdade porque os meios à nossa disposição agora são completamente adequados aos fins desejados. O estado de equilíbrio e calma dessa maneira alcançado deve ser descrito como clássico e compartilhado por todos os períodos clássicos.

Ao mesmo tempo, porém, como somos apegados a ultrapassados padrões de pensamento e resposta, tal estado envolve a total sublevação das idéias aceitas e a criação de algo novo.[26] Nesse momento, segundo o raciocínio do próprio Le Corbusier, seria de se esperar que essa situação de novidade produzisse um estado de ansiedade e tensão; e seria de se esperar que o equilíbrio clássico fosse o resultado de uma gradual aclimatação cultural. Entretanto, essa óbvia contradição é elidida no texto de Le Corbusier. Em vez disso, à maneira da teoria de Provensal, unem-se o clássico-eterno e o messiânico-revolucionário.

Le Corbusier passa, então, a ver o conflito entre o engenheiro e o arquiteto a partir de uma outra perspectiva. É da natureza da engenharia prática produzir resultados provisórios, enquanto que a obra de arte possui um valor perene.[27]

O industrialismo moderno é o resultado do raciocínio abstrato, não da paixão. Ele não mais possui a necessidade de "grandes homens", apenas de "homens pequenos" com objetivos limitados. "A obra da razão", diz Le Corbusier,

> é acumulativa e alimenta a si mesma pouco a pouco [...]. Em nossas paixões, somos como um vinho exportado: não sabemos em que mesa será servido. As grandes obras da humanidade são elaboradas cada vez com mais audácia, e com uma ousadia que poderia fazer cair sobre nós a ira dos deuses.[28]

E prossegue:

> O poeta, por outro lado, avalia e percebe a qualidade duradoura das palavras. Encontra-se no pólo oposto das calculadoras e segue a curva ondulante das paixões. Além do utilitário, percebe o imperecível — o homem.[29]

Para Le Corbusier, no entanto, essa simples oposição entre o homem da ciência e o poeta é muito ilusória.[30] Pois se é verdade que quando vemos o mundo do engenheiro, vemos uma "confusão de medíocres destinos", vemos também o "rigor das obras que se movimentam de uma maneira perfeitamente regulada na direção da imposição de realizações":

> Até agora, o artefato era tão precário, tão distante da perfeição, que não conseguia chamar a atenção em detrimento da paixão [...]. [Mas] houve a

intervenção de uma grande revolução [...] que subverteu nosso equilíbrio [...]. De repente, estamos armados com um fabuloso aparato que perturba nossas admirações e compromete nossas mais antigas hierarquias. [...] Razão? Paixão? Duas correntes, dois lados que se opõem. Um olha para trás, outro para adiante; um poeta brilha acima das ruínas, mas o outro pode muito bem ser exterminado.[31]

Gustave Eiffel
Viaduto de Gabarit, 1884.

O poeta, portanto, tem de aceitar e celebrar os produtos finais desse "homem de medíocre destino", o engenheiro.

Le Corbusier, porém, ainda duvida. Se a beleza mecânica fosse o resultado da razão pura, seria perecível. No trabalho mecânico, o trabalho mais recente é sempre o mais belo. "Dessa maneira, a beleza seria efêmera e logo cairia no ridículo."[32] Le Corbusier se pergunta se a emoção produzida pelo viaduto de Gabarit, de Eiffel, irá persistir. "Nesse caso", diz, "a razão não é suficiente, e deve-se suspender o juízo. Nesse caso vemos o mistério que envolve o futuro das obras contemporâneas em questão [...]. Quando a paixão do homem tiver passado, as obras continuarão a existir."[33] Em outras palavras, a obra pode sobreviver ao seu poder de dar origem a sensações de beleza e provar, *em retrospecto*, que não possui as características atemporais que constituem a verdadeira obra de arquitetura.

Le Corbusier responde a essa objeção com um contra-argumento. Seria um perigoso veredicto, diz ele, se (percebendo esse fato) esperássemos que o engenheiro se colocasse a serviço do homem de paixão; ele perderia sua *raison d'être*. Ao contrário, é o homem de paixão que deve abrir caminho para o engenheiro:

> A paixão individual só possui o direito de encarnar o fenômeno coletivo. O fenômeno coletivo é o estado de alma de uma época, condicionado no geral assim como no particular [...]. Estabelece-se um estado geral de pensamento [...] e os trabalhos de cálculo [...] são realizados pela paixão geral e entram na medida do homem [...]. Diante dos trabalhos de cálculo fica-se frente a frente com um fenômeno de refinada poesia; o individual não é responsável por ela [...] o Homem percebe seu potencial.[34]

Nessa passagem, vemos Le Corbusier recorrer ao "espírito do mundo" hegeliano. Somente se atribuirmos um tipo de vontade humana a esse espírito as palavras "paixão", "sentimento" e "beleza" ainda farão sentido. Le Corbusier não explica, no entanto, como devemos conciliar esse fato com a continuação da existência do arquiteto. Sua conclusão lógica seria o total desaparecimento da produção artística. O artista-arquiteto não seria mais necessário para a tarefa da idealização. Essa tarefa seria realizada não intencionalmente pelo engenheiro, como substituto ou representante do espírito do mundo. A formação ideológica característica do artista seria uma coisa do passado. Na melhor das hipóteses, o artista-arquiteto tornar-se-ia uma espécie de *voyeur*, ecoando passivamente as imposições da história e da razão abstrata. A Utopia circularia contínua e levemente na realidade.

Existe, porém, uma outra idéia sugerida por essa nova interpretação do artista. Trata-se da noção hegeliana de que o poeta/filósofo é capaz de compreender a totalidade da história e nela ver a operação da razão. Isso poderia ser chamado de teoria da "visão geral". Tal teoria possui implicações sobre o espaço, além de sobre o tempo. O padrão que a ordem industrial imprime sobre a Terra, apesar de fragmentário e alienante no nível superficial, pode ser visto como significativo a partir de uma altitude suficiente. O avião é obviamente um poderoso símbolo dessa noção de visão geral, e não é de surpreender que Le Corbusier fale tanto sobre a observação dos edifícios do ponto de vista aéreo.

Tendo considerado o principal problema tratado na teoria de Le Corbusier, devem-se, então, observar aspectos dessa teoria que englobam as duas áreas de interesse específicas de seus primeiros trabalhos: o urbanismo e os edifícios. Apesar da recusa de Le Corbusier em estabelecer qualquer distinção entre a arquitetura e o planejamento urbano ser teoricamente correta, a diferença em sua aplicação da teoria a cada campo é tão grande que parece legítimo voltar à distinção convencional ao considerar a relação de sua teoria com sua prática.

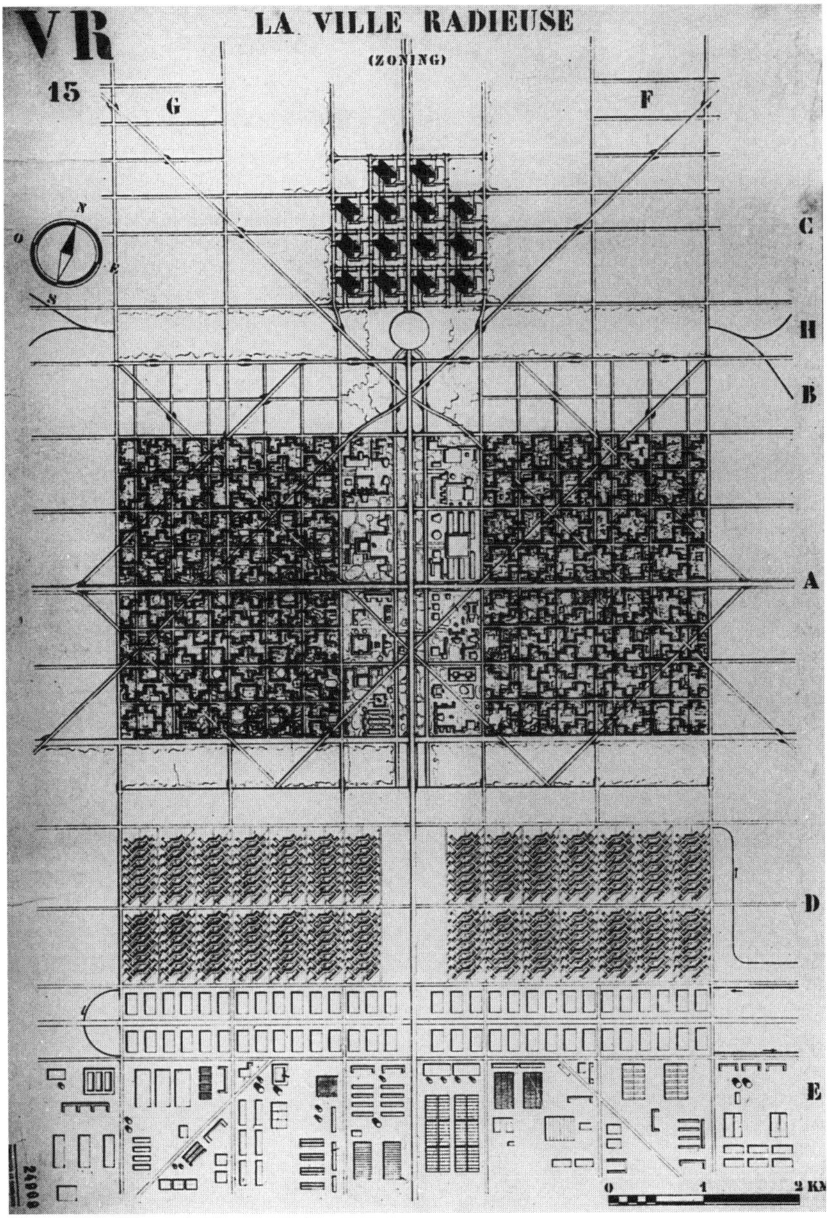

Le Corbusier
La Ville Radieuse,
"Zoneamento",
1933.

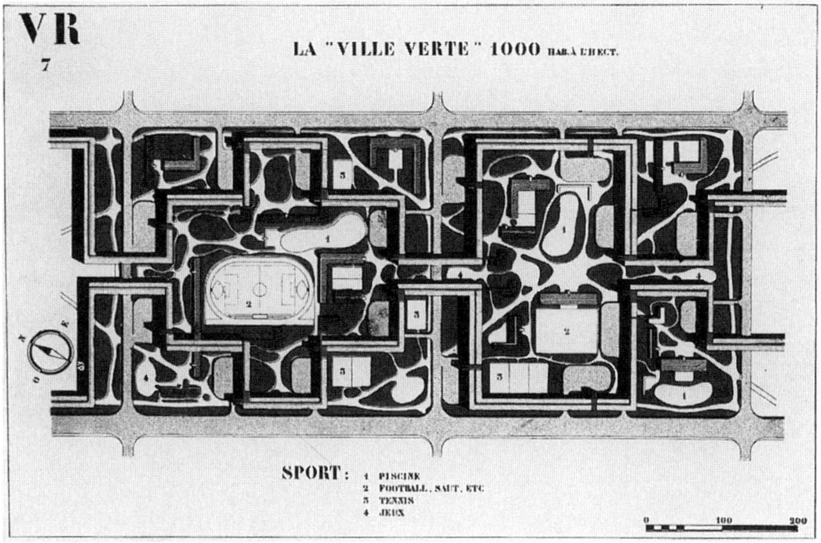

Le Corbusier
La Ville Verte para mil habitantes, "Esporte", 1933.

Quando Le Corbusier aplica sua teoria à cidade, ele simplesmente volta à não-resolvida dualidade entre o engenheiro e o arquiteto. O arquiteto ressurge em seu papel puramente ideológico. "A cidade", diz,

> é profundamente ancorada nas regiões de cálculo [...]. Isso será essencial para o que é útil, e, conseqüentemente, perecível [...]. O que irá perdurar na cidade são as obras para as quais são necessárias outras coisas que não o cálculo. Isso será arquitetura, que é tudo o que está além do cálculo.[36]

Essa simples dicotomia resulta em colocar lado a lado os produtos do raciocínio pragmático e em estabelecer a forma pura. A lógica do engenheiro resulta na clara separação das funções, na total sujeição do homem urbano a um processo de classificação abstrata. Dessa maneira, a cidade corbusiana é um tipo de representação diagramática das propriedades da cidade moderna, como foi descrita pelo sociólogo alemão do século XIX Georg Simmel. Segundo Simmel, todas as relações da cidade moderna são abstratas e reduzidas à quantidade. O paradigma dessa abstração é o dinheiro, o meio pelo qual a diferença qualitativa entre os objetos é reduzida à pura quantidade.[37]

As implicações sociológicas abstratas da cidade corbusiana são traduzidas diretamente em seu equivalente plástico — a forma geométrica abstrata. Tanto no nível sociológico quanto no estético, existe uma distância determinada entre a existência concreta do dia-a-dia e a satisfação. No nível da resposta estética, essa distância é expressa em grandes conjuntos vistos à luz.

Esse aspecto abstrato e "inumano" da cidade corbusiana sempre foi comentado. Devemos nos lembrar, porém, da explicação do próprio Le Corbusier. Ele via seus projetos como um ideal, uma demonstração teórica, e não o projeto de uma cidade real.

Escrevendo sobre a "cidade contemporânea" em *Urbanismo*, diz:

> Procedendo da mesma maneira que um pesquisador em seu laboratório [...] excluí todos os acidentes, criei um terreno ideal. O objeto *não pretendia superar as condições da cidade preexistente, mas construir um sistema teoricamente perfeito*, para formular os princípios fundamentais do urbanismo moderno. Esses princípios, *se não forem contraditos*, podem formar o esqueleto do sistema contemporâneo de urbanismo; eles são a regra segundo a qual o jogo pode ser jogado. Depois disso, considera-se o caso especial — quer dizer, qualquer caso que seja: Paris, Londres, Nova York ou alguma cidadezinha provinciana.[38] (grifos meus)

Da mesma maneira, descrevendo o Plano Voisin para Paris, diz: "O projeto não tem a pretensão de ter encontrado a solução final para os problemas do centro de Paris, mas pode servir para elevar a discussão a um certo nível ao manter o espírito de nossa época".[39] Essas oposições podem ser indicativas de certo ceticismo. Embora a lógica seja impecável, ele parece dizer, a premissa sobre a qual o projeto se funda pode ser concebivelmente contestada, assim como uma hipótese científica pode ser refutada.

Por outro lado, a cidade de Le Corbusier é qualquer coisa, menos um modelo no sentido científico. É uma imagem concreta, integralmente trabalhada em todos os seus detalhes. Portanto, somos forçados a questionar o *status* dos princípios gerais que a cidade ilustra. Seria ela científica, neutra e refutável ou artística, ideológica e irrefutável? Tudo aponta para a segunda interpretação. Caso fosse necessária qualquer outra prova, porém, talvez observássemos como o conceito de cidade de Le Corbusier é fortemente fundamentado na tradição do século XVIII.

A ligação de Le Corbusier com as idéias do século XVIII e a maneira que ele difere destas é mostrada na famosa citação do Abade Laugier, que diz que a cidade deve exibir uma uniformidade no detalhe e certo caos no todo. É válido ver o que Laugier realmente diz sobre a cidade. Suas considerações iniciais são:

> A maioria de nossas cidades permanece em um estado de negligência, de confusão e desordem [...]. Constroem-se novas casas, mas não se modifica a má distribuição das ruas [...]. Nossas cidades são o que sempre foram, uma massa de casas reunidas sem um sistema, sem economia, sem projeto.[40]

Isso quase poderia ser uma fala de Le Corbusier — Le Corbusier, o racionalista, equiparando a organização econômica eficiente da cidade à sua ordem arquitetônica. O que é curioso, porém, é que Le Corbusier está interessado na doutrina mais puramente estética de Laugier, apesar de ele parecer interpretá-la mal. Qual é a doutrina estética de Laugier? Ele diz que a cidade pode ser pensada como uma floresta ou um parque, onde se encontra,

> ao mesmo tempo, ordem e bizarrice, simetria e variedade; [...] aqui uma estrela, lá uma *patte-d'oie*; de um lado, bifurcações, de outro, leques; mais adiante, paralelas; por toda parte, espaços abertos de diferentes figuras e formas. Quanto mais escolha, abundância, contraste e desordem nessa composição, mais o parque terá maliciosas e deliciosas belezas [...]. Um parque que não fosse nada além de uma reunião de praças isoladas e uniformes, cujos caminhos fossem diferenciados apenas por números, seria muito tedioso e monótono. Evitemos, em todas as coisas, um excesso de regularidade e simetria [...]. Quem não tiver êxito em variar nossos prazeres nunca terá êxito em nos agradar.

Em uma cidade, a magnificência da totalidade deve ser dividida em

> Uma infinidade de belezas com todos os mais diferentes detalhes, onde raramente se encontrem os mesmos objetos; onde, andando de uma extremidade a outra, encontre-se, em cada lugar, algo novo [...] onde haja ordem, mas não deixe de haver uma grande confusão; onde tudo seja um alinhamento, mas sem monotonia, e onde, de uma multiplicidade de partes regulares, decorra, na totalidade, certa idéia de irregularidade e caos.[41]

Laugier pressupõe a ordem, a regularidade, o alinhamento e a magnificência da forma clássica. Sua desordem é vista como uma crítica pitoresca disso; consiste principalmente no elemento da surpresa. É uma questão de uma "multiplicidade de partes regulares", quer dizer, ruas, praças, *pattes-d'oie*, estrelas, em que cada uma é regular em si mesma, mas todas são diferentes. A variedade é criada utilizando-se um amplo repertório de formas urbanas convencionais.

Le Corbusier, ao contrário, amalgama a noção de caos, não com surpresa, mas com magnificência de efeito, em blocos *à redents* compostos para criar movimento plástico. Uma vez tendo se estabelecido um padrão, ele simplesmente é repetido.

Ao mesmo tempo, a uniformidade nos detalhes recebe uma nova interpretação. Não se trata, como parece tratar-se em Laugier, de uma questão de dar a um número de partes determinadas sua própria regularidade. É uma questão de se criar uma repetição modular de partes, na tentativa de recriar a ordem lingüística que ele havia observado em

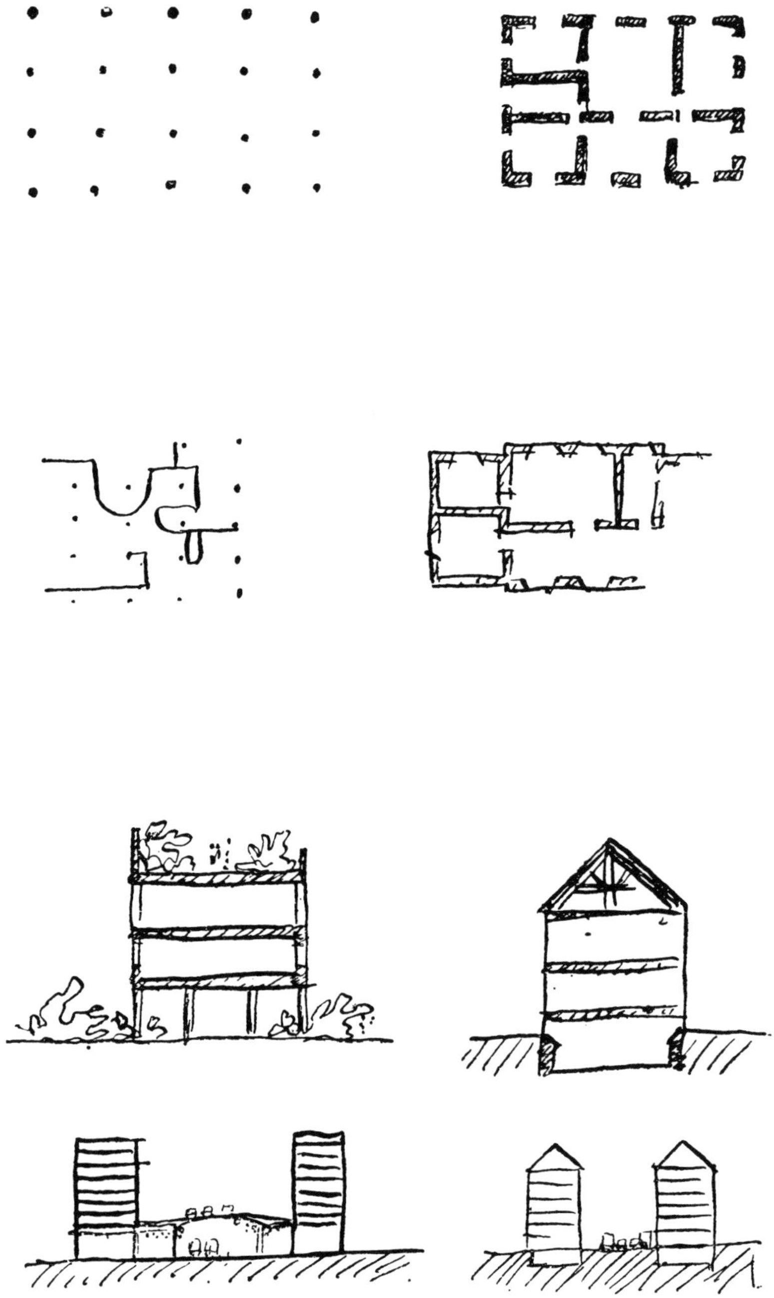

Le Corbusier
Ilustrações de três dos "cinco pontos para uma nova arquitetura": pilotis, plantas livres e terraços-jardins.

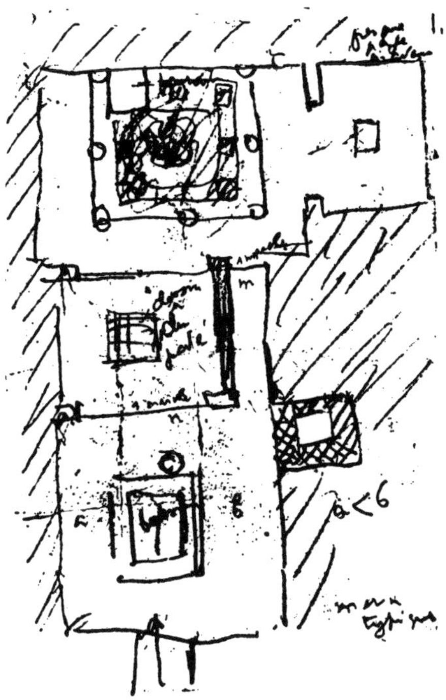

Le Corbusier
Esboço da planta da Casa do Poeta Trágico, 1911.

Istambul, de modo que o olho não se distraia ao avaliar a qualidade da totalidade.[42]

Para que a cidade de surpresas de Laugier funcione, deve-se pressupor um tecido denso, como na floresta metafórica que a cidade faz lembrar. Em Le Corbusier, porém, não existe nenhum tecido, nenhum primeiro plano. Em vez disso, existe uma floresta ou parque literal por meio da qual se vêem, ao longe, as excelentes formas de blocos residenciais ou de escritórios. Não seria essa distância idêntica à "visão geral" mencionada anteriormente?

Para Laugier, a cidade do século XVIII é essencialmente impossível de se projetar. Consiste em fragmentos da ordem. A idéia mental de ordem não mais possui seu equivalente espacial exato como possuía na Renascença.[43] Para Le Corbusier, a cidade capitalista do século XX é totalmente passível de se projetar. Ao projetá-la, porém, ele somente tem êxito em mostrar sua monstruosidade. Não há possibilidade de abreviar a distância entre o concreto e o abstrato. A cidade corbusiana permanece como Le Corbusier a via: "um rigoroso sistema teórico", um esqueleto sobre o qual não há carne — e isso a despeito de sua manipulação artística — tão diferente da cidade de Hilberseimer.

O grande feito de Le Corbusier encontra-se sem dúvida em sua criação dos fragmentos da cidade. A única escala na qual o concreto e o abstrato podem ser religados é a do edifício individual. Se o dualismo do pensamento de Le Corbusier produz uma contradição não-resolvida em

Le Corbusier,
Villa Savoye, Poissy-sur-Seine, 1929-31.
Fachada, *promenade architecturale* e rampas do saguão de entrada.

sua teoria e uma abstração sem corpo em sua cidade, em seus edifícios esse dualismo produz uma dialética em que se cria significado estético. Essa dialética consiste na interação da ordem pragmática (função) com a ordem ideal (forma pura).

A teoria de Le Corbusier torna-se, então, um conjunto de princípios de projeto, dos quais os mais importantes encontram-se na divisão do edifício em volume, superfície e planta[44] e em seus "cinco pontos para uma nova arquitetura".[45]

Nas noções de volume, superfície e planta, o processo dialético é expresso mais claramente. O volume, a criação de sólidos geométricos puros, é a base fundamental da estética arquitetônica. No entanto, não chegamos à arquitetura propriamente dita até esse volume ser penetrado e subdividido por elementos de utilidade — especificamente, com aberturas. Estas aparecem, fenomenalmente, como elementos sobre a superfície do volume. As subdivisões, penetrações etc. dessa superfície podem reforçar os volumes essenciais ou destruí-los. É tarefa do arquiteto reforçá-los.[46]

A planta é o meio pelo qual se estabelece o volume tridimensional. Parece que, apesar de Le Corbusier não dizer isso em lugar nenhum, apesar das qualidades rigorosamente diagramáticas, a planta refletirá a forma tridimensional do edifício. Por ser um signo icônico (no sentido peirceano) do edifício, a planta terá fortes propriedades icônicas por si própria. Isso é sempre verdadeiro quando se tratam das plantas de Le

Corbusier. A mesma dialética que está presente no edifício como um todo está presente na planta. Dessa maneira, apesar de a ordem ideal do edifício implicar uma organização simétrica e axial da planta e de todas as suas partes, a utilidade exige que essa ordem ideal seja modificada. Le Corbusier fornece um exemplo paradigmático na Casa do Poeta Trágico em Pompéia. Sobre esse projeto, diz:

> Tudo está no eixo, mas dificilmente se poderia traçar uma linha reta. O eixo está nas intenções, e o fausto propiciado por ele se estende às coisas humildes que ele incorpora com um gesto hábil [...] você constata que tudo está em ordem, mas a sensação é rica. Você observa, então, os hábeis desvios do eixo, que conferem intensidade aos volumes.[47]

Aqui está claro que as necessidades pragmáticas e utilitárias não enfraquecem, para Le Corbusier, o significado estético, mas o enriquecem e o tornam mais complexo. Vemos, portanto, que as idéias de Le Corbusier relativas tanto à superfície quanto à planta refletem os mesmos princípios: uma lei formal primordial que entra em colisão com a utilidade, de modo que ambas interajam com a complexa totalidade da obra de arquitetura — uma totalidade que inclui tanto a ordem quanto a desordem.

Os cinco pontos para uma nova arquitetura reinterpretam os elementos arquitetônicos tradicionais segundo essa dialética. Em primeiro lugar, a planta e os volumes internos são liberados das restrições de es-

Le Corbusier
Villa Stein/
de Monzie,
Garches, 1927.

trutura e assumem configurações exigidas pela utilidade e conveniência. Ao mesmo tempo, tal liberdade permite que esses volumes assumam uma importância antropomórfica por meio de metáforas visuais, de uma maneira que esteja intimamente relacionada aos objetos representados nas pinturas puristas.[48] Em terceiro lugar, o edifício é levantado sobre pilotis e possui uma cobertura plana, e a fachada (a superfície) projeta-se mais à frente da estrutura. Qualquer dessas três ações ajuda a conferir ao volume total o máximo isolamento e pureza.

Existe uma outra conseqüência da projeção da superfície à frente da estrutura: a superfície torna-se uma fina membrana — *uma superfície pura*. Suas reentrâncias tornam-se explosivas, já que não há nenhuma tendência inerente da superfície propriamente dita a tornar-se modulada de maneira alguma (como, por exemplo, uma parede de alvenaria com pilastras ou arcobotantes). Essas penetrações possibilitam que os elementos internos esculturais e antropomórficos sejam percebidos ao mesmo tempo que a superfície. O significado (atribuído pelos elementos originários da vida humana) e a forma pura existem em um estado de constante interação. Isso é visto na abertura do sótão no centro da fachada de entrada em Garches, onde o que é discretamente "revelado" é tanto plástico quanto assimétrico, tanto antropomórfico quanto caótico.

A demonstração mais clara desse sistema estético é dada por Le Corbusier em seus diagramas que mostram as "Quatro composições".

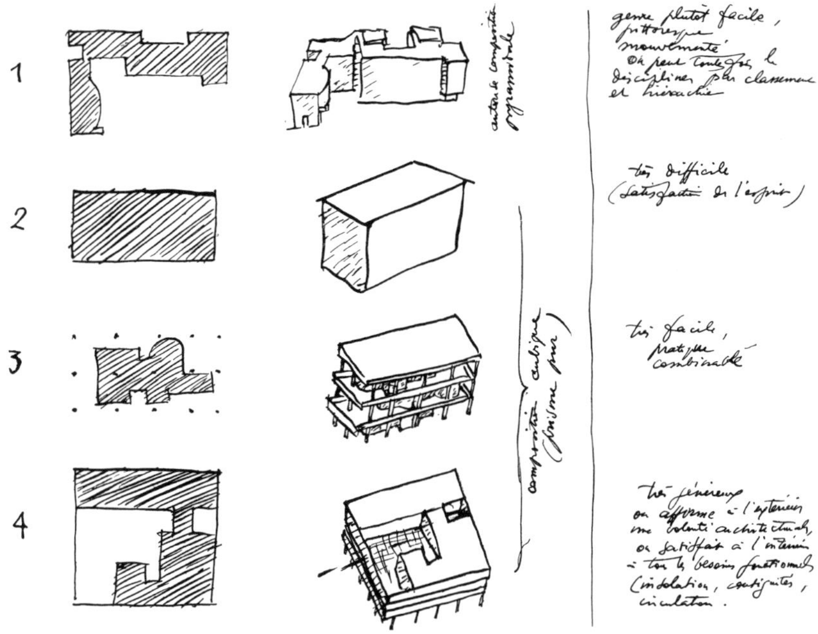

Le Corbusier

"Quatro composições", 1929.

A primeira, a Maison La Roche-Jeanneret, difere das outras três por não ser "le prisme pure". Pode-se instaurar a ordem, diz Le Corbusier, pela classificação e hierarquia. Podemos ver isso como parte de qualquer uma das outras três composições.

Dos três prismas puros, o primeiro representa a Villa Stein/de Monzie em Garches.[49] O segundo, a casa em Túnis, é considerado "très facile". O cubo é apenas sugerido pela estrutura exposta do tipo Dom-ino, e os volumes livres do interior são gerados a partir do centro e se movem em direção ao perímetro. O cubo ideal é estabelecido, mas os volumes interiores são esvaziados.

Essa breve análise apenas tocou na "linguagem" arquitetônica de Le Corbusier e restringiu-se a uma pequena parte de suas obras iniciais, o período de *L'Esprit Nouveau* e do purismo. Não obstante, talvez ela tenha mostrado como sua linguagem e sua teoria estavam relacionadas. O objetivo dessa análise foi, antes, revelar algumas das raízes ideológicas da teoria de Le Corbusier, as contradições que delas surgiram e algumas das maneiras pelas quais a teoria foi transformada em prática artística, do que estabelecer qualquer tese fundamentalmente nova sobre Le Corbusier. Ainda assim, poderíamos generalizar dizendo que sua teoria e sua prática foram tentativas de conciliar as tradições do racionalismo e do idealismo, e que sua teoria é a culminação de uma longa contenda em que a ciência empírica vem progressivamente desafiando os princípios estabelecidos da arquitetura.

Nesse processo histórico, o problema da arquitetura faz parte de uma problemática maior que envolve toda a noção de arte. E se Le Corbusier parece ter tido mais êxito em conciliar essas pretensões contraditórias em seus edifícios do que em sua teoria ou em seus projetos urbanos, é provavelmente porque podemos interpretar esses edifícios como pertencentes a um movimento modernista nas artes em geral — um movimento em que a obra de arte torna-se cada vez mais solipsista e auto-referente.

Em vez de tentar ver os edifícios de Le Corbusier como uma tentativa de transformar o mundo real, parece mais proveitoso vê-los como constituintes de um reflexivo sistema de ordem em que as contradições são resolvidas no nível da metáfora. Enquanto em sua teoria e em seus projetos urbanos as contradições permanecem na forma da antítese lógica, em seus edifícios essas contradições interagem. Como em uma metáfora poética, os elementos de contradição são resolvidos sem perder sua independência.

[Publicado originalmente em *Modulus* (1980-1).]

NOTAS

1. Walter Friedlander, *David to Delacroix*, trad. Robert Goldwater (Nova York: Schocken Books, 1968). [*De David a Delacroix*. São Paulo: Cosac & Naify, 2001.)
2. Certos historiadores da arte ingleses recentemente atacaram o modernismo na arquitetura devido à sua preocupação com a moralidade; ver, por exemplo, David Watkin, *Morality and Architecture*. Mas eles ignoram o fato de que a interação de idéias morais com a idéia de beleza é uma característica do classicismo francês (de fato, também das estéticas medieval e neoplatônica) e, de maneira alguma, restringe-se à arquitetura moderna. A interação é, na verdade, inseparável de qualquer teoria da estética que leve em consideração a tradição da retórica.
3. A palavra "autônoma" não é utilizada aqui para deixar implícita uma disciplina separada da "realidade" contextual, mas uma disciplina que constitui uma técnica específica por meio da qual essa "realidade" é transformada.
4. Por "formalismo" me refiro à idéia de que as propriedades lógica e formal da mente correspondem, de alguma maneira, ao mundo "real". Isso pode assumir uma forma materialista ou idealista, dependendo de se atribuir prioridade a coisas ou a idéias.
5. Le Corbusier, *Vers une architecture* (Paris: Editions Crès, 1923), p. 15. [*Por uma arquitetura*. São Paulo: Perspectiva, 2002.]
6. Brian Brace Taylor, *La Cité de Refuge di Le Corbusier 1929-1933* (Roma: Officina Edizione, 1979).
7. Ver Wolfgang Herrmann, *The Theory of Claude Perrault* (Londres: A. Zwemmer, 1973).

8. A influência do idealismo hegeliano, ou alguma versão popular deste, sobre a vanguarda do início do século XX é observada por Christopher Gray, *Cubist Aesthetic Theories* (Baltimore: Johns Hopkins Press, 1953).
9. Paul Venalbe Turner, *The Education of Le Corbusier* (Nova York e Londres: Garland Publishing, Inc., 1977). A primeira parte desse ensaio deve muito ao estudo de Turner.
10. Ibid., p. 18.
11. Ibid., pp. 21-2.
12. Ver Stanislaus von Moos, *Le Corbusier: Elements of a Synthesis* (Cambridge: The MIT Press, 1979), p. 2.
13. Le Corbusier, *Urbanisme* (Paris: Editions Crès, 1924), p. 66. [*Urbanismo*. São Paulo: Martins Fontes, 2002.]
14. Turner, *Education*, p. 77.
15. Ibid., p. 76. O *Etude sur le mouvement d'art décoratif en Allemagne*, de Jeanneret, entretanto, mostra que ele estava consideravelmente mais entusiasmado com as realizações artísticas alemãs quando visitou esse país em 1910 do que o tom antialemão de seus escritos posteriores levariam a crer. Além disso, está claro que muitos dos conceitos-chave dos artigos de *L'Esprit Nouveau* — inclusive a distinção entre a arquitetura e a engenharia — devem seu início ao Deutscher Werkbund, em cuja terceira conferência anual em Berlim Le Corbusier esteve presente.

Ver Winifred Nerdinger, "Standard et Type: Le Corbusier et Allemagne 1920-1925", in *L'Esprit Nouveau: Le Corbusier et Industrie 1920-1925*, ed. Stanislaus von Moos (Estrasburgo: Les Musées de la ville de Strasbourg, 1987); e Werner Oechslin, "Influences, confluences et reniements", in *Le Corbusier: Une Encyclopedie*, ed. Jacques Lucan (Paris: Centre Georges Pompidou, 1987).
16. Le Corbusier, *Vers une architecture*, p. 7.
17. Ibid., p. 8.
18. Ibid.
19. Ibid., p. 87.
20. Ibid., p. 114.
21. Ibid.
22. Le Corbusier, *Urbanisme*, p. 34.
23. Ibid., p. 35.
24. Ibid., p. 33.
25. Ibid., p. 37.
26. Ibid.
27. Ibid., p. 46.
28. Ibid., p. 44.
29. Ibid.
30. Ibid.
31. Ibid., p. 45.
32. Ibid., p. 46.
33. Ibid., p. 48.
34. Ibid., p. 49.

35. A finalidade que Le Corbusier atribui à tecnologia é uma extensão da noção hegeliana pela qual, como diz Lucio Colletti, "o material e a efetiva causalidade [...] tornam-se um momento dentro da causalidade ideal, i.e., dentro do finalismo ou teleologia". Ver Lucio Colletti, *Marxism and Hegel* (Londres, 1973), p. 210.

36. Le Corbusier, *Urbanisme*, p. 50.

37. Ver Georg Simmel, "Die Grosstädte und das Geistesleben" (1903), trad. Kurt H. Wolff, *The Sociology of Georg Simmel* (Glencoe, Illinois: The Free Press of Glencoe, Illinois, 1950).

38. Le Corbusier, *Urbanisme*, p. 158.

39. Ibid., p. 273.

40. P. Laugier, *Essai sur l'architecture* (Paris, 1753). A verdadeira citação utilizada por Le Corbusier aparece no ensaio posterior de Laugier, *Observations sur l'architecture* (Haia, 1765).

41. Ibid.

42. Le Corbusier, *Urbanisme*, p. 67.

43. A planta de Paris de Pierre Patte, em que ele traça os resultados de um concurso para monumentos a Luís XV, talvez possa dar uma idéia do conceito de Laugier. Deve-se admitir que essa é uma planta "composta", mas a própria idéia de sobrepor diferentes fragmentos na mesma planta é sugestiva do modelo pitoresco de Laugier. Segundo Herrmann (*Laugier and 18th Century French Theory*, Londres, 1961), Patte reconhecia sua gratidão geral a Laugier.

44. Le Corbusier, *Vers une architecture*, "les trois Rappels".

45. Le Corbusier, *Oeuvre complète 1910-1929*, vol. 1 (Zurique: Editions d'Architecture, 1964).

46. Le Corbusier, *Vers une architecture*, p. 25.

47. Ibid., p. 153.

48. Para uma interessante discussão sobre o antropomorfismo nos volumes de forma livre de Le Corbusier em relação ao espaço abstrato da grade, ver Kurt Forster, "Antiquity and Modernity in the La Roche-Jeanneret Houses of 1923", *Oppositions*, 15-6, 1980, pp. 131-53.

49. Ver Le Corbusier, *Précisions* (Paris: Edition Vinvent Freal and Cie, 1960).

As estratégias dos *grands travaux*

Entre as ilustrações do Centrosoyus e da Cité de Refuge na *Oeuvre complète* de Le Corbusier, há duas que mostram os projetos estendidos a regiões adjacentes, formando complexos que supõem a escala e a textura de fragmentos urbanos. A extensão do Centrosoyus visibiliza um novo distrito administrativo com o edifício do Centrosoyus como uma parte orgânica.[1] A extensão da Cité de Refuge propõe uma Cité d'Hospitalisation ligada a uma nova ala do edifício original.

À primeira vista, não há nada de particularmente surpreendente nessas extensões, considerando-se a tendência de Le Corbusier a tratar cada um de seus projetos não somente como a solução para determinado conjunto de problemas, mas também como um elemento prototípico em uma nova totalidade urbana. Contudo, quanto mais olhamos para eles, mais problemáticos eles se tornam. Primeiramente, ao serem dissolvidos em uma textura urbana geral e, dessa maneira, perdendo sua unicidade, seus projetos parecem sofrer uma perda de poder representacional. Em segundo lugar, embora o *continuum* urbano que eles implicam guarde uma semelhança óbvia em relação a projetos urbanos como a planta da porta de Saint-Cloud de 1938, essa semelhança parece puramente formal.

Sejam esses dois projetos interpretados como edifícios administrativos ou como "condensadores sociais", segundo o modelo da vanguarda soviética, é difícil imaginá-los como partes constituintes do *continuum*

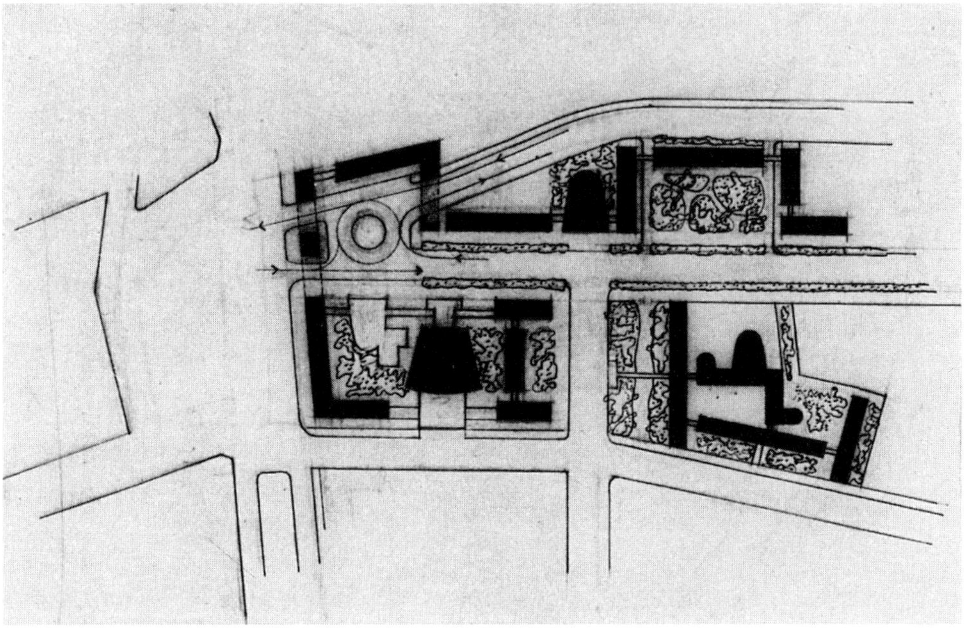

 linear que Le Corbusier reservou exclusivamente para residências em todas as suas plantas de cidades. Essas extensões forçam uma reinterpretação dos edifícios segundo a qual eles se tornam híbridos, hesitando incertamente entre o *status* de *objets-types* ou "órgãos" da nova cidade e o de uma textura ou zona urbana em que outros *objets-types* podem destacar-se como figuras.

A ambigüidade dessas extensões convida ao exame dos princípios compositivos dos *grands travaux* de Le Corbusier nos anos do entreguerras. O propósito desse exame é descobrir como esses princípios foram utilizados para conciliar as disparatadas e freqüentemente contraditórias necessidades a que Le Corbusier tinha de atender nos edifícios. Estas podem ser resumidas como: (1) a necessidade do edifício se adaptar à área específica dentro de determinado contexto urbano; (2) a necessidade de se criar um edifício de presença simbólica; e (3) a necessidade de se estabelecer o edifício como o representante de um tipo.

O princípio compositivo essencial dos quatro edifícios públicos estudados neste ensaio é a *elementarização*. Tal princípio distingue-os dos esquemas tradicionais com pátios internos fechados, onde os volumes programáticos não são distintos uns dos outros. No *parti* dos *grands travaux* de Le Corbusier, cada elemento do programa possui sua forma própria e é claramente distinto de seu vizinho. Os principais elementos são as lâminas, ou blocos lineares (contendo acomodações celulares) e as massas centroidais (contendo locais de assembléia). As lâminas são

Le Corbusier
Projeto de uma ampliação do Centrosoyus para o quarteirão vizinho, Moscou, 1928.

Le Corbusier
Projeto para uma Cité d'Hospitalisation, estendendo-se até a parte posterior da Cité de Refuge, Paris, 1932.

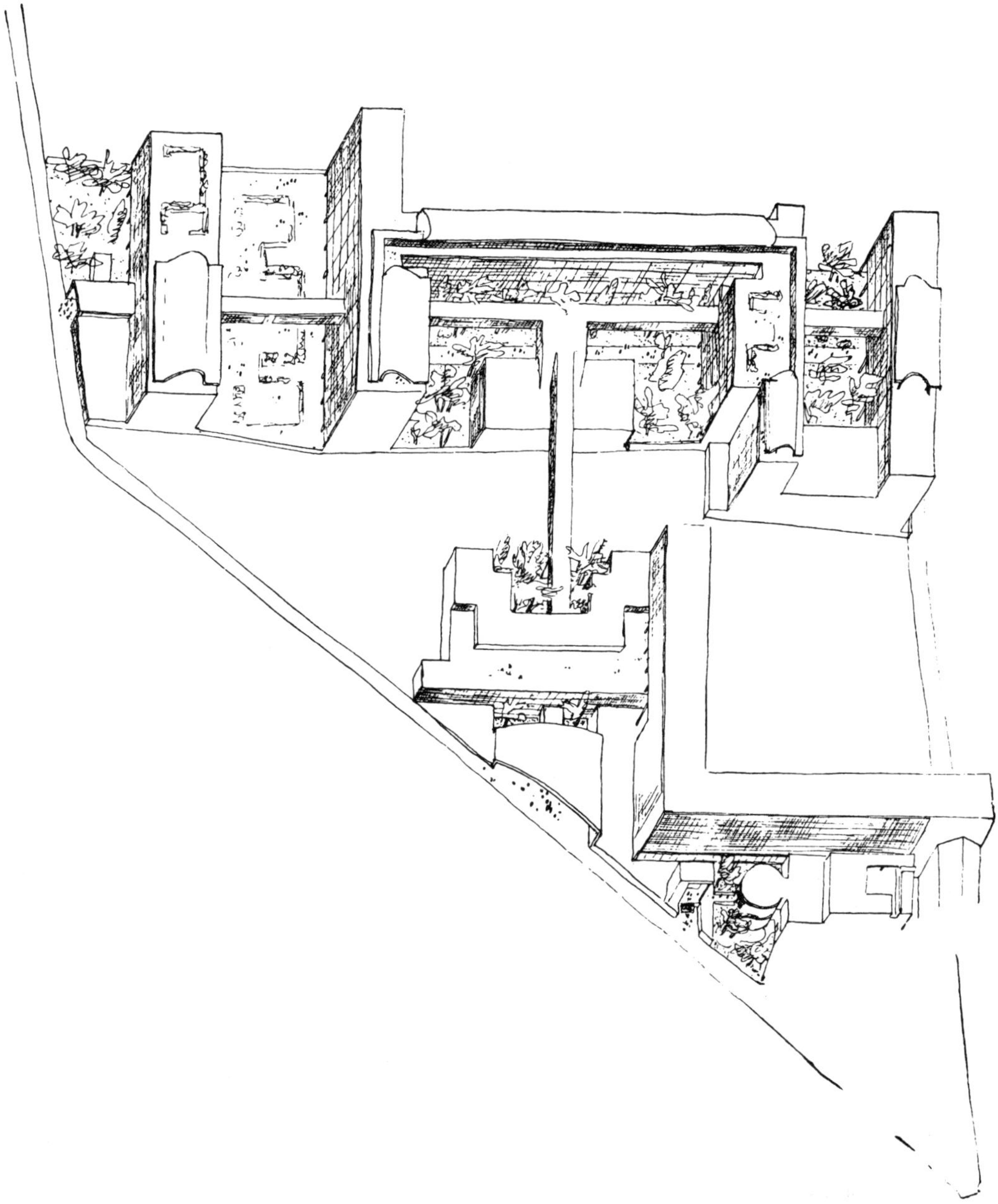

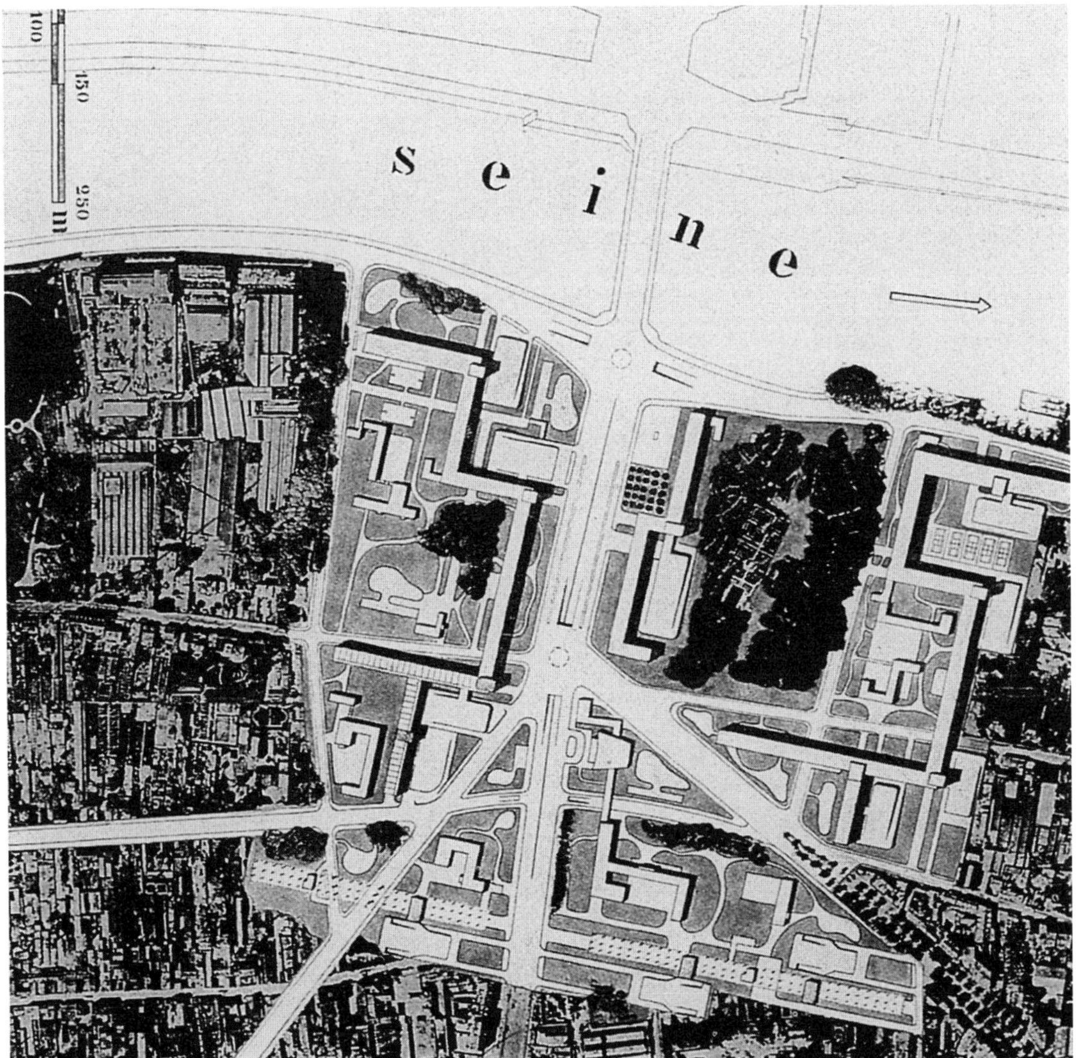
Seine
100
150
250
m

acopladas umas às outras em ângulos retos, formando pátios abertos. As junções flexíveis permitem um grande número de permutações na planta geral, e os esboços iniciais de Le Corbusier mostram sua experimentação com várias possibilidades.

Essa disposição de lâminas articuladas é encontrada pela primeira vez nos projetos residenciais Dom-ino de 1914, onde elas retêm algumas das qualidades pitorescas derivadas do movimento das cidades-jardim e do *A construção das cidades segundo seus princípios artísticos*, de Camillo Sitte. Em um exemplo particularmente admirável, blocos em forma de U e L criam espaços retangulares através dos quais um caminho serpenteia em um movimento de contraponto. Esse contraponto entre edifícios estáticos e a livre circulação alcançaria sua forma máxima no bloco elevado sobre pilotis, o que permitiria que o andar térreo se desenvolvesse independentemente dos andares superiores.

As lâminas articuladas do Dom-ino foram sistematizadas como blocos contínuos de residências *à redents* na "cidade contemporânea" e no Plano Voisin. Quando Le Corbusier projetou seus mais importantes edifícios públicos no final da década de 20, ele adaptou esse procedimento compositivo às necessidades dos edifícios multifuncionais com suas fileiras lineares de escritórios ou de células de habitação.

Le Corbusier
Planta da porta de Saint-Cloud, 1938.

Existem fortes analogias entre esse sistema de composição e as mudanças revolucionárias na organização espacial que Le Corbusier já havia elaborado para casas e *villas*. Nas casas, o *poché* sólido entre os aposentos de casas tradicionais é substituído por um espaço de fluxo livre interrompido somente pelas convexas formas esculturais de volumes especializados — banheiros, *closets* e escadas. Essa complexa e "quente" disposição dos espaços e volumes é estabelecida em contraste com a "fria" geometria platônica na qual está contida. Le Corbusier chamava a atenção para a dialética entre o exterior e o interior, a pura geometria e a forma livre quando, ao descrever a *villa* em Gaches, disse: "No exterior afirma-se uma vontade arquitetônica; no interior, são atendidas todas as necessidades funcionais".[2]

Uma transformação similar ocorre nos edifícios públicos. Porém, enquanto nas casas a base do jogo de volumes é o cubo circundante, perfurado e escavado, mas nunca totalmente destruído, nos edifícios públicos a base é formada pelas lâminas, e o jogo de volumes é um trabalho aberto de prismas reduzidos que definem os limites espaciais do conjunto, enquanto, ao mesmo tempo, torna implícita sua possível extensão. Todos os *grands travaux* de Le Corbusier do final da década de 20 compartilham essas características formais gerais.

As plantas de cidades de Le Corbusier supõem terrenos ideais e, ao defendê-los, ele tinha o cuidado de indicar seu caráter esquemático intencional.[3] As encomendas de edifícios públicos do final da década de 20, ao contrário, exigiam a adequação às condições locais. Essa não era, para

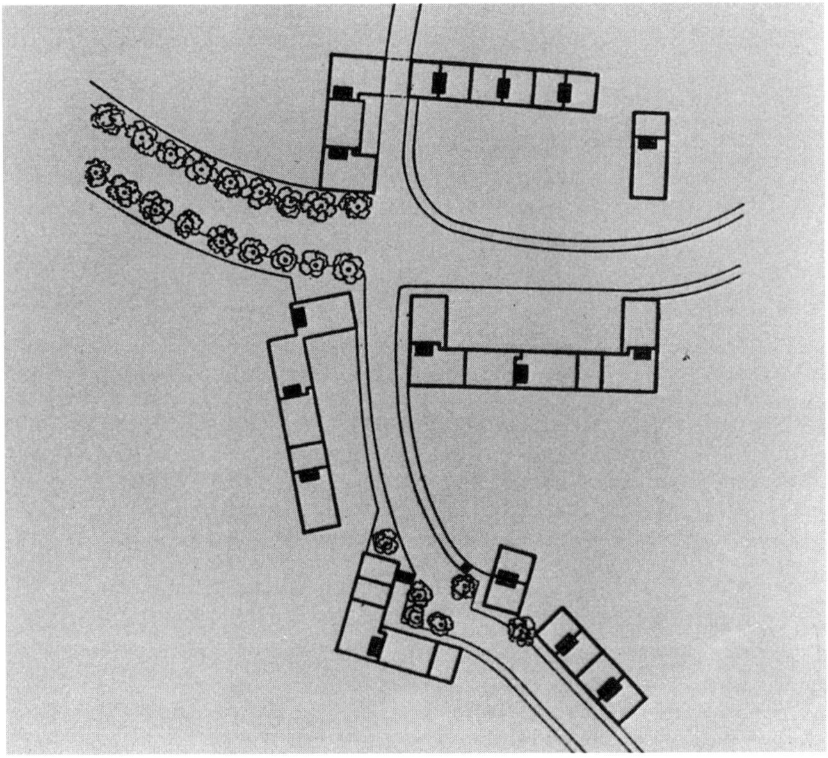

Le Corbusier
Loteamento Dom-ino, 1914. Esboço mostrando agregações de unidades habitacionais.

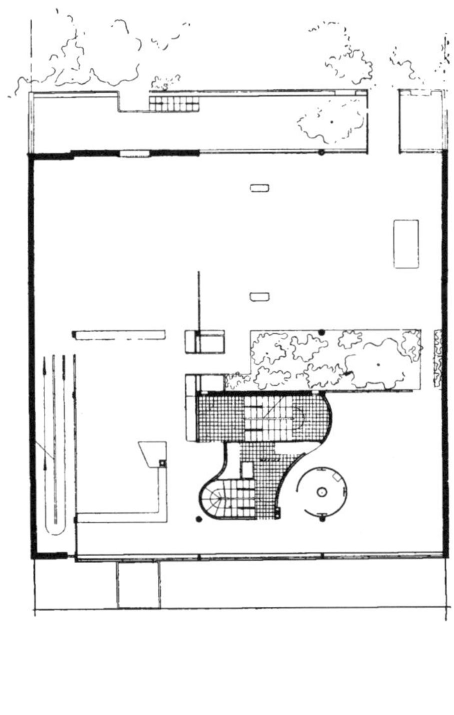

Le Corbusier
Projeto para a Villa Meyer, Neuilly-sur-Seine, 1925. Planta.

Le Corbusier, uma restrição puramente negativa. Como esclarece o texto de *Por uma arquitetura*, ele havia assimilado a teoria do pitoresco de Auguste Choisy, segundo a qual os acidentes de determinado terreno desempenham um papel constitutivo na organização artística dos conjuntos arquitetônicos, resultando, como na Acrópole, em Atenas, em composições de assimetria equilibrada que apresentam ao observador uma *sucession des tableaux*. Mesmo entre as casas de Le Corbusier, onde a pitoresca *promenade architecturale* normalmente acontecia *dentro* das restrições do cubo ideal, existem vários exemplos cuja forma externa é determinada pelas irregularidades de seus terrenos ou por regulamentações da construção. A mais celebrada delas é a Maison La Roche-Jeanneret, que Le Corbusier descreveu como "piramidal" — exatamente a mesma palavra utilizada por Choisy para descrever um outro edifício irregular, o Erecteu. Entretanto, pelo menos até a década de 30, essas casas continuam sendo a exceção e não a regra, ao passo que nos *grands travaux* o agrupamento pitoresco e a assimetria são normais.

Para Le Corbusier, portanto, a adequação ao terreno exigia mais do que simplesmente fazer um edifício se conformar às linhas de limite e a terrenos de forma irregular. Implicava colocar em jogo um sistema de formas e massas relacionado a um observador que ocupa posições específicas no espaço; em resumo, era "composição", o que significa — no sentido a ela atribuído por Choisy — a resolução artística de exigências imprevistas, e não a aplicação de regras *a priori*.

O PALÁCIO DAS NAÇÕES

O complexo do Palácio das Nações consiste em dois blocos — a Assembléia, com suas acomodações auxiliares, e o Secretariado — ligados por uma longa *passerelle*. Os blocos organizam-se simetricamente em torno dos eixos ortogonais, e o eixo principal passa através do bloco que contém a Assembléia, que apresenta uma longa superfície frontal na linha de aproximação do visitante. Essa linha é cortada por planos imaginários que são extensões das alas da seção administrativa e que são reforçados por um sistema de caminhos paralelos ao eixo secundário.

Individualmente, cada bloco pertence à classe de edifícios frontalizados reservados por Choisy para os propileus.[5] Como par, porém, eles formam uma "assimetria equilibrada" cujo contorno acompanha a margem do lago e cujas massas comportam-se como conjuntos pitorescos parcialmente encobertos por árvores. O lado norte do imaginado *parti* simétrico está faltando. Na terceira edição de *Por uma arquitetura*, Le Corbusier anexou uma planta do Palácio mostrando uma suposta extensão para o norte, seu eixo rotacionado em aproximadamente dez graus para se conformar aos alinhamentos de edifícios e ruas existentes, de modo que, mesmo em sua forma final, o edifício não fosse considerado perfeitamente

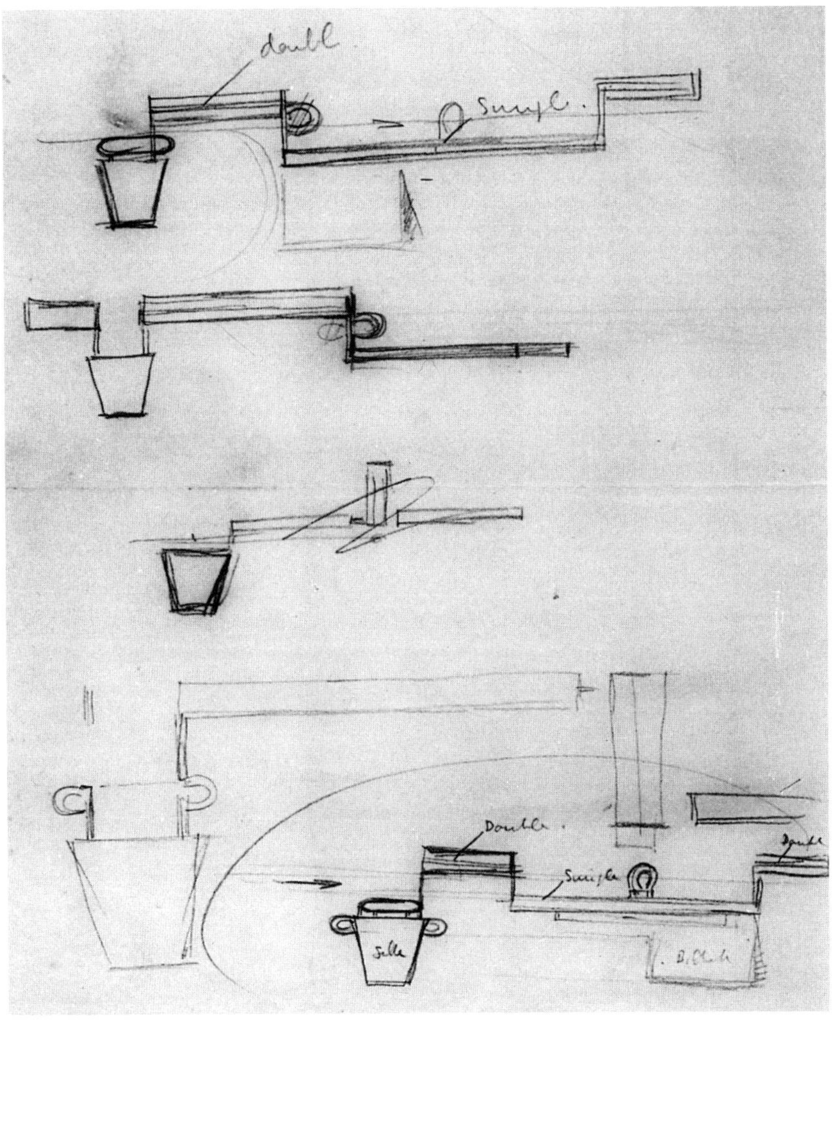

Le Corbusier
Projeto do concurso para o Palácio das Nações, Genebra, 1927. Esboços de permutações.

Le Corbusier
Centrosoyus, Moscou, 1928. Esboços de permutações.

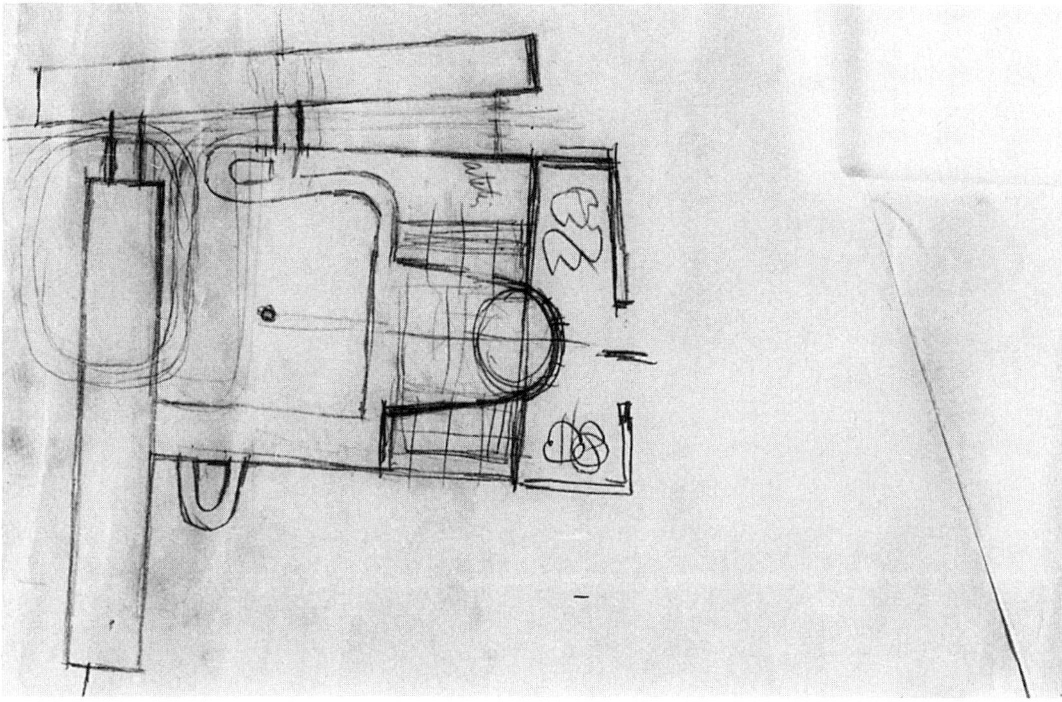

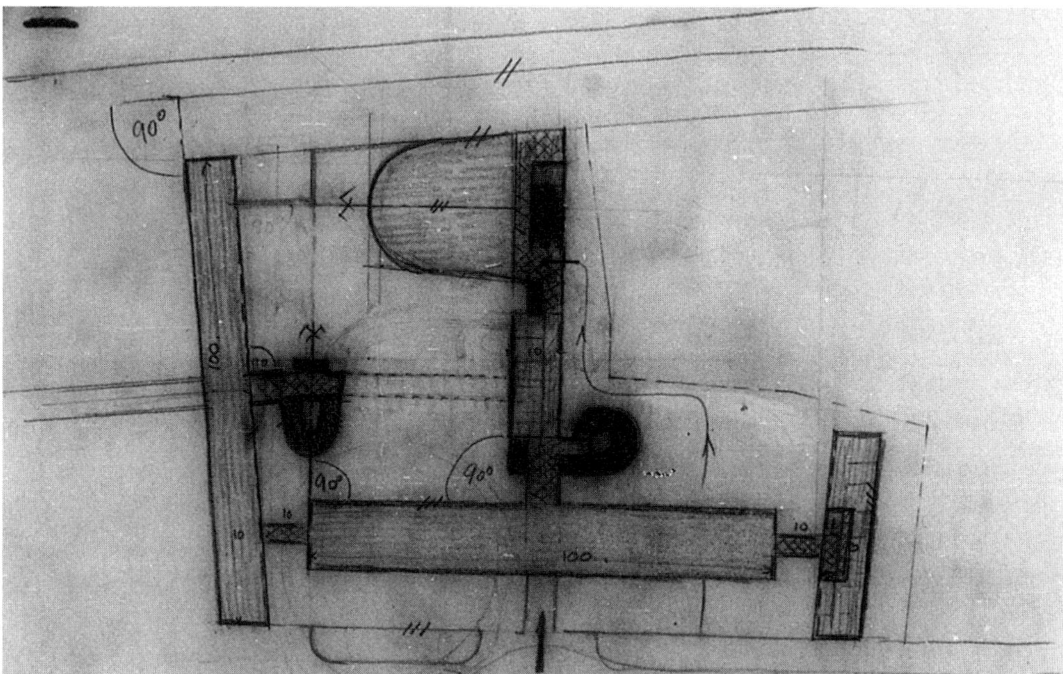
90°
100.
90°
90°
10
10
100.
10

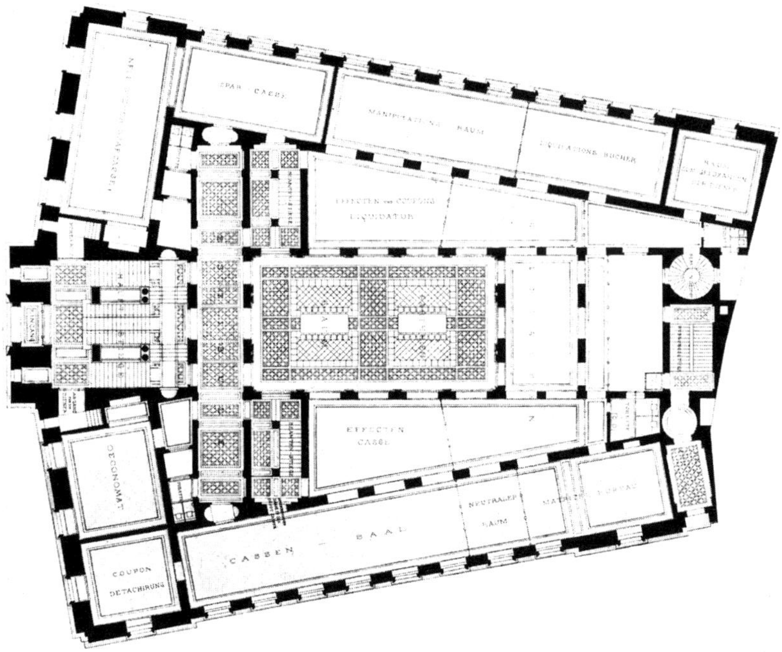

Otto Wagner
Projeto do concurso para a Bodenkreditanstalt (Associação de Crédito Rural), 1884. Planta baixa do pavimento térreo.

simétrico. O *parti* se parece com certos projetos dos séculos XVI e XVII em que longas e estreitas galerias estendem-se a partir de núcleos mais antigos, como a "Manica Lunga" do Quirinale e a Grande Galerie do Louvre — principalmente esta última, com seu desenvolvimento somente de um dos lados do eixo central e seu sutil deslocamento de ângulo.

Se compararmos a disposição de lâminas *à redents* nesse plano com as da "cidade contemporânea" ou do Plano Voisin, veremos que enquanto os blocos urbanos *à redents* orientam-se em ambas as direções, os de Genebra possuem duas fachadas, uma voltada para o âmbito público do pátio de entrada, e a outra, para o âmbito privado do jardim. Nos planos de cidades de Le Corbusier, as lâminas atravessam um *continuum* espacial uniforme e indiferenciado, enquanto no projeto de Genebra, elas agem como paredes que dividem o terreno em dois tipos de espaço fenomenalmente diferentes.

Quando se trata de contexto, portanto, referimo-nos não somente ao contexto físico (rural ou urbano), mas também ao contexto temporal e histórico. No Palácio das Nações , Le Corbusier ajustou o edifício às exigências do terreno e reafirmou a tradição perene da arquitetura nos termos da vida moderna e da tecnologia moderna. Ele parece ter seguido com toda sinceridade as implicações cerimoniais e humanísticas do programa e ter tentado conferir ao edifício um caráter adequado. Veremos que, em um outro projeto, o mesmo desejo de imbuir um edifício de um caráter adequado levou a resultados diametralmente opostos.

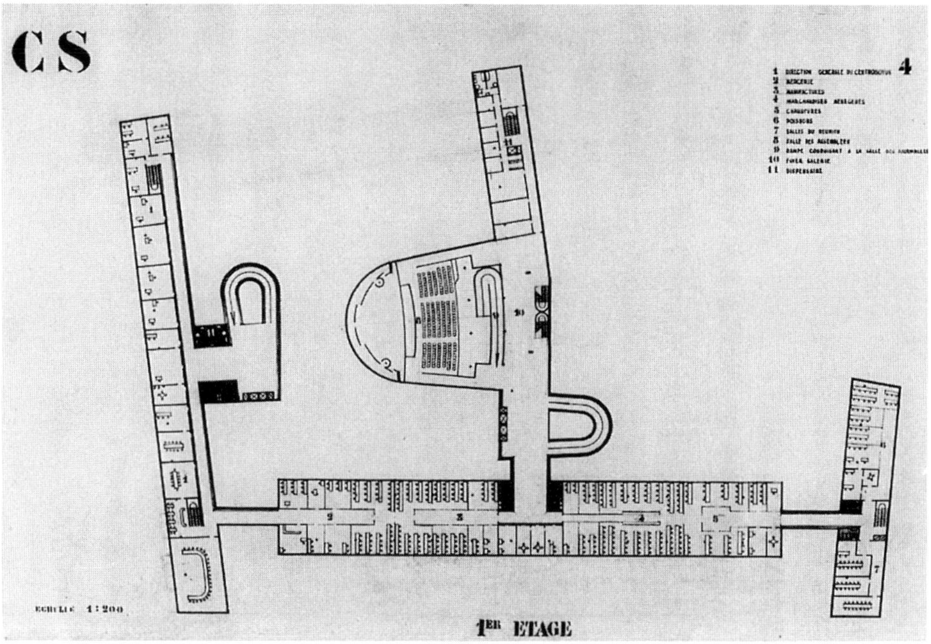

Le Corbusier

Centrosoyus.

Planta.

Diferentemente do Palácio das Nações , o Centrosoyus deveria ser implantado em um terreno urbano e apresentou a Le Corbusier problemas contextuais sem precedentes. O terreno era limitado por ruas em seus três lados regulares, enquanto que o quarto lado era formado por um limite irregular que atravessava o quarteirão. Em suas soluções iniciais, Le Corbusier rejeitou o sistema articulado de lâminas que havia utilizado para o Palácio das Nações e fundamentou seu desenho em um simples quarteirão fechado com pátio dividido em quadrantes, com o auditório na interseção de um sistema cruciforme de circulação e com um quadrante omitido para evitar se estender além do limite do terreno.[6] Existem inúmeras variações sobreviventes desse esquema inicial, mas em todas elas a qualidade hermética e regular da planta é compensada por perfis de elevações irregulares (e aparentemente um tanto arbitrários) e por amplas aberturas no andar térreo para dar acesso ao auditório que, de outra forma, estaria cercado de terra.

Nessas primeiras soluções para o Centrosoyus, o pequeno lado sudeste é a fachada principal, alinhado ao eixo do auditório e voltado para o bulevar com sua área central arborizada. Durante a evolução do desenho, a fachada principal migrou para a ampla frente do terreno voltada para a rua Miasnitskaya. Ao mesmo tempo, a disposição do pátio foi transformada e o esquema começou a assumir sua configuração

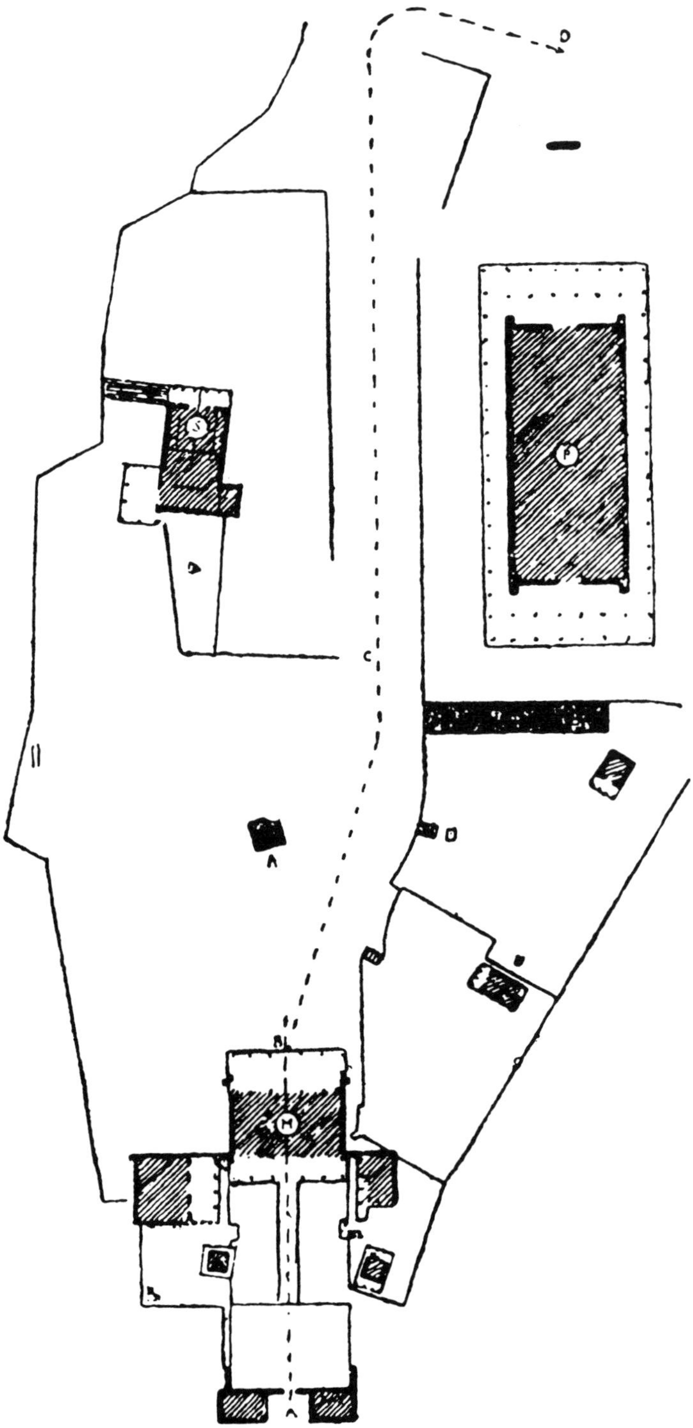

Planta da Acrópole. Reproduzida em *Vers une architecture* (1923), de Le Corbusier, a partir de *L'Histoire de l'architecture* (1899), de Auguste Choisy.

Le Corbusier
Palácio das Nações. Axonometria e planta mostrando a expansão.

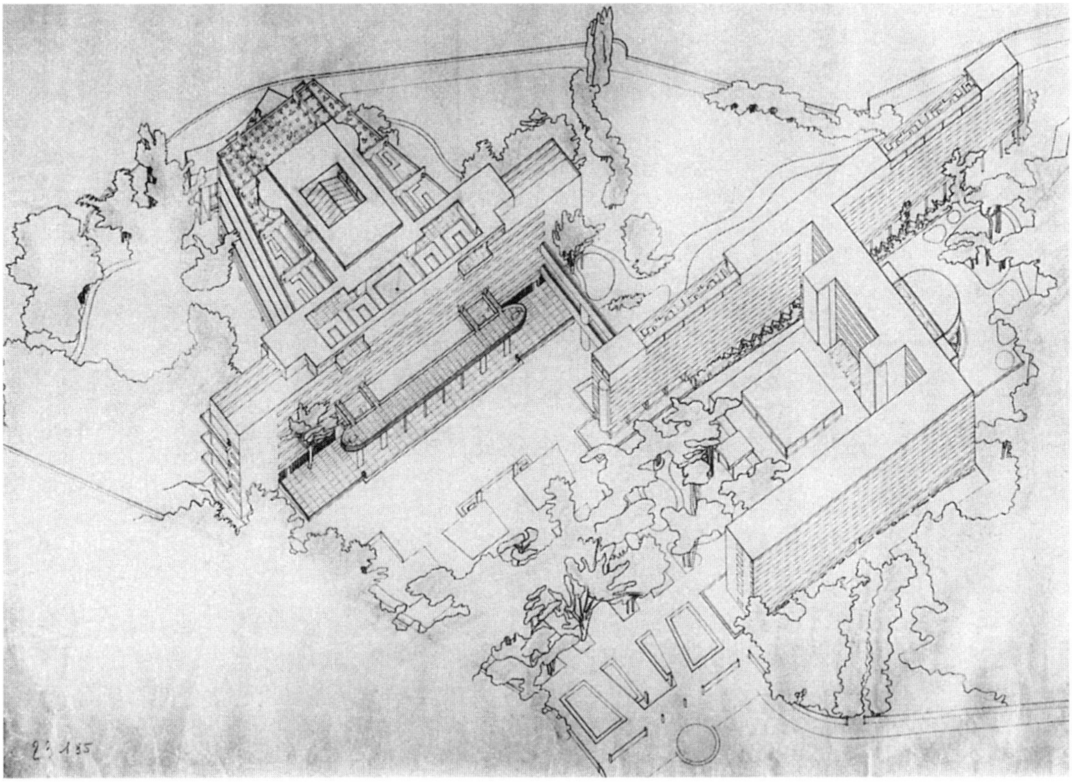

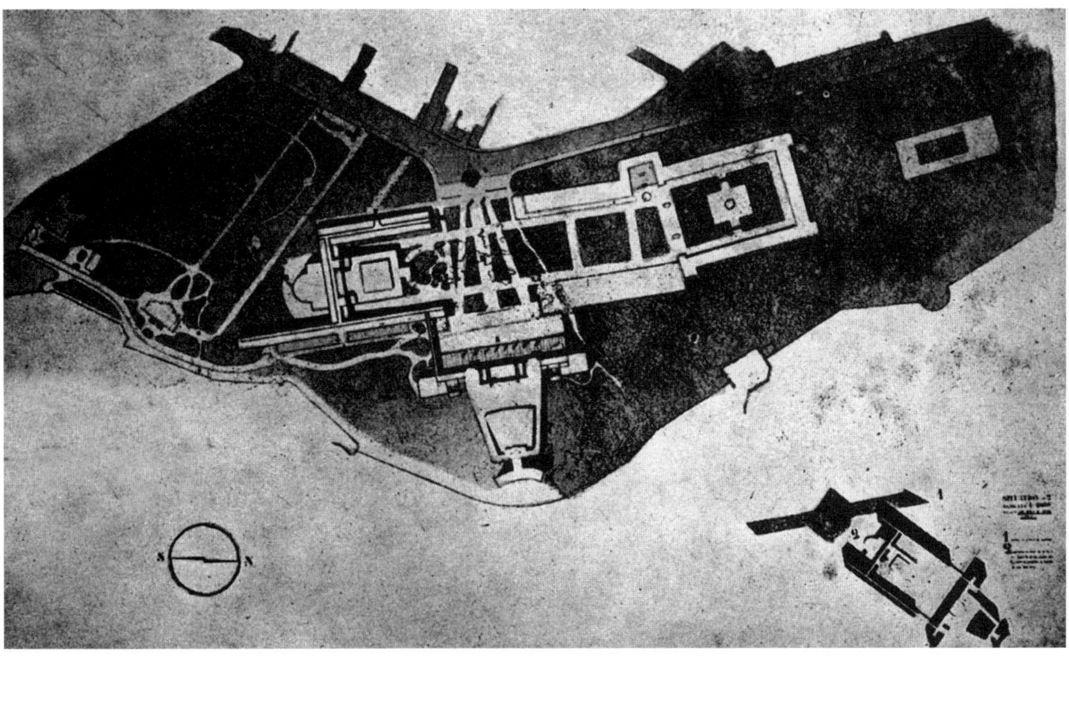

 final de lâminas articuladas que formavam um H desigual e que forneciam à fachada de entrada um átrio pouco profundo.

Le Corbusier
Palácio das Nações.
Perspectiva a partir do lago.

Em todas essas transformações podemos ver uma preocupação persistente com a manutenção dos alinhamentos com as ruas e com blocos frontalizados, nos quais é necessário que se penetre para ter acesso ao "privado" espaço interior. Nos níveis do térreo e do primeiro andar, esse espaço interior sempre é utilizado para vastos guarda-volumes e *foyers*, que definem um padrão de movimento oposto à configuração dos blocos acima. Esse movimento em contraponto torna-se cada vez mais evidente quando as lâminas principais elevam-se em pilotis e sua configuração torna-se mais flexível.

Um resultado significativo da planta em forma de H é que a tumultuosa forma convexa do auditório e as rampas em forma de ferradura tornam-se expostas na divisa frontal do terreno a noroeste, denotanto fortemente fachadas públicas e privadas semelhantes às do Palácio das Nações, mas que são aparentemente inapropriadas para o contexto de ruas e blocos regulares. À primeira vista, mesmo depois do esquema do pátio ter sido abandonado, a fachada noroeste era enquadrada simetricamente por duas lâminas — uma voltada para o bulevar e a outra que comportava o auditório — e o limite da rua era definido por uma colunata. Mas quando, em um movimento final, o auditório foi rotacionado em noventa graus de modo que sua "abside" convexa se voltasse para a rua, perdeu-se essa disciplina contextual. A fachada noroeste tornou-se

um "fundo" em relação às formais e frontalizadas fachadas sudoeste e sudeste, pedindo um espaço de tipo rural e ao ar livre com uma ampla vista que permitisse que o edifício fosse compreendido como um objeto no espaço. Simultaneamente, a disposição do conjunto tornou-se inequivocamente diagonal, perdendo muito de sua multivalência e complexidade iniciais.

No Centrosoyus percebe-se a tensão não resolvida, geralmente encontrada no trabalho de Le Corbusier, entre a necessidade de o edifício fazer parte de uma estrutura urbana existente, constituindo-se com fachadas frontalizadas e demarcando as esquinas das ruas, e a necessidade de existir como um objeto autoportante.

A CITÉ DE REFUGE

O terreno da Cité de Refuge atravessa o centro de um quarteirão triangular formado pela rua Cantagrel e a rua de Chevaleret. Na *Oeuvre complète*, ele é assim descrito:

> O terreno era extremamente desfavorável: proporcionava uma fachada de apenas dezessete metros ao sul na rua Cantagrel e outra de nove metros a leste, na rua de Chevaleret: todo o resto encontrava-se no meio. Caso se construísse diretamente na rua, como de costume, todos os aposentos dariam vista para o pátio e estariam voltados para o norte.[7]

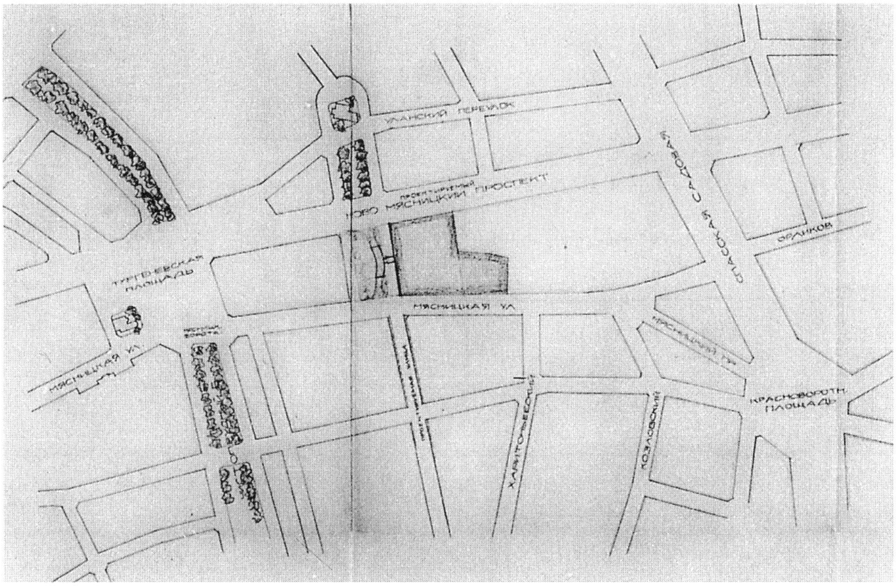

Le Corbusier
Centrosoyus.
Implantação,
esboço do primeiro
projeto e variação
do primeiro projeto.

Embora esse trecho de Le Corbusier pareça uma espécie de justificativa pessoal, é verdade que o terreno não se prestava a uma solução perimetral, mesmo que se desejasse uma. O que fica aberto ao questionamento, porém, é se as sucessivas soluções de Le Corbusier não recorreram, na verdade, a uma tipologia tradicional *distinta* do quarteirão perimetral. Afinal, esse era um edifício representacional e não uma mera parte de um tecido urbano. Certamente, para Le Corbusier, o edifício, acima de tudo, tinha de representar a modernidade, mas também se exigia que ele simbolizasse uma idéia social e moral. Nessas circunstâncias, poderia se esperar que o arquiteto se voltasse para o precedente parisiense de imbuir o edifício de uma presença simbólica e de conferir a ele um destaque em relação a seu entorno imediato. E, na verdade, tanto o *parti* do primeiro esquema quanto o do final têm muito em comum com o do *hôtel particulier* parisiense. O *corps de logis* situa-se a certa distância da rua e consiste em um bloco frontal ao eixo de aproximação e que se estende por toda a largura do terreno. Há um pórtico *à plomb sur la rue*, que atua como um signo do edifício, e também como um ponto de entrada controlado do terreno, formando um domínio privado relativamente isolado, separado da rua por uma parede.

Inicialmente, apenas a metade ocidental do terreno estava disponível. O que parece ser um dos primeiros esboços mostra uma excêntrica galeria de um andar que conduz da entrada da rua Cantagrel a um bloco de dormitórios de seis ou sete andares que cruza o terreno de

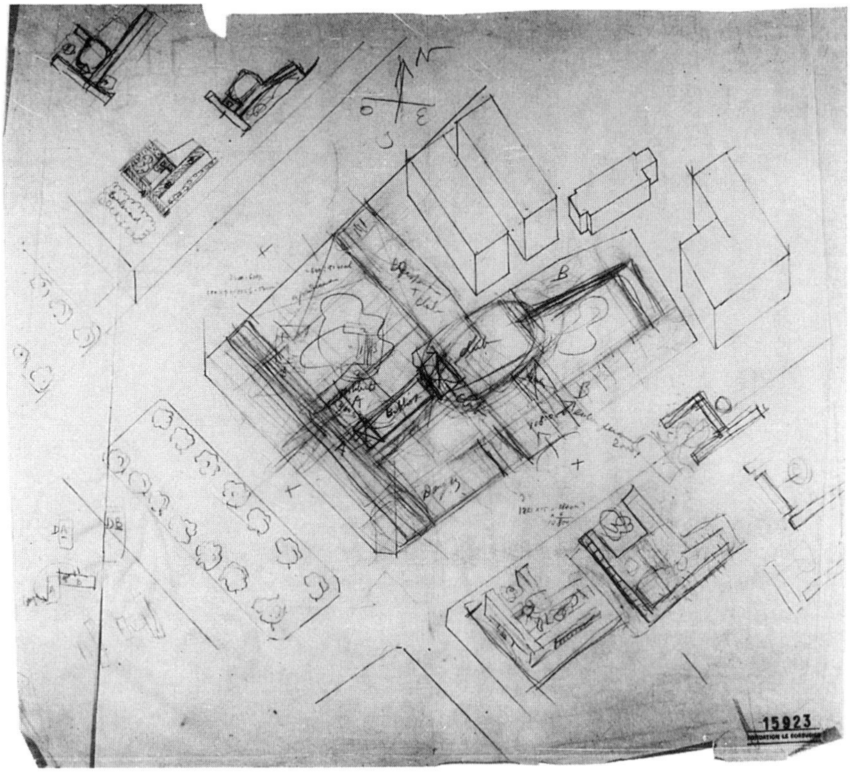
15923

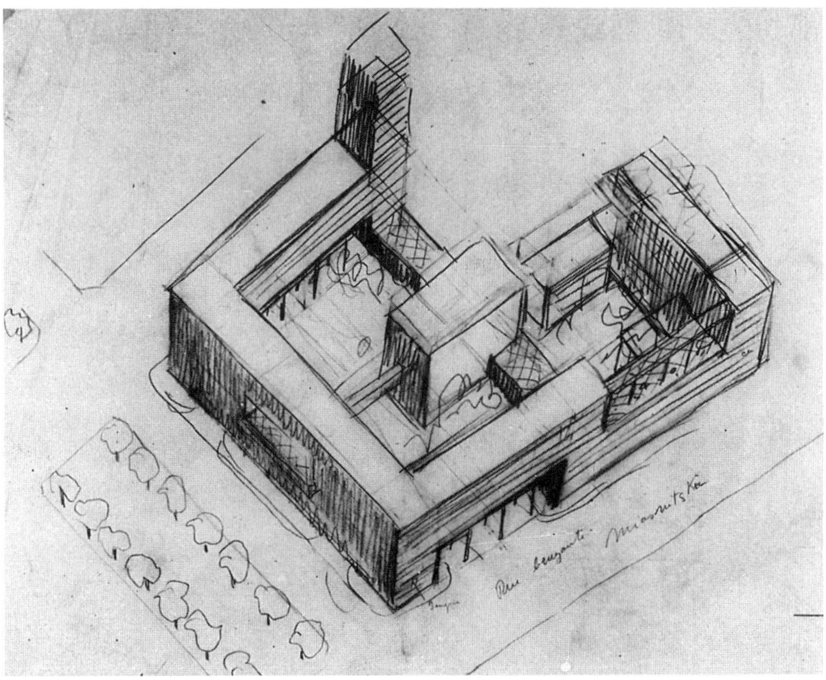

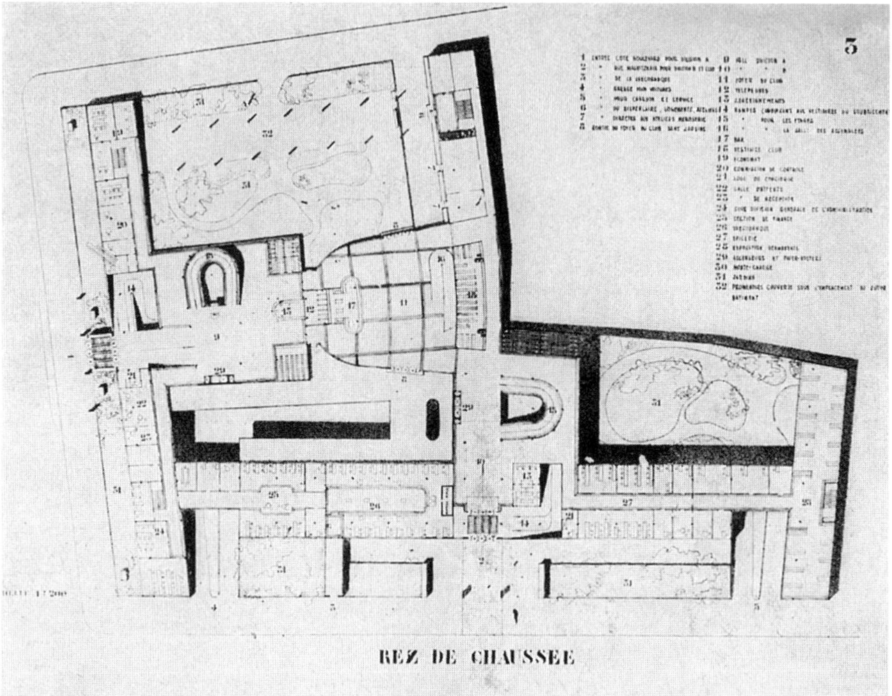
3
REZ DE CHAUSSEE

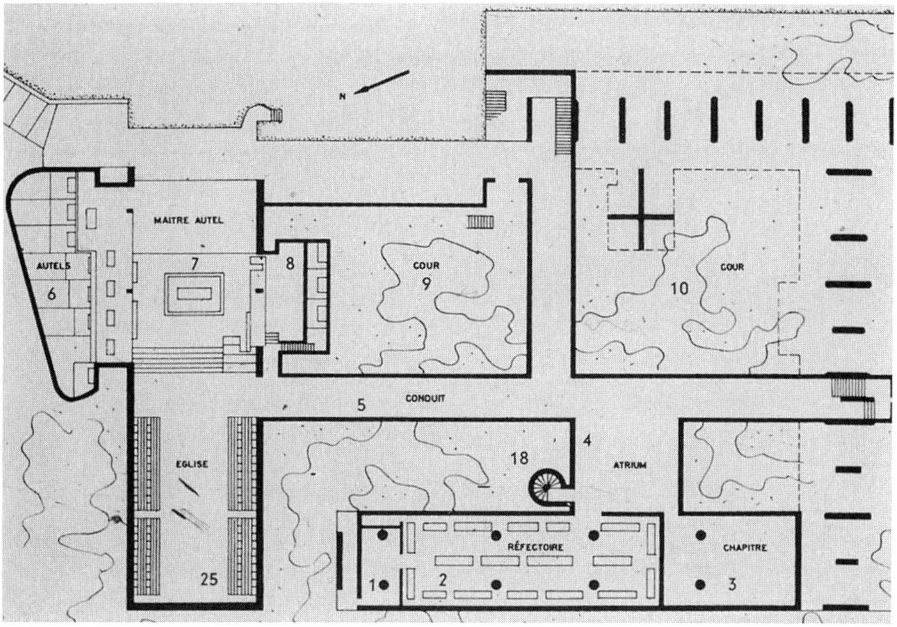

Le Corbusier

Centrosoyus. Planta e vista externa do clube.

Le Corbusier

Convento de La Tourette, Lyon, 1953. Planta.

norte a sul. A metade oriental do terreno foi desenvolvida por meio da adição de um segundo bloco paralelo ao primeiro e da conexão desses dois blocos com um outro longitudinal que vai de oeste a leste, estendendo-se até o limite da rua de Chevaleret. Na mudança de direção da galeria de entrada, havia uma rotunda que continha o salão de recepção, e que absorvia a rotação axial — um esquema um tanto Beaux-Arts. Sobre a rotunda foi suspenso um auditório em forma de cunha. Uma *passerelle* que atravessava um pavilhão (o dispensário) ligava a rotunda ao edifício principal. Em vez da *cour d'honneur*, havia um jardim submerso, que continuava abaixo dos blocos de dormitórios.

No esquema final, as duas lâminas de norte a sul foram substituídas por um único edifício que ia de leste a oeste junto ao limite norte do terreno. Essa nova disposição causou um efeito radical na seqüência de entrada, que agora tinha de penetrar até o meio do terreno antes de se conectar ao edifício principal no ponto em que se encontravam a escadaria principal e a parede que separava homens e mulheres. Le Corbusier, porém, quase não alterou os elementos dessa seqüência. Ele simplesmente os redistribuiu de modo que se formasse uma série de pavilhões de várias formas passando frontal e paralelamente ao edifício principal, ao qual eles eram conectados, agora, por um elemento proeminente que continha o *foyer* de entrada e o auditório.

Desde o início, portanto, Le Corbusier havia visualizado uma elaborada *promenade architecturale* ligando o ponto de entrada do terreno às

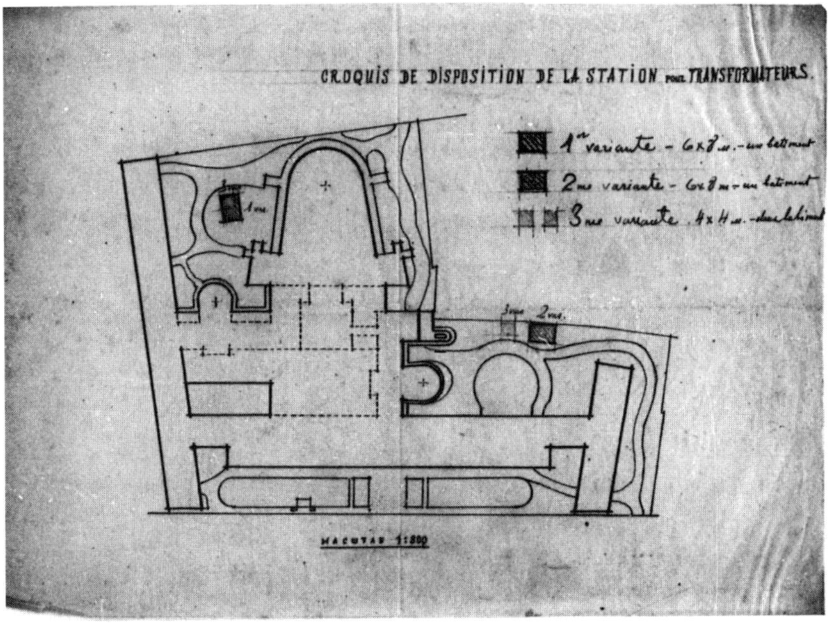

Le Corbusier
Centrosoyus. Planta do projeto construído, 1929.

Le Corbusier
Cité de Refuge, Paris, 1929. Planta de situação.

acomodações principais. Programaticamente, a *promenade* consiste em uma série de atos de iniciação, necessários antes de se entrar no santuário interno do edifício, e esses atos são simbolizados por uma série de elementos arquitetônicos: o pórtico, a rotunda, a *passarelle*. Contudo, é importante observar que essa solução deve tanto às exigências arquitetônicas do terreno e às suas implicações formais quanto às peculiaridades práticas e simbólicas do programa. "Esse grupo de edifícios", escreveu Le Corbusier, "constitui um tipo de *hors-d'oeuvre*, disposto à frente do grande edifício de alojamento; este último serve, na verdade, como base para o grupo muito irregular que consiste no pórtico e nos espaços de serviço social."[8] Aqui repete-se o inverso do espaço *poché* presente em suas casas; em vez de uma série de espaços côncavos escavados do edifício, como se encontraria em um esquema Beaux-Arts, somos apresentados a seu negativo — uma pequena coleção de volumes arquitetônicos. E agora, em vez de serem dispostos no interior do cubo do edifício, esses objetos são colocados à sua frente, e a base sobre a qual estão dispostos é elevada e torna-se um plano de referência vertical. Parece impossível separar o prazer sensorial e intelectual decorrente dessa disposição de formas arquitetônicas do terreno ao qual elas devem sua origem; assim como no Palácio das Nações e no Centrosoyus, o edifício é uma resposta a algumas circunstâncias acidentais, de modo semelhante ao que descreve Choisy em sua análise da Acrópole.

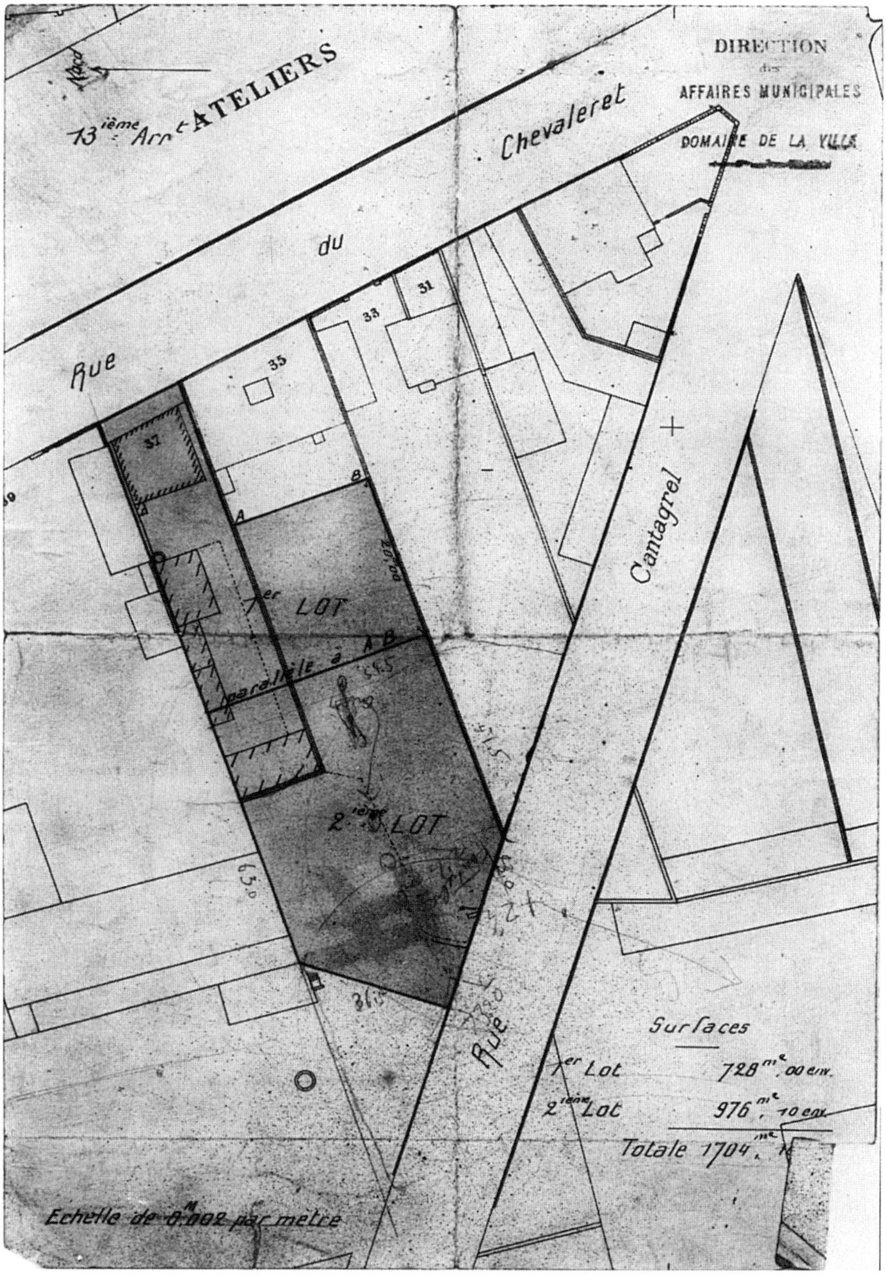
DIRECTION
des
AFFAIRES MUNICIPALES
DOMAINE DE LA VILLE
13ième Arrt ATELIERS
Rue du Chevaleret
Rue Cantagrel
1er LOT
parallèle à AB
2ième LOT
Surfaces
1er Lot 728me,00 env.
2ième Lot 976me,10 env.
Totale 1704me
Echelle de 0m002 par mètre

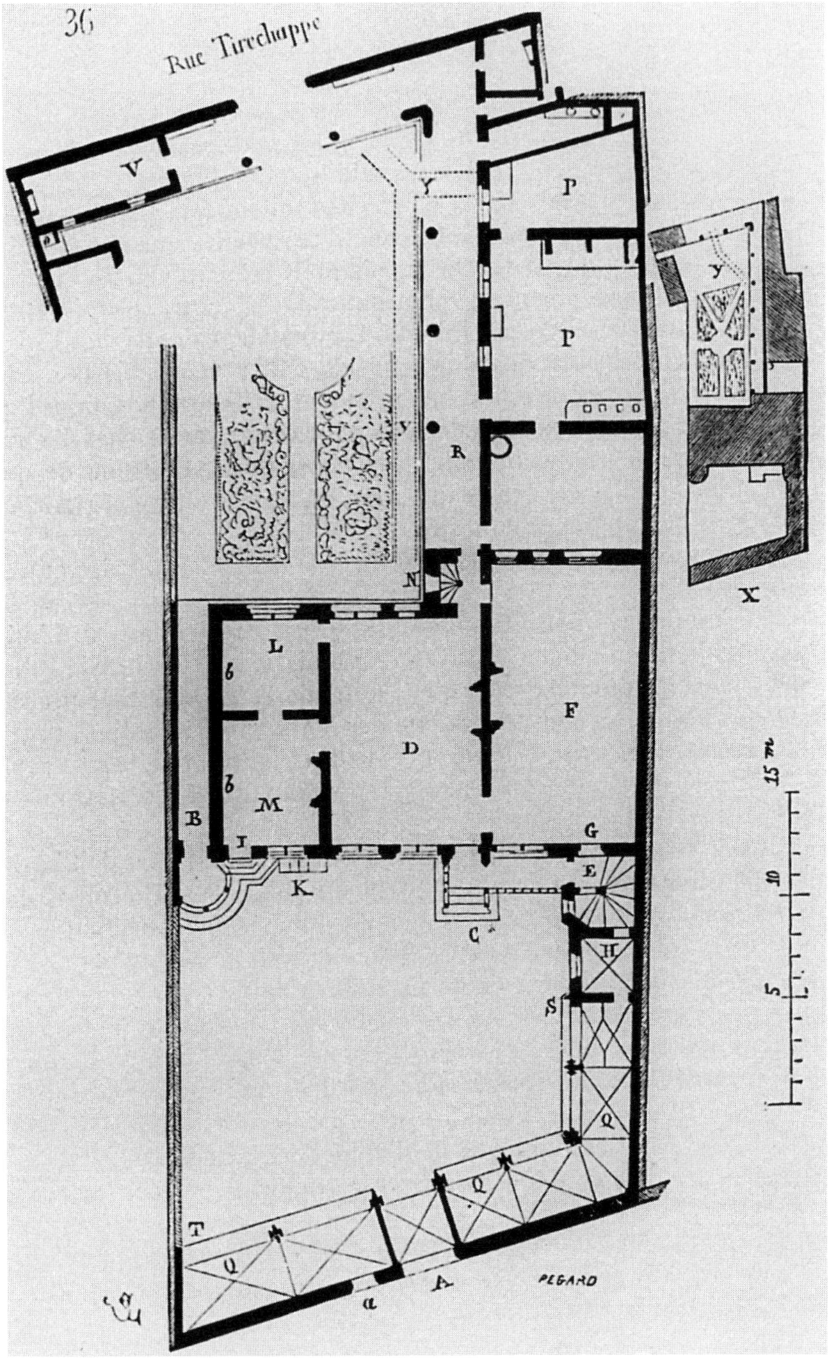

Hôtel le Gendre, planta. Em Eugène-Emmanuel Viollet-le-Duc, *Dictionnaire raisonné de l'architecture française du* XI *au* XVI *siècle*, 6 (1868).

Le Corbusier

Cité de Refuge.

Esboço inicial.

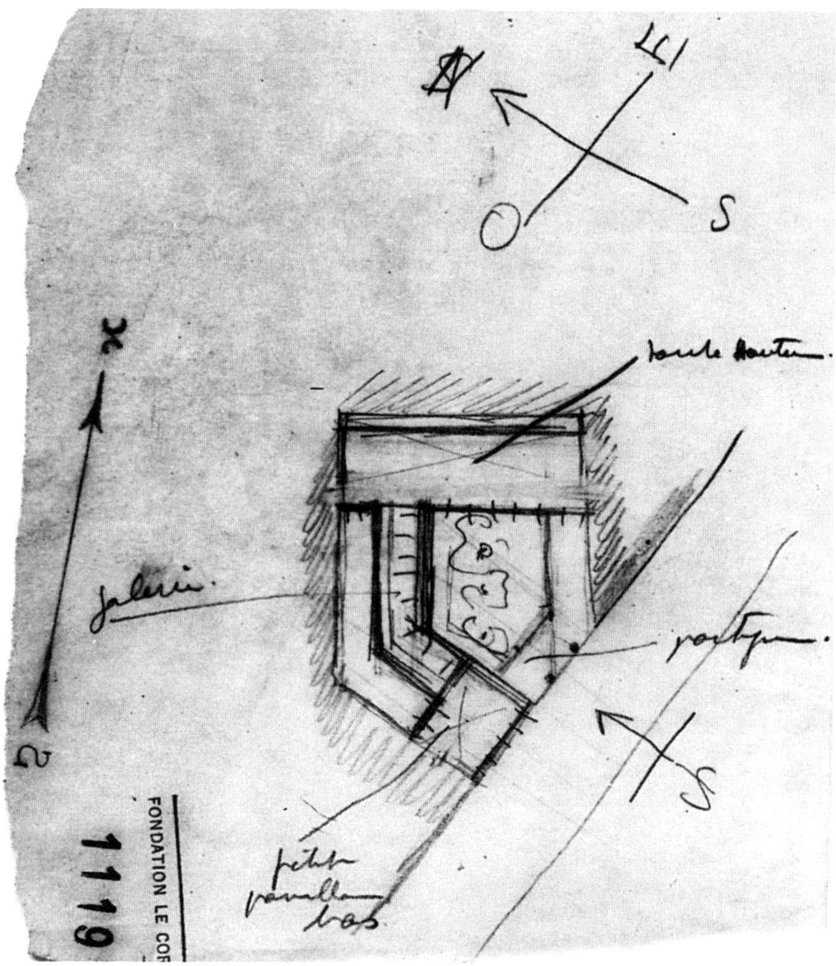

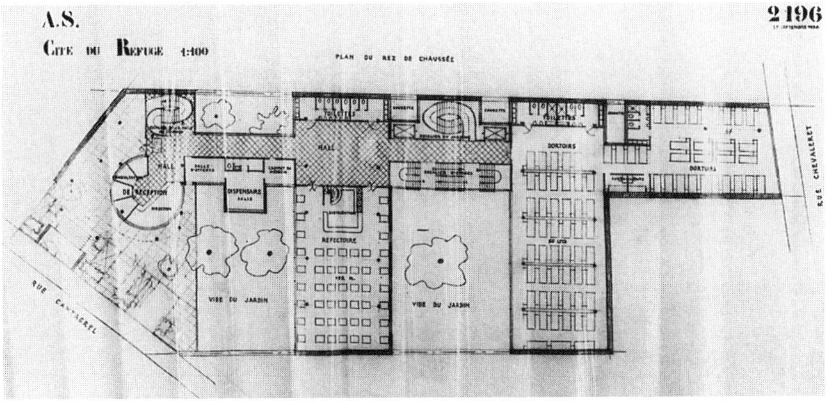

148

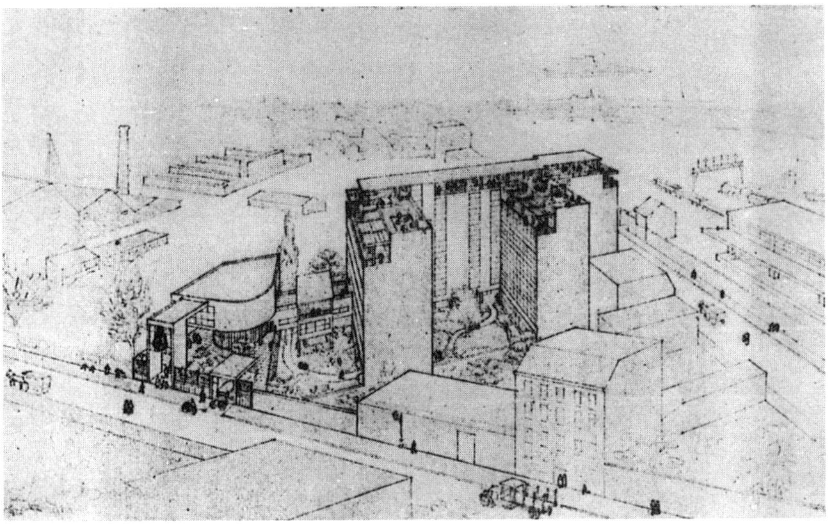

Le Corbusier
Cité de Refuge. Planta do primeiro projeto, perspectiva aérea, planta do quarto projeto, planta do projeto final (1931), e vista a partir da rua Cantagrel.

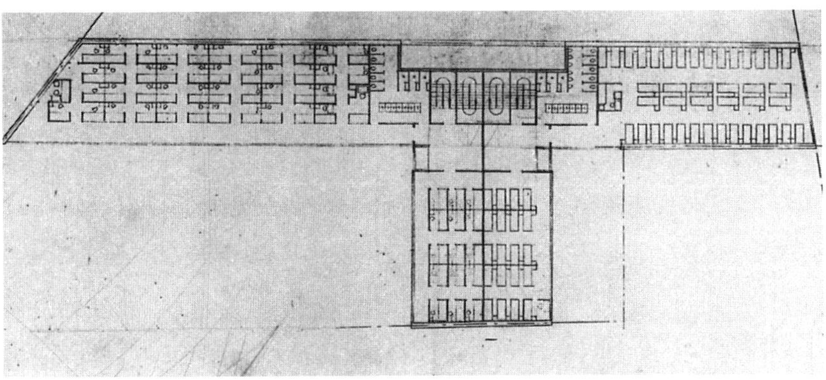

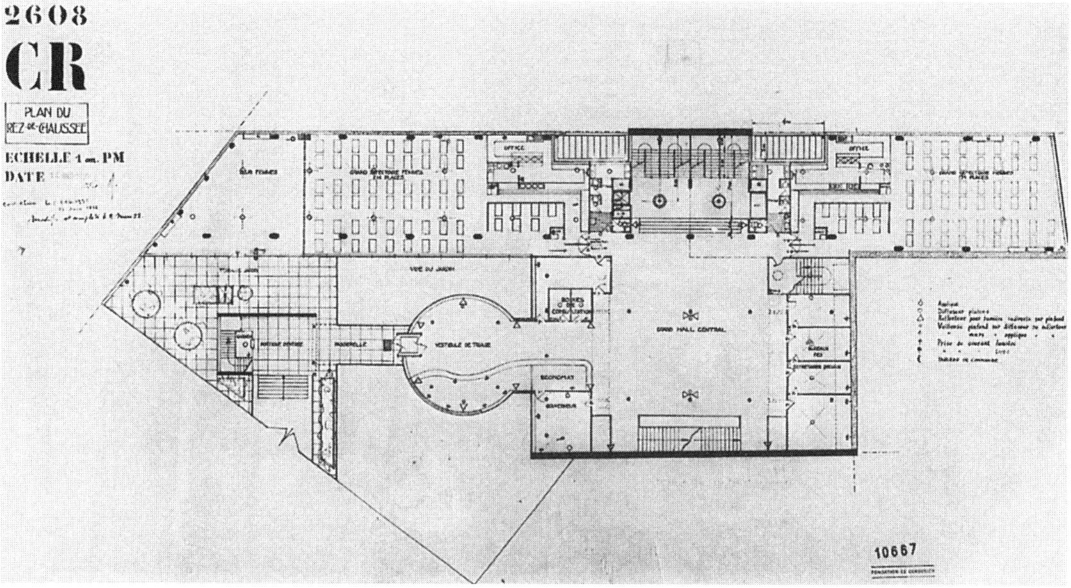
2608
CR
PLAN DU REZ-DE-CHAUSSEE
ECHELLE
DATE
10667

ARMEE DE

Esse projeto difere em seus elementos programáticos dos três que já foram discutidos. Seu conteúdo administrativo é muito pequeno e o projeto consiste principalmente em uma série de auditórios de diferentes tamanhos. Ele também difere dos outros em sua relação com o terreno. Nos outros projetos, é como se os edifícios criassem limites espaciais. Longas paredes de escritórios ou células de habitação formam planos frontalizados, cuja aproximação envolve uma elaboração mais ou menos preparada. Em todos esses projetos existe pelo menos a sugestão de uma *cour d'honneur* e de um *corps de logis*, além das massas centroidais dos espaços de assembléia, e estes são apresentados como figuras percebidas contra a superfície do prisma puro.

Apesar da ausência de acomodações adequadas para tais superfícies frontalizadas, as primeiras soluções para o Palácio dos Sovietes criavam um espaço urbano — um enorme "fórum" com vista para o rio Moscou, no qual os vários auditórios são alinhados, um tanto à maneira dos templos do fórum de Pompéia, cujo esboço Le Corbusier havia publicado em *Por uma arquitetura.* Essa solução presumivelmente teria exigido o equivalente a um pórtico para conectar o grupo irregular de auditórios e unificá-los em um único e grande gesto. Na segunda solução, Le Corbusier ainda cria um espaço urbano voltado para o rio, mas leva os dois auditórios principais para os lados e define a parte posterior do espaço por uma pequena série de escritórios elevada sobre colunas.

Le Corbusier
Projeto do concurso para o Palácio dos Sovietes, Moscou, 1931. Variações sucessivas do desenho.

No esquema final, todas as tentativas de se criar um espaço especificamente urbano são abandonadas. O complexo é agora um objeto disposto ao longo de uma espinha dorsal, como um organismo biológico. Os espaços que ele oferece à cidade são os puros epifenômenos de sua própria estrutura interna. O complexo é simétrico ao longo somente de um eixo; no outro eixo, consiste em objetos cuja configuração é explosivamente centrífuga e assimetricamente equilibrada.[9]

A espinha dorsal é puramente metafórica porque a série de escritórios, que na segunda solução formava um vínculo físico entre os dois auditórios, é interrompida na metade do vão. Sua extremidade sustenta o refletor acústico do conjunto a céu aberto. Os dois auditórios somente *parecem* estar conectados.

Interpretando dessa maneira o complexo como uma série de objetos no espaço, Le Corbusier transformou-o em um ícone construtivista cuja silhueta complementa a dos domos de São Basílio e do Krêmlin. O grupo de auditórios não mais precisa do pano de fundo requerido pela Cité de Refuge; não há nenhum elemento mais forte para unificá-los. As demandas estruturais, acústicas e circulatórias do complexo foram utilizadas para conferir forma expressiva a cada elemento.

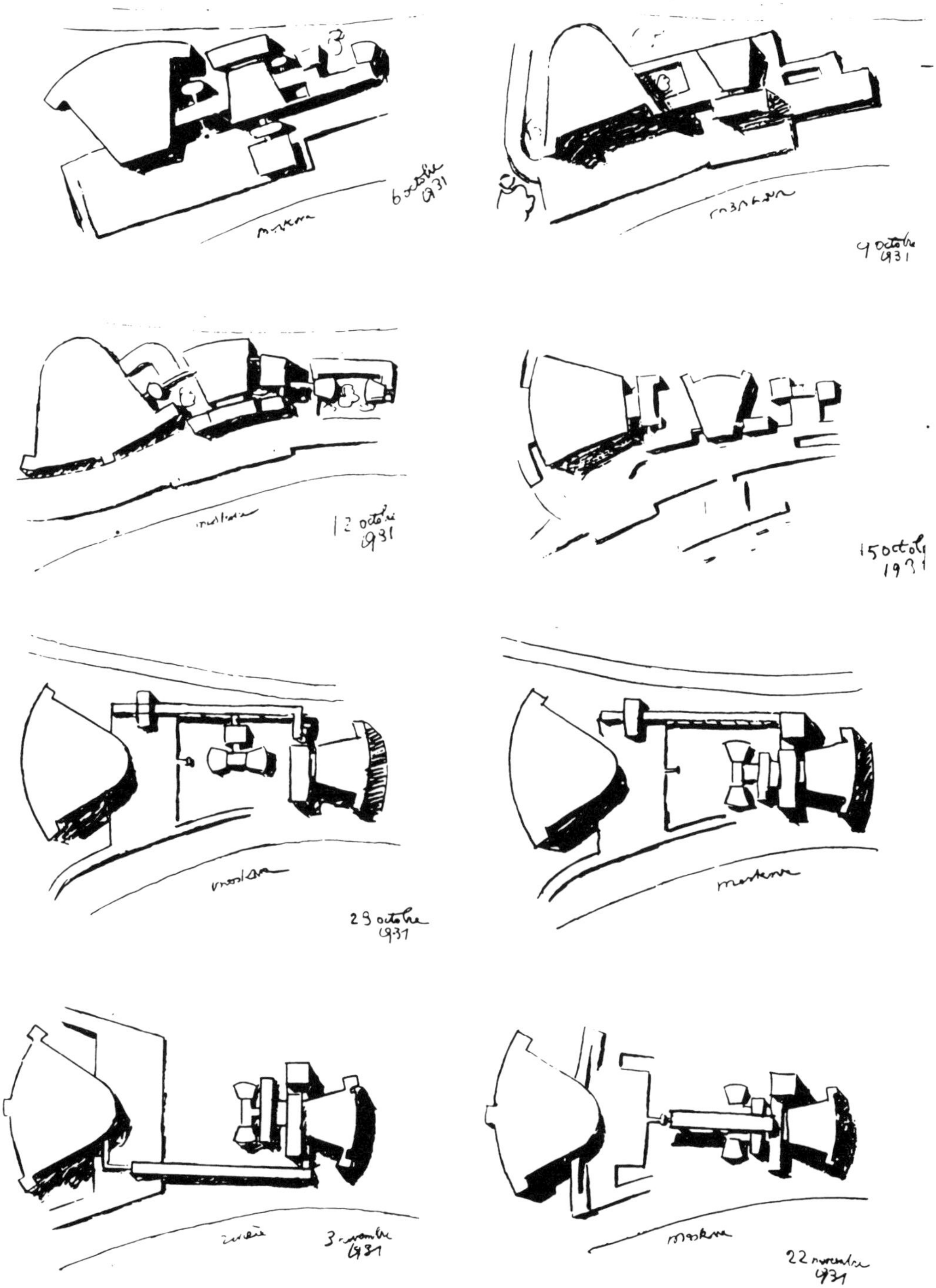

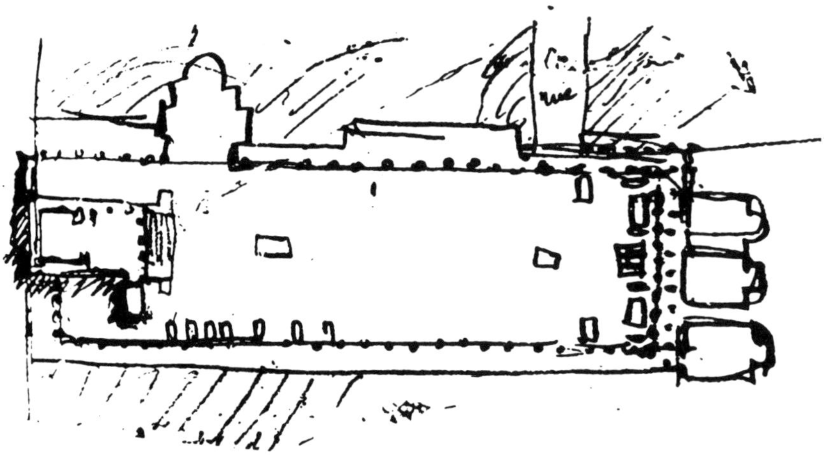

O desejo de criar um edifício com um caráter adequado levou Le Corbusier a interpretar o Palácio das Nações nos padrões do que poderíamos chamar de "uma arquitetura do humanismo"; o mesmo desejo levou-o a transformar o Palácio dos Sovietes em um símbolo da cultura de massa e da obra de arte na era da máquina.

Le Corbusier
Esboço do fórum de Pompéia.

Le Corbusier
Palácio dos Sovietes. Fotomontagem mostrando edifício em relação ao contexto urbano.

EDIFÍCIO X CIDADE

Nossa análise mostra que a necessidade de adaptar-se às idiossincrasias de determinados terrenos realizou uma contribuição positiva para a qualidade arquitetônica dos *grands travaux* e não pode ser considerada como mero obstáculo à realização de uma "nova arquitetura". As condições urbanas arbitrárias enfrentadas por Le Corbusier desempenharam um papel catalítico comparável ao da "função" na disposição interna de suas casas.

Ao ter que construir em contextos urbanos ou rurais existentes, não menos do que ao ter que dar forma e caráter a programas com fortes conteúdos idealistas, Le Corbusier também se confrontava com a tradição arquitetônica. No entanto, esses edifícios não são um reflexo apenas desses fatores. Eles também refletem a tensão entre uma arquitetura tradicional e os tipos de uma nova e controversa arquitetura, e, assim, colocam em questão os contextos urbanos dos quais dependem.

Ao serem experimentados como parte de uma malha urbana, esses

Le Corbusier
Palácio dos Sovietes. Vista panorâmica mostrando a relação com o Krêmlin e a catedral de São Basílio.

edifícios de fato destacam-se como os tipos de uma nova cultura arquitetônica. O fato de eles poderem ser lidos dessa maneira é pelo menos parcialmente devido à maneira como se acomodam a seu contexto e, ao fazê-lo, expõem tanto sua similaridade quanto sua diferença em relação a edifícios representacionais tradicionais.

Quando, porém, Le Corbusier mostra esses edifícios ampliados, eles imediatamente começam a desempenhar um papel diferente no *continuum* urbano. O uso de junções flexíveis permite que as lâminas adaptem-se a blocos adjacentes; o uso de pilotis e pontes permite que eles saltem ruas existentes ou lotes ainda indisponíveis. O resultado é que o padrão de ruas existente torna-se o equivalente aos caminhos de pedestres que serpenteiam sob os blocos *à redents* da Ville Radieuse. Um novo padrão urbano começa a surgir, como um tentáculo, antes de o antigo deixar de existir. Os edifícios originais do Centrosoyus e da Cité de Refuge são, cada um deles, assimilados a esse novo contexto. O que isoladamente havia sido experimentado como uma totalidade com partes articuladas que abriam o edifício ao que o rodeava, mas ao mesmo tempo o diferenciava de seus vizinhos, agora se torna parte de uma entidade maior. Antes, esses edifícios agiam como fragmentos sinedóquicos de uma cidade ausente; agora eles tornam-se parte da série metonímica de um verdadeiro fragmento de cidade.

Entretanto, esse novo fragmento urbano meramente "representa" a nova cidade e nunca poderá tornar-se parte dela. Ambas as extensões

assumem a forma de uma teia ou matriz e, contudo, seu propósito representacional resiste à absorção por tal matriz. Somente negando sua função representacional é que eles podem assumir o papel de edifícios de fundo que deles se exige. É verdade que a articulação de seus elementos sugere sua possível extensão e lhes permite serem metamorfoseados em pequenas cidades. De um ponto de vista puramente formal, isso parece ser uma vantagem; mas do ponto de vista do conteúdo ou significado arquitetônico, é uma séria desvantagem. Pois, apesar de essa articulação possibilitar que Le Corbusier fizesse uma demonstração aparentemente impecável do processo de fusão da arquitetura com a cidade, e da consistência de uma estratégia de desenho que possibilite tal conversão, ela também nega exatamente as qualidades de distinção, diferença e *falta* de continuidade que possibilitaria que esses três edifícios alcançassem suas maiores ambições de significação.

Talvez isso esteja meramente reiterando o que já foi muitas vezes dito, que a cidade corbusiana seria alienante e careceria da multivalência que seus edifícios possuem em seu mais alto grau. Contudo, um exame dos princípios compositivos de seus grandes edifícios públicos nos possibilita ver esse problema a partir de um novo ponto de vista. Pois a verdadeira dificuldade com a transformação do edifício representacional em um fragmento de tecido urbano está na aplicação, por Le Corbusier, dos mesmos princípios de composição a ambos, apesar de suas diferenças de escala e propósito. Como os blocos da cidade consistem em um sistema de articulações similar ao que é encontrado em seus edifícios públicos maiores, nenhum deles poderia conferir satisfatoriamente destaque ao outro.

Na cidade corbusiana é somente a habitação que pode agir legitimamente como um pano de fundo para edifícios representacionais. Se for feita uma tentativa de se interpretar da mesma maneira as lâminas dos espaços celulares de escritórios em seus edifícios públicos, os edifícios começam a se desintegrar. Tudo o que resta como uma possível representação do âmbito público é a parte de cada estrutura que consiste em lugares de assembléia pública etc. Somente estes podem projetar, em suas formas concentradas, os significados sociais que a arquitetura da cidade deve fornecer. Contudo, no esquema corbusiano, é somente dentro do edifício individual que tal significado pode se desenvolver — aquele edifício cujas séries abstratas e neutras de acomodações fornecem o fundo necessário sobre o qual as figuras dinâmicas geradas pela função podem ser exibidas.

É nesse sentido que a cidade corbusiana parece carecer de alguma estratégia por meio da qual os edifícios representacionais possam continuar a existir. Os *grands travaux* do final da década de 20, com suas formas originais e sedutoras e sua plenitude de significado, parecem existir, dessa maneira, em um mundo ambíguo e metafórico que se en-

contra a meio caminho entre a cidade existente, da qual eles são uma crítica, e a cidade do futuro, em que eles deixariam de existir.

[Publicado originalmente em *Le Corbusier: une Encyclopédie*, ed. Jacques Lucan (Paris: Centre Georges Pompidou, 1987). Publicado pela primeira vez em *Assemblage*, 4, out. 1987.]

NOTAS

1. Ver Jean-Louis Cohen, "Le Corbusier and the Mystique of the U.S.S.R.", *Oppositions, 23*, inverno de 1981, pp. 85-121.
2. Le Corbusier e Pierre Jeanneret, *Oeuvre complète 1910-1929* (Zurique: Editions Girsberger, 1935), p. 189.
3. Ver Le Corbusier, *Urbanisme* (Paris: Editions Crès, 1924), p. 158.
4. Cf. Auguste Choisy, *L'Histoire de l'architecture* (Paris, 1899). *Architecture Grecque*; cap. 11, "Le pittoresque dans l'art Grecque". Em *Por uma arquitetura*, Le Corbusier não somente imprimiu várias gravuras do *Histoire*, mas também parafraseou grande parte de sua teoria do pitoresco, particularmente nos capítulos "Trois rappels à messieurs les architectes/III Le plan" e "Architecture/II L'illusion des plans". Ver também Reyner Banham, *Theory and Design in the First Machine Age* (Londres: The Architectural Press, 1960), cap. 2.
5. Choisy, "Le pittoresque dans l'art Grecque".
6. Apesar da tendência de Le Corbusier ao elementarismo, o edifício com pátio interno é um tipo recorrente em seu trabalho. Ele ocorre pela primeira vez em

"Immeubles Villas", de 1922 (apesar de eles terem sido abandonados em seus planos de cidades posteriores), e formava o fundamento de dois edifícios do projeto Mundaneum: o grande claustro ao redor da universidade e os edifícios de exposição fundamentados no tema "continentes, nações, cidades". Em sua obra posterior, o exemplo desse tipo que mais se destaca é o mosteiro em Eveux, no qual, assim como nos primeiros esquemas do Centrosoyus, o interior do pátio é aberto para fora nos níveis mais baixos e dividido em quadrantes.

7. Le Corbusier, *Oeuvre complète 1929-1934* (Zurique: Editions Girsberger, 1964), p. 98.

8. Ibid.

9. Essa uniaxialidade também é característica da planta da Ville Radieuse, que foi iniciada como resultado dos contatos de Le Corbusier com Moscou; ver Cohen, "Le Corbusier and the Mystique of the U.S.S.R.". A metáfora da estrutura e crescimento biológico é similar em ambos os casos.

A importância de Le Corbusier

Le Corbusier, mais do que qualquer outro arquiteto do movimento moderno, insistia que a arquitetura era produto da inteligência criativa individual. A ordem que ela criava era ideal, e não pragmática. Se ele disse, "A casa é uma máquina de morar", não foi com a intenção de anexar a arquitetura a um ramo da ciência empírica, mas de utilizar a máquina como um modelo para uma obra de arte cuja forma e estrutura eram determinadas por leis internas a si própria. As leis que se aplicavam à tecnologia eram diferentes das que se aplicavam à arquitetura, a primeira sendo direcionada à solução de problemas práticos e, a segunda, à criação de estados mentais. Em ambos os casos, porém, os resultados desejados poderiam ser obtidos apenas mediante a compreensão das leis que controlavam sua produção. A partir desse ponto de vista, a famosa declaração de Le Corbusier pode ser interpretada como uma metáfora para uma teoria estética subjacente à arte de vanguarda em geral e que foi prevista por Konrad Fiedler no conceito de "opacidade" da obra de arte.[1] Le Corbusier e Ozenfant reformularam essa teoria em sua discussão sobre o cubismo: "No verdadeiro cubismo existe algo orgânico que passa do interior para o exterior. O cubismo foi o primeiro a querer fazer da pintura um objeto, e não uma espécie de panorama, como na pintura antiga".[2] Porém, a analogia feita por Le Corbusier entre um edifício e uma máquina era mais do que uma

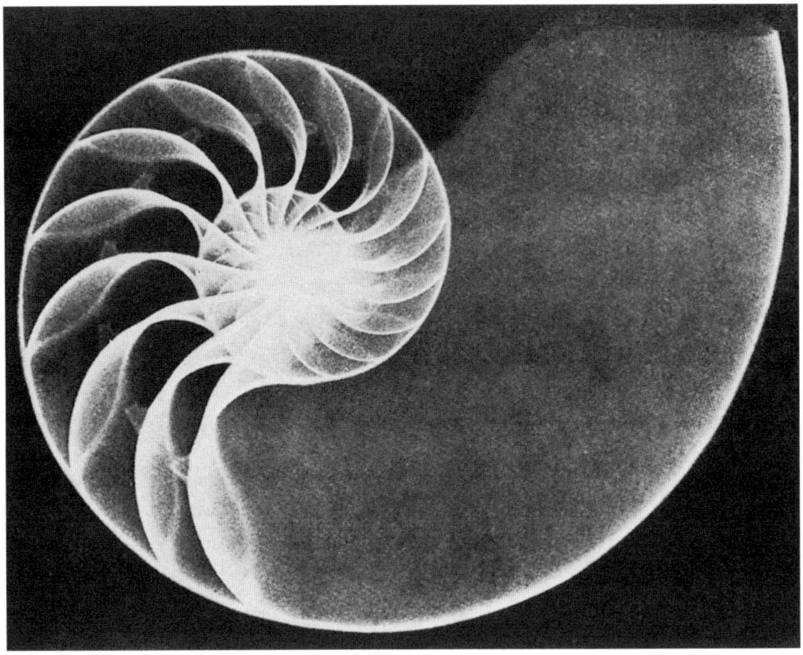

Concha de náutilo. Em Le Corbusier, *Urbanisme* (1924).

metáfora poética; era fundamentada na suposição de uma identidade ontológica entre ciência e arte. Pela primeira vez — de modo que possamos reconstruir o argumento implícito — a tecnologia e a arquitetura, a realidade e sua representação, poderiam ser vistas como convergentes. A tecnologia, libertada do domínio da matéria bruta e intratável pela aplicação de leis científicas, estava se aproximando da condição da imaterialidade. Seus produtos não mais demonstravam o conflito entre matéria e espírito, como na Renascença; eles pressagiavam a dissolução da matéria *em* espírito. A arquitetura, como uma arte, não mais possuía a tarefa de criar significados por meio de signos incorporados às superfícies dos edifícios. O "significado" da arquitetura agora era imanente nas puras formas que a nova tecnologia possibilitava. Como uma *poíesis* em que as palavras são idênticas às idéias que representam, a arquitetura não mais tinha a necessidade do papel mediador dos signos convencionais e arbitrários; ela se tornaria seu próprio signo. Nessa crença fundamental da arquitetura "funcional", vemos tanto um reflexo do dogma modernista em geral quanto um ingrediente especial, vinculando esse dogma ao progresso e a à tecnologia e colocando em primeiro plano temas redentores e escatológicos que freqüentemente eram recessivos nas outras artes. A arquitetura seria não somente o símbolo, mas também o instrumento de uma nova sociedade.

Entretanto, se a fusão entre arte e tecnologia estava no fundamento da teoria moderna, no caso de Le Corbusier ela era associada a um con-

Ventilador. Em Le Corbusier, *Vers une architecture* (1923).

ceito de arquitetura decorrente de uma tradição mais antiga — a do classicismo. De acordo com essa visão, o valor arquitetônico poderia ser medido somente segundo um padrão absoluto e atemporal. O teste da tecnologia era não somente que ela liberava novas energias, mas também que possibilitava um retorno aos princípios fundamentais e a-históricos da arquitetura, como foi exemplificado nos grandes períodos "clássicos" — períodos calmos em que os meios disponíveis eram exatamente iguais aos fins desejados.

A teoria da arquitetura apresentada nos artigos de Le Corbusier em *L'Esprit Nouveau*, no início da década de 20, era, na verdade, uma tentativa de fundir dois pontos de vista contraditórios — um que provinha da tradição do pensamento clássico do século XVII e outro do historicismo idealista alemão. De acordo com o primeiro, o valor arquitetônico repousa sobre princípios eternos e na lei natural, e as várias modificações técnicas às quais tal valor é historicamente sujeitado são vistas como irrelevantes para sua essência. De acordo com o segundo, o valor arquitetônico está relacionado com sua posição na história, e não depende de nenhum princípio que possa ser estabelecido *a priori*. Nesse caso, a tecnologia deve aparecer como uma das partes essenciais da arquitetura, já que não se pode estabelecer nenhum valor arquitetônico independentemente de sua aplicação empírica em determinada época e lugar. Enquanto que o primeiro qualifica o valor do exemplo com uma crença no poder universal da razão, o segundo descarta o exemplo e o

162

substitui por valores imanentes que surgem da realidade histórica em que estão arraigados.

Nos artigos de Le Corbusier em *L'Esprit Nouveau*, há um conflito irresoluto entre esses dois pontos de vista — um conflito em que o arquiteto e o engenheiro aparecem como protagonistas que desempenham vários papéis. Apesar de as obras do engenheiro serem necessárias para refletir a subjacente ordem matemática do universo, o engenheiro também é visto como um representante das forças cegas da história e como alguém que trabalha em busca da solução de problemas práticos. Suas obras constituem a mais alta realização coletiva da humanidade e tendem à organização racional da sociedade. Por outro lado, é precisamente o fato de o engenheiro não estar conscientemente preocupado com valores e de não possuir ideologia que o impossibilita de substituir o artista-arquiteto, cuja tarefa é satisfazer uma demanda por imagens do ideal. É assim que Le Corbusier justifica o papel do artista-arquiteto em uma sociedade industrial e determina o trabalho do arquiteto como simultaneamente uma obra de tecnologia e uma obra de arte. Apesar de o arquiteto e o engenheiro empregarem diferentes meios e terem diferentes intenções, ambos trabalham a favor da mesma finalidade histórica; a arquitetura não pode ignorar a tecnologia, como o fez no século XIX. Portanto, encontramos em Le Corbusier uma dupla afirmação. De um lado, ele invoca o destino histórico e exige um comprometimento total com a tecnologia e, em última análise, com o estado tecnocrático. De outro, mantém-se fiel à idéia do arquiteto como sujeito criativo que transforma tecnologia em arte, produção material em ideologia.

Pablo Picasso
Natureza-morta com violino e frutas, 1912. Philadelphia Museum of Art, coleção A. E. Gallatin.

As estimativas do valor da arquitetura de Le Corbusier inevitavelmente tendem a oscilar entre os dois pólos que ele mesmo estabeleceu, dependendo de ser a atenção voltada para sua utopia tecnocrática ou para seus edifícios e projetos como uma parte de uma tradição arquitetônica de vanguarda, porém autônoma. É possível — e legítimo — ver sua arquitetura, como se vê a pintura, música e literatura de vanguarda do século XX, como o produto de uma relação entre o sujeito criativo e um mundo objetivo, mundo este constituído tanto por uma tradição artística internalizada quanto pela realidade externa. Essa relação não se funda em nenhuma definição *a priori* do ideal ou em nenhuma noção limitadora da forma artística. Rejeitar seu trabalho por ele ser, assim, atribuído à liberdade criativa e porque sua referência à tradição é oblíqua e redutiva seria equivalente a rejeitar toda a tradição do modernismo. Se, ao contrário, aceitarmos o ponto de vista do modernismo, o papel que a tecnologia desempenha nas obras de Le Corbusier aparece como um meio para a liberdade artística, para a abertura de novos mundos de significado estético. Sua relação com a utopia social é, então, "fraca", no sentido aplicável a outras formas artísticas de vanguarda. Isso explica o permanente valor atribuído à estética arquitetônica de Le Corbusier — uma valoração que freqüentemente existe juntamente com uma total rejeição de seu ponto de vista de uma sociedade dominada pela tecnologia e a política quase fascista que esse ponto de vista acarretava. Contudo, por mais compreensível — e mesmo inevitável — que essa qualidade crítica dupla possa ser, ela corre o risco de reduzir a obra de Le Corbusier a uma espécie de "música de câmara" e de se concentrar em obras avulsas cuja relação sistemática umas com as outras e cujo conteúdo social e político venha a ser convenientemente ignorado. Estaríamos, no entanto, perdendo a qualidade essencial da obra de Le Corbusier, se ignorássemos o fato de que cada projeto era, separadamente, não somente um objeto em si mesmo, como também um fragmento de uma totalidade mais ampla, assumindo seu papel em todo um sistema. Esse sistema também não era "artístico" em um sentido formalista estreito: fundava-se em uma reinterpretação da relação histórica entre a arquitetura e o âmbito social. Por mais que nosso juízo da obra de Le Corbusier tenda a essa compartimentalização, seu trabalho deve ser visto como uma totalidade, já que suas suposições gerais esclareciam suas partes menores.

A dicotomia entre a engenharia e a arquitetura apresentada em *L'Esprit Nouveau* é sintomática de uma tendência dialética que permeava toda a teoria e prática de Le Corbusier, em que inúmeras oposi-

ções ou são declaradas ou estão implícitas: ordem/desordem; harmonia platônica/contingência; mente/organismo; forma/estrutura; simetria/assimetria. Apesar de ter adquirido uma nova urgência pela necessidade de assimilar o espírito do idealismo historicista e acomodar as forças conturbadoras da tecnologia, essa dialética pertence essencialmente a uma tradição do século XVIII. Ela está totalmente ausente da teoria e prática dos arquitetos holandeses e alemães do movimento moderno. (Não é por acaso que Le Corbusier citou Laugier em apoio a suas idéias sobre o planejamento urbano.)

A relação entre essa dialética recorrente e os princípios formais de sua arquitetura pode ser vista mais claramente se compararmos os princípios estabelecidos nos primeiros capítulos de *Por uma arquitetura*, compilados dos artigos de *L'Esprit Nouveau*, e suas casas da década de 20. O classicismo inerente ao conceito de arquitetura de Le Corbusier é imediatamente aparente em sua definição dos três parâmetros do desenho — volume, superfície e planta. É o volume que estabelece a experiência primária dos sólidos geométricos vistos à luz. Porém, é a superfície que limita o volume que, falando no sentido exato, constitui a arquitetura, já que a superfície deve conter aberturas referentes à organização prática do edifício. Há, assim, uma transição direta a partir da pura forma geométrica, que se desvia do papel tradicional da estrutura e de sua representação simbólica. A estrutura, no sistema de Le Corbusier, é um esqueleto encoberto que simplesmente fornece uma ordem

Le Corbusier, *Natureza-morta com pilha de pratos*, 1920. Kunstmuseum, Basiléia.

oculta e implícita. A superfície deve ser "padronizada", mas de tal maneira que preserve a qualidade unitária do volume e sem a ordem fornecida por um módulo estrutural clássico. O cubo puro e a grade regular fornecem uma disciplina na qual o tamanho, a posição e o grau de penetração dos espaços vazios podem ser determinados pela improvisação, seguindo as sugestões da planta.

Em todas essas prescrições, há um tema dialético comum. A liberdade e improvisação e o determinismo técnico não são apresentados como absolutos, como o são, respectivamente, na arquitetura expressionista ou *sachlich*. São vistos como portadores de significado somente dentro de um contexto ordenado e ideal, e em relação a um terreno — seja esse terreno estabelecido pela grade racional ou pelo volume platônico. A sintaxe formal de Le Corbusier é, portanto, fundamentada em princípios similares aos que foram desenvolvidos pela psicologia da *Gestalt* e envolve o estabelecimento do mesmo campo espacial controlado que existe na pintura cubista. A pintura e a arquitetura transformam uma "realidade" putativa em um mundo virtual cuja realidade é tanto fenomenal quanto tautológica. Nas casas em Garches e Poissy, há uma constante ambigüidade, pois o cubo do edifício é simultaneamente afirmado e negado, criando uma tensão estética que a mente tenta constantemente resolver.

A analogia entre as casas de Le Corbusier e sua própria pintura purista é muito mais literal e figural do que a analogia com o cubismo

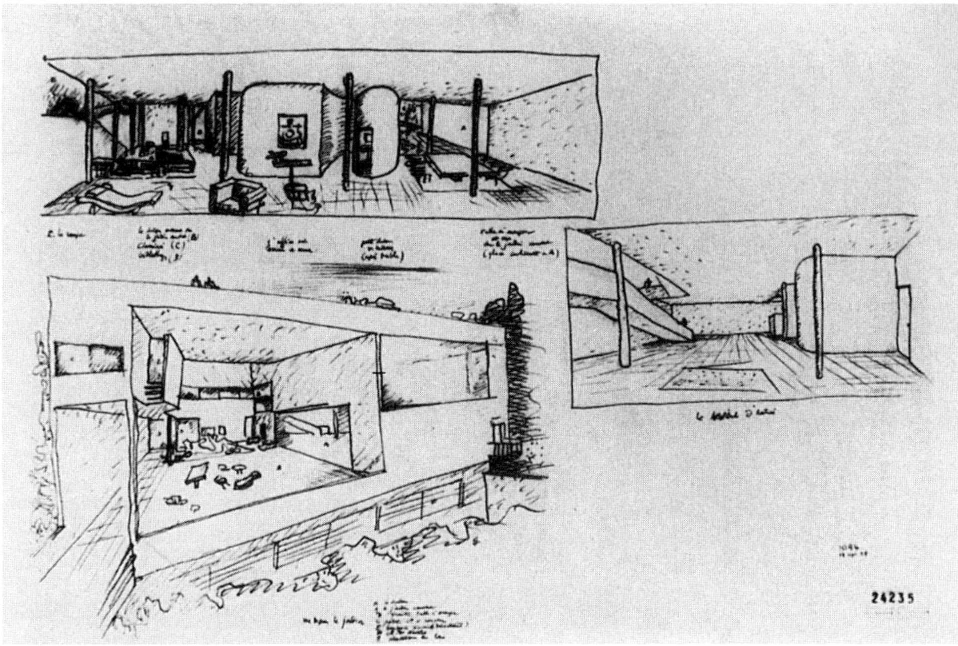

Le Corbusier
Projeto para a Villa Ocampo, Buenos Aires, 1928.

 como um todo. Em ambos os casos, uma estrutura "platônica" regular define um campo em relação ao qual inúmeros objetos são dispostos — garrafas, copos, cachimbos, na pintura; escadarias, banheiros, corredores, *closets*, nas casas. Objetos e espaços normalmente assumem a forma de recipientes ocos cujas superfícies curvadas convexas se projetam no campo neutro e a ele se conectam. Ao considerar esse sistema figural, a análise formal precisa dar espaço a uma análise de conteúdo e significado. A disposição de volumes arquitetônicos somente poderia ter uma analogia direta com um tipo de pintura: a *natureza-morta*. Os objetos de uma natureza-morta não somente são suscetíveis a um alto grau de abstração sem perder a capacidade de serem reconhecidos (uma propriedade essencial do cubismo que o distingue da pintura abstrata), mas também possuem certa variedade de conotações que os relacionam ao conteúdo de uma casa. Como Meyer Schapiro apontou,[3] os elementos de uma natureza-morta pertencem a uma classe de objetos íntimos, domésticos e burgueses cujo significado é decorrente, em primeiro lugar, de sua dependência da ação e propósito humanos. Além disso, os objetos de uma natureza-morta não guardam uma relação espacial fixa uns com os outros (ao contrário, digamos, das peças de uma máquina ou dos protagonistas de uma cena alegórica). Eles podem ser dispostos como for desejado e, portanto, representam a noção de liberdade do artista. A liberdade de disposição dos objetos determinada pela tecnologia, sobre a qual Le Corbusier insistia, é análoga a essa liberdade da pintura, e o

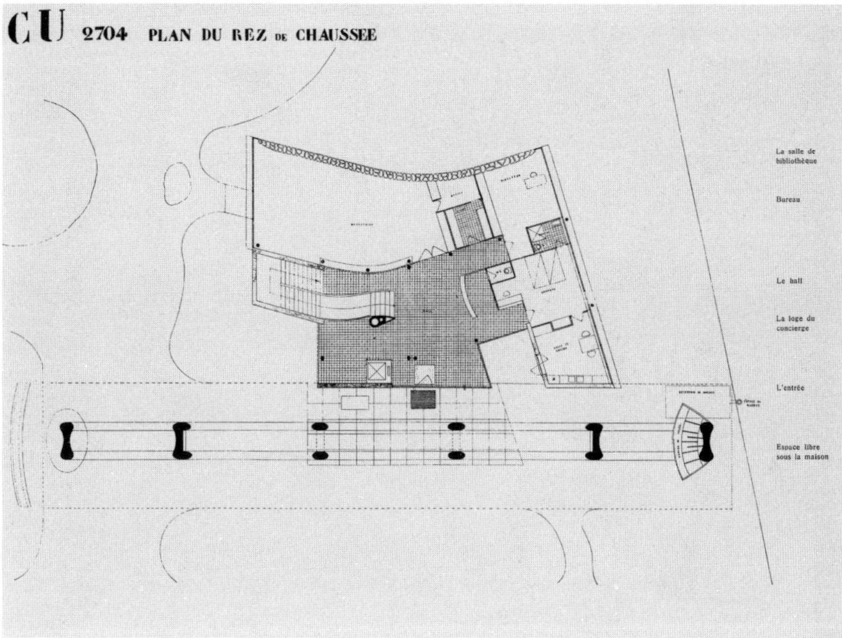

Le Corbusier
Pavilhão Suíço, 1932. Planta baixa principal.

relaciona a uma tradição do século XIX que libertava o artista da responsabilidade de fazer declarações públicas e o tornava o mestre de um domínio privado da sensibilidade. Mantendo as devidas proporções, os volumes sólidos das casas "puristas" de Le Corbusier correspondem aos objetos de suas pinturas tanto em sua flexibilidade de disposição quanto em suas funções e conotações. No tradicional *hôtel particulier*, do qual as casas corbusianas são um tipo de inversão, esses espaços humildes e íntimos eram ocultados no espaço entre os aposentos principais. Nas casas de Le Corbusier (em que não há mais nenhum segredo doméstico), eles tornam-se os principais elementos da organização plástica. Interagindo com o campo espacial e inundados por uma luz neutra e uniforme, sugerem uma vida doméstica de revigorantes atividades informais, porém significativas e de contínuo estímulo estético.

Nos seus artigos em *L'Esprit Nouveau* e em suas casas da década de 20, pode-se dizer que Le Corbusier estabeleceu os fundamentos de sua estética arquitetônica e projetou um novo estilo de vida privada. Assim como no caso de inúmeros outros arquitetos do movimento moderno, a residência burguesa privada era o laboratório experimental em que muitas das idéias fundamentais de uma nova arquitetura foram desenvolvidas. Nos últimos anos, a atenção crítica tendeu a se concentrar nessa fase de exploração formal, mas, se observarmos a influência de Le Corbusier em um arco de tempo mais abrangente, veremos que nem sempre foi dessa maneira. No período imediatamente posterior à Segunda

Le Corbusier
Mulher deitada, corda e barco com porta aberta, 1935. Kunstmuseum, Basiléia.

Guerra Mundial, quando as condições objetivas da reconstrução e do capitalismo do estado de bem-estar social pareciam momentaneamente confirmar o conceito de Le Corbusier de tipos arquitetônicos de uma nova ordem social, seus edifícios públicos maiores foram o principal objeto de atenção. Entre eles, é necessário estabelecer uma distinção entre os edifícios públicos individuais, projetados como entidades contidas em si mesmas e que pareciam estabelecer um abrangente repertório tipológico, de um lado, e os conjuntos habitacionais de massa e o urbanismo, de outro. Na década de 20, as pesquisas de Le Corbusier sobre residências privadas repetíveis (a "célula" a partir da qual a totalidade da arquitetura deveria crescer) e a cidade andaram de mãos dadas, sublinhando o quanto "o problema da habitação" era visto como coextensivo ao problema da cidade moderna. Se excluírmos os edifícios de escritórios que formam o núcleo comercial da cidade, os edifícios públicos não desempenham um papel maior em seus planos urbanos do que desempenhavam nos planos muito menos abrangentes de Ludwig Hilberseimer, Walter Gropius ou Ernst May. Contudo, na década de 20 e no início da década de 30, Le Corbusier desenhou vários edifícios públicos para serem injetados em uma malha urbana preexistente — edifícios cuja relação com seus planos de cidade ideal permanecia ambígua. Entre os mais significativos desses projetos estava o Abrigo do Exército da Salvação e o Pavilhão Suíço em Paris; o edifício da Liga das Nações em Genebra; o edifício comercial Rentenanstalt em Zurique e o edifício

Centrosoyus em Moscou. Pelo menos parte do fascínio que esses projetos geravam para arquitetos e escolas de arquitetura nas décadas de 40 e 50 repousa sobre o fato de que eles ofereciam soluções totalmente novas a problemas caracteristicamente modernos, enquanto que, ao mesmo tempo, podiam ser assimilados aos princípios compositivos da École des Beaux-Arts. Sua inovação estava na exploração da liberdade proporcionada pela construção moderna e em sua assimetria e flexibilidade de articulação. Porém, esses novos elementos que reinterpretavam radicalmente a sintaxe formal tradicional da arquitetura eram sujeitados a um procedimento mais ou menos tradicional, e isso parecia dar uma nova vida à arquitetura e justificar a declaração de Le Corbusier de que os valores perenes da arquitetura eram compatíveis com a aceitação das técnicas e formas mais inovadoras. Um elemento surpreendente desses projetos era seu desprendimento físico do ambiente imediato, mas essa qualidade provavelmente não pareceria estranha aos arquitetos que estivessem familiarizados com os projetos Beaux-Arts da virada do século. Tais projetos eram freqüentemente caracterizados pela complexidade programática e pelo simbolismo público e eram projetados para locais imaginários e sem nenhum contexto. Eles estabeleciam um tipo de *raison d'être* para o "arquiteto-como-compositor", operando sobre uma tábula rasa em que a equação do século XIX "Função: Forma" poderia ser claramente assegurada. Embora a maioria desses projetos de Le Corbusier, ao contrário dos projetos Beaux-Arts, fossem, na verdade, adaptados a severas restrições do terreno (e deverem muito de seu brilhantismo a esse fato), eles eram, todavia, pensados como entidades completas, como *Gestalten*, quebrando a continuidade do tecido urbano (Abrigo do Exército da Salvação, Centrosoyus, Rentenanstalt) ou colocados como objetos em um campo tenuamente definido (Pavilhão Suíço).[4]

A natureza flexível e ativa dessas composições está claramente vinculada à noção de máquina, com suas peças articuladas — uma característica ainda encontrada nas máquinas, automóveis, aviões e navios da década de 20 — e, como em tais máquinas, as peças separadas tendem a ter sua própria independência simétrica e figural.

Uma outra característica de muitos desses projetos é a interpenetração de volumes, um tipo de "simultaneidade" possibilitada pela elevação do volume principal sobre pilotis e pela constituição de uma versão da "planta livre" que permite que o andar térreo (recepção, portaria, salões públicos etc.) seja desenvolvido em um eixo diferente do eixo dos andares principais, com suas subdivisões celulares regulares. Tanto quanto as casas da década de 20, esses projetos conformam-se sistematicamente aos cinco pontos — pilotis, terraço-jardim, planta livre, fachada livre e *fenêtre en longueur* — e os exploram de inúmeras maneiras.

Por mais forte que possa ter sido a influência dos edifícios públicos de Le Corbusier das décadas de 20 e 30 sobre os arquitetos do período

Le Corbusier
Projeto para a residência M. Errazuriz, Chile, 1930. Vista do interior.

imediatamente pós-guerra, seu próprio trabalho após a guerra, porém, mostra uma mudança de direção significativa. A evidência mais contundente disso é a mudança de formas cristalinas e do detalhamento preciso decorrentes do uso de superfícies suavizadas e cortinas de vidro e aço, das quais toda sugestão de substância material fôra abstraída, para o uso maciço de formas esculturais, superfícies táteis e um detalhamento grosseiro associado ao uso de concreto aparente, tijolos e madeira. Apesar da causa imediata dessa mudança ter sido, sem dúvida, a escassez de aço no pós-guerra na Europa, ela também parece ter sido o resultado de uma mudança de atitude já manifesta em seu trabalho na década de 30. Pode-se fazer essa inferência não somente devido à introdução em suas pinturas da década de 30 de "objetos de reação poética" — *objets trouvés* orgânicos e a figura feminina —, mas também em razão do uso de materiais locais em seus edifícios — particularmente em uma série de casas que projetou para áreas rurais (a casa Errazuriz, projetada, mas nunca construída, para o Chile, a casa de Mandrot em Le Pradet e a casa em Mathes).

A perda da crença de Le Corbusier na aplicação de técnicas industriais à arquitetura data de um momento consideravelmente anterior à guerra e parece ter sido o resultado de seu próprio fracasso em despertar o interesse do governo ou dos industriais pela produção de conjuntos habitacionais de massa. Deve-se mencionar aqui que o conceito de padronização e racionalização de Le Corbusier era significativamente dife-

Le Corbusier
Villa Le Sextant,
Les Mathes, 1935.
Perspectiva.

rente do conceito dos arquitetos alemães do movimento moderno, como foi exemplificado no programa de habitação empreendido em Frankfurt sob a direção de Ernst May. Enquanto que para May e seus colaboradores o problema era chegar ao apartamento mínimo mediante a padronização de habitações como uma série de tipos fixos, para Le Corbusier o problema era padronizar apenas certos elementos com funções extremamente específicas, que se enquadrassem na categoria de "equipamento", e deixar o arquiteto livre para dispor esses elementos de acordo com princípios artísticos e dentro de um envoltório que não precisasse ser determinado *a priori*. Isso acarretava um tipo de "patente" do arquiteto em todo o projeto e sujeitava o processo pragmático de racionalização a decisões por parte do artista-arquiteto, assimilando (como em sua teoria) a suposta racionalidade do processo de produção a uma vontade artística que tudo abarca. É somente à luz da noção de Le Corbusier de um ideal espiritual dominante que daria direção ao processo industrial (realizado pelo homem de "destino medíocre") que podemos explicar como foi possível para ele abandonar, na década de 30, um racionalismo internacionalista, imbuído de significado platônico, por uma crença renovada no primado do "coração" sobre o "intelecto" e um retorno a conceitos de muitas maneiras similares às idéias vitalistas e regionalistas de sua juventude em La Chaux-de-Fonds. A mudança é claramente vista em sua carta a Karel Teige, de 1929, em que ele refuta as idéias deterministas dos arquitetos de esquerda da Nova Objetividade.[5]

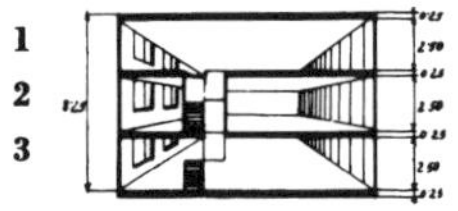

Type I

(Appartements à 6 et à 2 personnes) par travées de 5,50 m:

Nombre d'habitants	70
Nombre d'appartements	15
Nombre des rues intérieures	5
Hauteur totale du bâtiment, non compris pilotis et services communs	41,25 m
Cube total (sans services communs)	2720,00 m^3
Surface habitable	865,00 m^2
Cube des appartements	2150,00 m^3
Surface d'un appartement	57,50 m^2

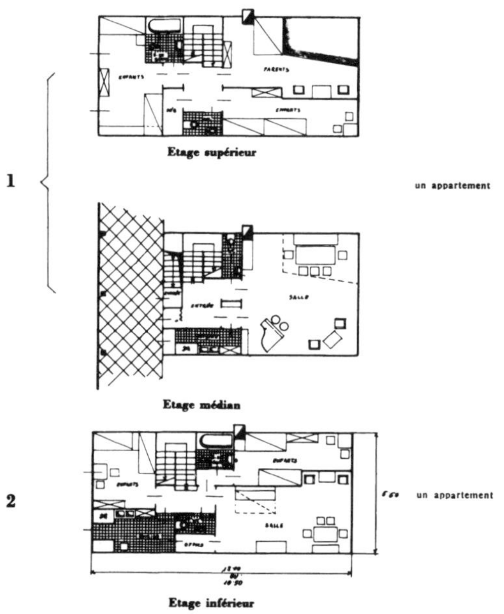

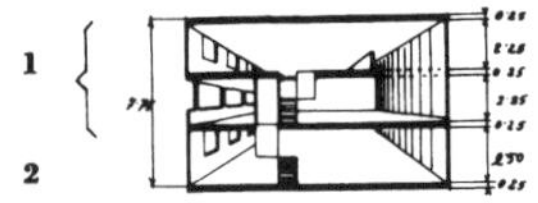

Type II

(Appartements à 6 personnes) par travées de 5,50 m:

Nombre d'habitants	60
Nombre d'appartements	10
Nombre des couloirs	5
Hauteur totale du bâtiment, non compris pilotis et services communs	38,60 m
Cube total (sans services communs)	2540,00 m^3
Surface habitable	860,00 m^2
Cube des appartements	2354,00 m^3
Surface d'un appartement	86,00 m^2

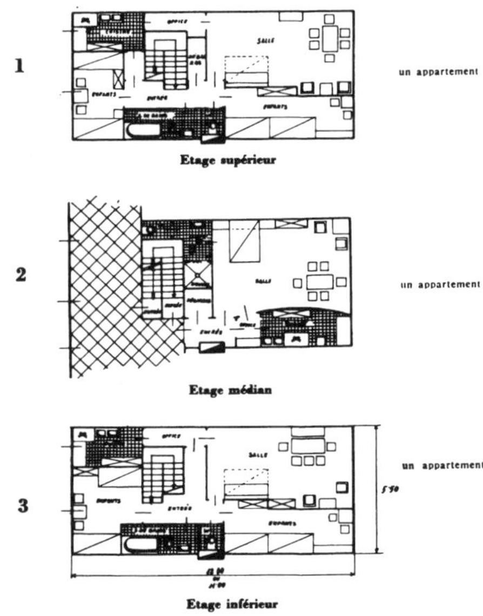

Appartements Nord-Sud

Le Corbusier

Apartamentos do *îlot insalubre* nº 6, 1937. Plantas baixas do pavimento tipo.

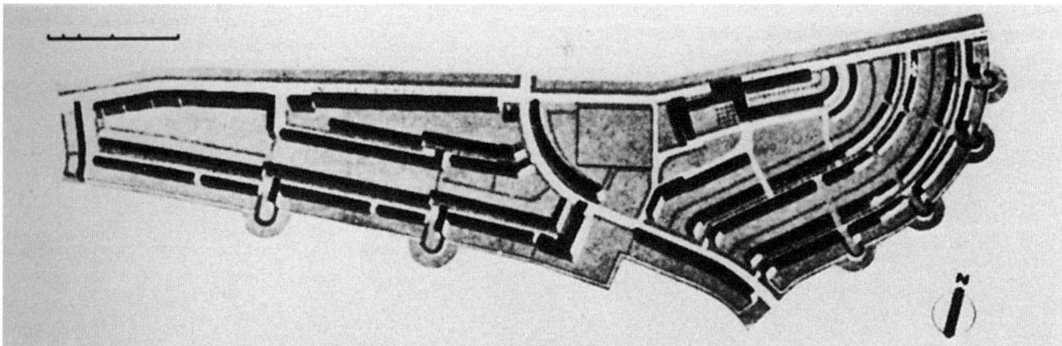

SIEDLUNG RÖMERSTADT BAUHERR: MIETHEIM A. G.

ZAHL DER WOHNUNGEN								Durchschnittswerte bei den Haupttypen für eine Wohnung				Einrichtungen z. Erleichterung d. Haushaltsführg. und Zentralanlagen
Insgeſamt	mit Raumzahl 1	2	3	4	5	6	Zubehör je Wohnung	Wohnfläche qm	Reine Baukoſten RM	Geſamtkoſt. incl. Grundſt. u. Aufſchließung RM	monatliche Miete-Belaſtung RM	
1211		240						48	Im Bau Werte ſtehen daher noch nicht feſt			
			308					66				
				226			Küche	75				Frankf. Küche
							Kammer					Haus-
				395			Bad	88				Zentralheizung u. Warmwaſſerverſorgung
				42				106				
					9			130				

Die Siedlung wurde durch die Mietheim A.-G. in den Jahren 1927/28 auf enteignetem Gelände errichtet. Der Siedlungsplan wurde von Stadtbaurat May unter Mitarbeit von Stadt. Baurat Boehm, aufgeſtellt. Der Entwurf der Wohnungsbauten erfolgte unter Verwendung von wenigen Typen, für die Bauten beiderſeits der Straßen an der „Ringmauer" durch den Architekten B.D.A. Schaupp, für die Bauten beiderſeits der Straße „Im Heidenfeld" durch den Architekten B.D.A. Blattner, für den Wohnungsblock weſtlich des Südeinganges der Siedlung an der „Hadrianſtraße" durch den Architekten BDA. Franz Schuſter, für die übrigen Teile durch Stadtbaurat May, Mitarbeiter Architekt B.D.A. C.-H. Rudloff.

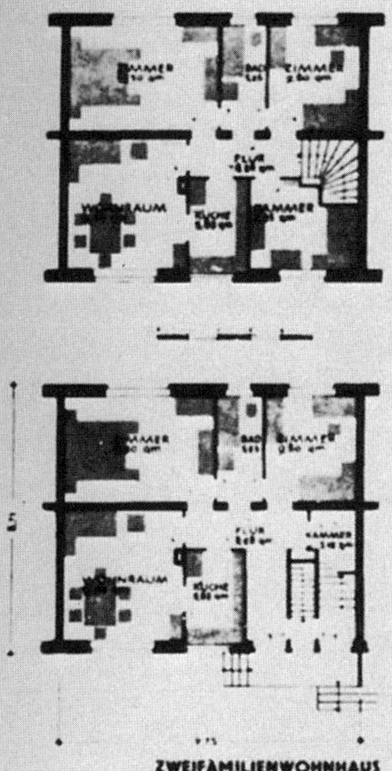

Ernst May

Conjunto habitacional Romerstadt, 1926. Em *Das Neue Frankfurt*.

Le Corbusier
Croqui da urbanização do Rio de Janeiro, 1929.

(Uma leitura mais atenta de *Por uma arquitetura*, porém, mostra que essa mudança talvez tenha sido mais uma mudança de ênfase do que de substância.) A alteração de ponto de vista também tem de ser vista em relação ao novo clima político da Europa, em que, sob a influência da depressão econômica, o otimismo internacionalista dos anos do pós-guerra deu espaço ao sentimento nacionalista e a sistemas autoritários de governo. No início da década de 30, houve uma reação geral contra a vanguarda, principalmente na Rússia e na Alemanha, onde ela havia estabelecido uma posição segura em projetos patrocinados pelo governo, e um retorno à tradição, seja ela clássica ou vernácula. A ligação de Le Corbusier com o sindicalismo francês (que, em sua crença na ação direta e seu conceito de renovação cultural, mantinha uma forte analogia com o fascismo) e seu interesse pelo desenvolvimento de culturas regionais e periféricas datam desse período. Ele não somente voltou sua atenção para projetos urbanos no Rio de Janeiro e em Argel, mas também, nesses projetos, abandonou a abordagem geométrica de seus planos de cidades anteriores em favor de um urbanismo "orgânico" e "geográfico", no qual gigantescas megaestruturas lineares seguiam os contornos naturais de uma natureza primordial e que eram estabelecidas em relação ao horizonte de montanhas e ao mar (um tema renovado posteriormente em seu projeto para o Capitólio de Chandigarh). Em Argel, esse novo conceito de forma urbana expressava uma noção romântica segundo a qual as tradições do Norte da África e francesas poderiam ser integradas, criando uma nova cultura mediterrânea — uma idéia evocativa do pangermanismo dos nacional-socialistas e que implicava uma divisão do mundo em regiões de cultura "natural". A cidade ainda é vista como o análogo visual de uma organização tecnológica, mas agora ela se torna uma extensão da natureza e é experimentada como um panorama "distante", seja do ponto de vista favorável da habitação individual ou, em uma forma mais idealizada, do ar.[6]

"A reconstrução", sob a égide do estado de bem-estar social do pós-guerra, pela primeira vez proporcionava a Le Corbusier um papel simbólico e prático que não mais dependia da projeção utópica ou da intervenção global autoritária. Não obstante, seu trabalho no pós-guerra continuou a desenvolver muitos dos temas das décadas de 30 e 40. Nesse trabalho há uma nova ênfase sobre o edifício isolado como um monumento singular estabelecido na natureza — não mais a natureza artificialmente "natural" dos primeiros planos para cidades, mas uma natureza já humanizada pelo cultivo e que continha evidências de uma tradição construtiva vernácula. Há uma tentativa — em Cap Martin, Ronchamp, La Tourette, e nos edifícios em Chandigarh e Ahmedabad, na Índia — de desenvolver idéias a partir de uma tradição "mediterrânea" generalizada, de tipologias antigas ou mitológicas, ou simplesmente do *genius loci*. As formas estereométricas puras de uma tecnologia racionalizada e platonizada dão espaço a um maior lirismo — a superfícies inclinadas, abóbadas catalãs e uma livre modelagem plástica. A estrutura de concreto agora se transforma em um tipo de *charpenterie*, sugerindo as máquinas reproduzidas na enciclopédia, sobre as quais Roland Barthes diz: "A madeira que as constitui as mantém subservientes a certa noção de *jogo*; essas máquinas são (para nós) como grandes brinquedos".[7] Enquanto na década de 20 o interesse de Le Corbusier por sistemas proporcionais havia assumido a forma de uma verificação *a posteriori* de superfícies regulares, após a guerra ela se tornou, com a publicação do Modulor, uma escala numérica que poderia conferir validade platônica aos menores detalhes e às formas mais irregulares. A tentativa era mostrar (contra toda evidência empírica) que a produção em massa e a padronização eram compatíveis com a máxima liberdade artística e, como tal, era meramente uma extensão da filosofia proposta na década de 20. Ao mesmo tempo, há um maior interesse pela regularidade matemática subjacente às formas orgânicas, fazendo uma referência a seus estudos anteriores da natureza sob a tutela de L'Eplattenier em Chaux-de-Fonds e ao neoplatonismo e ao simbolismo da década de 1890.

A manifestação mais característica do pós-guerra era a adoção quase universal do *brise-soleil*, que passou a ser a assinatura do estilo tardio de Le Corbusier, assim como foram os pilotis em seus primeiros trabalhos. O *brise-soleil* era um meio de contrapor-se à vulnerabilidade da

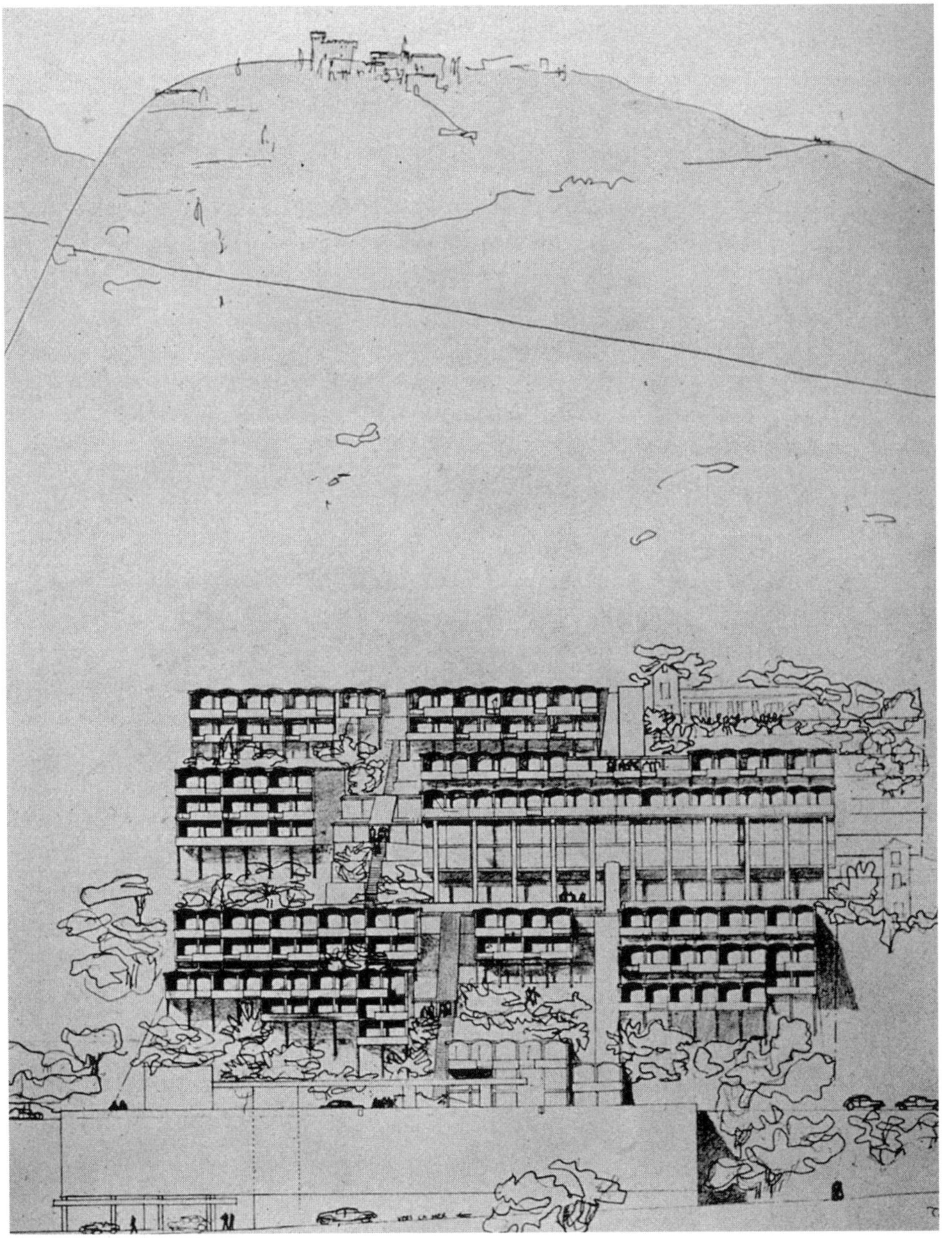

fachada totalmente envidraçada de reter calor sem ter de voltar à tradicional fachada sólida e perfurada. De uma maneira inteiramente característica à lógica dialética de Le Corbusier, a transparência ideal da parede externa não era abandonada; seus efeitos eram contrapostos pela adição de um novo elemento tectônico. Porém, o *brise-soleil* era mais do que um artifício técnico; introduzia um novo elemento arquitetônico na forma de uma parede grossa e permeável cuja profundidade e

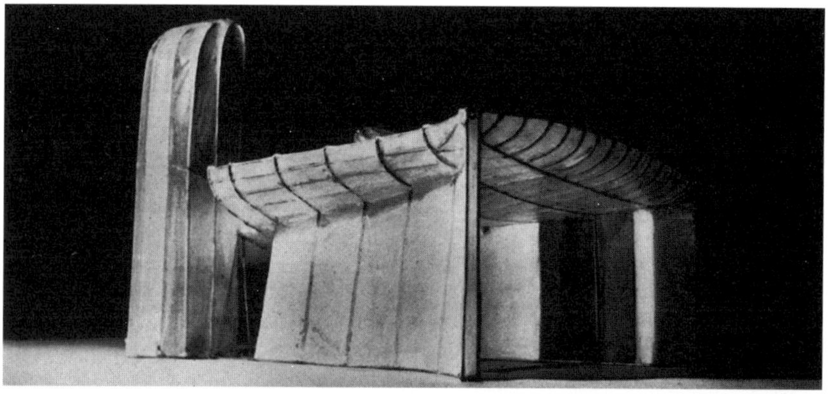

Le Corbusier
Roq et Rob, Roquebrune-Cap-Martin, 1949. Perspectiva aérea mostrando integração com a paisagem.

Le Corbusier
Capela Notre Dame du Haut, Ronchamp, 1950. Maquete.

subdivisões conferiam à fachada a modelagem e expressão edicular que havia se perdido com a supressão da janela e da pilastra. Tinha de ser visto, portanto, como um passo em direção à recuperação da tradição do monumental. Possibilitava transformar a lâmina ou a torre, como em Argel ou no Secretariado em Chandigarh, em uma forma monumental cuja superfície podia ser manipulada, criando uma hierarquia de escalas, proporcional tanto ao ser humano quanto ao edifício como um todo.

N29
13/6/52
3340
NDATION LE CORBUSIER
Nº 4364
0 1 2 3 4 5 6cm

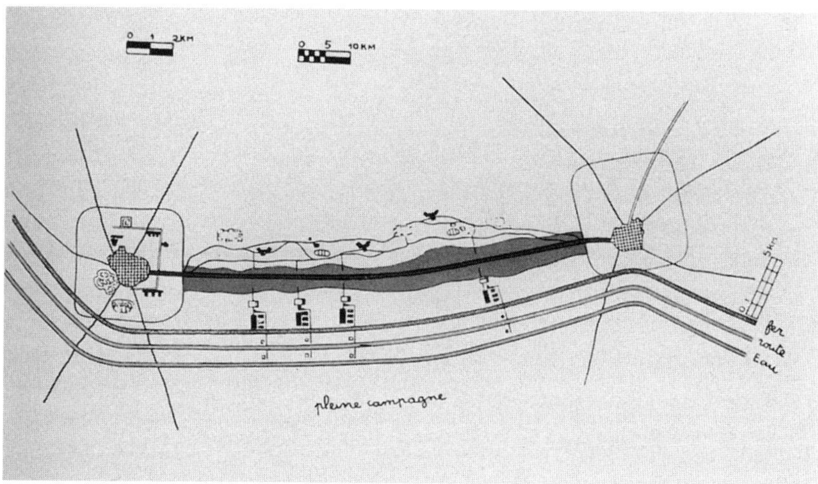

Le Corbusier
Palácio dos Moageiros, Ahmedabad, Índia, 1954.

Le Corbusier
Secretariado, Chandigarh, 1953. Estudo do *brise-soleil*.

Le Corbusier
Unidade de habitação, Briey-en-Fôret, 1956.

Le Corbusier
Cidade industrial linear, 1942.

Le Corbusier
Chandigarh, mostrando o edifício da Assembléia e o Secretariado, 1953-55.

O *brise-soleil* contribui, dessa maneira, para o isolamento do edifício individual. Mesmo na área da habitação, o desenvolvimento das unidades de habitação levou à monumentalização de um tipo que era visto, nos primeiros projetos urbanos de Le Corbusier, como parte de um *continuum*, ou como o pano de fundo para a vegetação. Ao mesmo tempo, o maior interesse de Le Corbusier pela cidade linear é indicativo não somente de uma continuação da filosofia regionalista exibida nos planos para o Rio de Janeiro e Argel, mas também da postulação de uma infra-estrutura "invisível" — agora pouco mais do que a criação de uma hipóstase mental das existentes rotas de câmbio do capitalismo industrial — que permita o desenvolvimento gradual e *ad hoc* de edifícios monumentais individuais. As unidades de habitação mostram uma permanente preocupação com o tema pré-guerra dos conjuntos habitacionais de massa, mas também refletem uma abordagem mais pragmática do estabelecimento e da disseminação da arquitetura moderna, em que o controle da racionalização econômica foi afrouxado. O objetivo da vida coletiva agora será alcançado pela criação de enormes objetos oníricos e simbólicos.

A tendência à monumentalização na obra tardia de Le Corbusier acentua o conflito inerente em sua obra entre a arquitetura como forma simbólica e a arquitetura como expressão anônima de uma sociedade coletivizada. Quanto maior era o esforço de Le Corbusier para "humanizar" a unidade habitacional em massa ou a lâmina burocrática, mais problemática tornava-se a equação entre arquitetura e tecnologia. Ao contemplar sua obra, somos forçados a desvincular nossa experiência do edifício como objeto estético de nossa idéia do nexo econômico e industrial do qual ele faz parte.

O sentido de irrealidade que isso engendra é reforçado por uma outra contradição — aquela entre a arquitetura considerada como subversão e transformação da tradição e a arquitetura como uma prática "popular", comum, fundamentada em normas técnicas. A adoção de normas viria a levar à formação de hábitos e convenções e a negar o papel iconoclástico e desfamiliarizador que a arquitetura de vanguarda havia atribuído a si mesma. Esse processo de familiarização de fato ocorreu em uma grande área da produção arquitetônica contemporânea.

O conteúdo ideológico da arquitetura de Le Corbusier foi ele mesmo subvertido pelo desenvolvimento "natural" do capitalismo e sua "recuperação" da vanguarda. Portanto, temos de ver a arquitetura de Le Corbusier como um fenômeno histórico e desobrigá-la de seu contexto ideológico original. Seu caráter subversivo faz parte de sua estética auto-suficiente e continua sendo uma experiência constantemente renovável, depois de termos visto retroceder a visão de uma sociedade totalmente renovada da qual ela originalmente fazia parte. A arquitetura de Le Corbusier pertence a uma "tradição do novo" que agora assumiu seu lugar em nosso cânone crítico.

A cisão de nossas respostas à obra de Le Corbusier sem dúvida deve algo à contradição, aparente para a sensibilidade moderna, entre os processos abstratos da vida moderna e a força mítica da arte — uma contradição da qual Le Corbusier estava muito consciente, tentando resolvê-la por meio da união da arquitetura com a engenharia. Os estudos monumentais de Le Corbusier do Rio de Janeiro, Argel e Chandigarh (onde um recém-fundado estado "liberal" podia oferecer-lhe as mesmas oportunidades que um império decadente havia oferecido a Lutyens quarenta anos antes) têm algo da grandiosidade romântica e trágica das fantasias neoclássicas do século XVIII e evocam a imagem onírica de um mundo tecnológico transformado em forma pura. Porém, as qualidades mais puramente estéticas desses projetos não-realizados ou apenas parcialmente bem-sucedidos do simbolismo nacional são, em muitos aspectos, tão notáveis quanto o são em outras de suas obras tardias — Ronchamp, La Tourette — cujos programas não mais se confrontam com o problema do poder, mas, em vez disso, se recolhem em um mundo apaziguado onde a arte e a existência social não mais estão em conflito.

Nossa ambivalência em relação a Le Corbusier reflete sua própria ambivalência em relação ao mundo moderno e é o resultado das incertezas de nossa época. Por um lado, seu conceito de tecnocracia e sua visão da arquitetura como o meio da engenharia moral e social parecem seriamente falhos. Por outro, a força plástica e a sutileza metafórica de seus edifícios — sua originalidade e certeza de estilo próprio — não podem ser negadas. E, contudo, sua incontestável grandeza como arquiteto quase não pode ser dissociada da grandiosidade de sua opinião e a impiedosa franqueza com que ele a defendia. Se de tantas maneiras Le Corbusier se iludia, sua ilusão era a do filósofo-arquiteto, para o qual a arquitetura, precisamente devido à conexão que deixa implícita entre o ideal e o real, era a expressão das mais profundas verdades. Le Corbusier ocupou um desses raros momentos na história em que parecia que a opinião do artista e a do homem de paixões convergiam para um mito coletivo.

[Publicado originalmente em *The Le Corbusier Archive*, ed. H. Allen Brooks, vol. 1 (Nova York: Garland Publishing, 1984).]

NOTAS

1. Ver Philippe Junod, *Transparence et Opacité* (Lausanne: L'age d'homme, 1976).
2. A. Ozenfant e C. E. Jeanneret, *La Peinture moderne* (Paris: Editions Crès, 1927).
3. Meyer Schapiro, "The Apples of Cézanne", in Schapiro, *Modern Art, 19th and 20th Centuries* (Nova York: George Braziller, 1978).
4. É verdade que Le Corbusier mostra dois desses edifícios (o Abrigo do Exército da Salvação e o Centrosoyus) estendendo-se como parte de um tecido urbano contínuo, similar na forma às habitações *à redents* da Ville Radieuse. Porém, como eles são menores em escala e mais diferenciados do que essas habitações, possuem com elas uma relação puramente análoga. Além disso, seu *status* como edifícios públicos seria comprometido tão logo fossem vistos como parte de um *continuum*. Ver "As estratégias dos *grands travaux*", neste livro, p. 121.
5. Le Corbusier, "In Defense of Architecture", trad. George Baird et al., *Oppositions*, 4, out. 1974, pp. 93-108.
6. Para um estudo abrangente dos vários projetos de Le Corbusier para Argel, ver Mary McLeod, "Le Corbusier and Argel", *Oppositions*, 19-20, 1980.
7. Roland Barthes, "The Plates of the Encyclopedia", in Barthes, *New Critical Essays* (Nova York: Hill e Wang, 1980).

[parte 3] **Pré-textos**

Uma maneira de ver a presente situação

As mudanças na sensibilidade coletiva freqüentemente se estabelecem insidiosamente sem o suporte de uma teoria da arquitetura coesa. (Refiro-me, é claro, a um consenso na comunidade da arquitetura, definido de maneira ampla, e não a qualquer consenso institucionalizado pelo público nem ao patronato, que, depois de sua decadência durante o século XIX, por fim desapareceu completamente.) É possível, neste momento, reconhecer certa uniformidade nos projetos exibidos nas revistas, exposições e competições européias, certas regularidades morfológicas e temáticas, que diferenciam claramente esses trabalhos dos que eram produzidos uma década atrás, ou, de modo mais geral, dos trabalhos produzidos durante a época (aproximadamente 1946-70) em que os princípios da "arquitetura moderna" eram aplicados sem ser fundamentalmente questionados. Há exceções que não são facilmente explicadas, como a da Inglaterra, onde ainda é bastante comum que as exposições consistam em grande parte em esquemas inspirados por um "mecanicismo" pitoresco. Porém, de modo geral, houve claramente um compromisso (talvez de curta duração) entre a tradição modernista e as novas idéias fundamentadas em uma reavaliação da tradição arquitetônica mais ampla do classicismo. Esse compromisso normalmente evita a citação literal desses tropos estilísticos legados pela tradição eclética, que foram condenados pelo movimento moderno. Por exemplo, ele ainda

Friedrich Weinbrenner
Koenigstrasse, Karlsruhe, 1808.

aceita a rejeição modernista do ornamento, ou pelo menos reduziu o ornamento a artifícios como a alternância de materiais e cores, que permanecem tectônicos, geométricos e não-figurativos. Porém, ao mesmo tempo, tal compromisso faz claramente uma conexão com a tradição arquitetônica por meio de temas generalizados como "coluna", "sala", "corredor", "janela", "cobertura" e está preocupado com noções de superfície, limite, simetria e diferença, todas as quais colocam em jogo a idéia dos limites da arquitetura e abrem a possibilidade do discurso arquitetônico como uma crítica, em vez de um dogmatismo. Há uma consciência de que, mesmo na vanguarda (ou principalmente na vanguarda), havia um elemento de transgressão, criando uma tensão entre uma tradição aceita e novas idéias, e de que o "significado" da arquitetura de vanguarda encontra-se precisamente no espaço entre essas duas forças. Dessa maneira, essa nova sensibilidade parece aceitar parte do reducionismo do movimento moderno. Porém, ao reconhecer que haviam ocorrido mudanças fundamentais no mundo moderno, essa sensibilidade atribui a origem dessas mudanças a um período mais remoto em relação ao presente do que se acreditava no movimento modernista propriamente dito: ao final do século XVIII, quando, pela primeira vez, surgiram dúvidas em relação à continuidade de uma tradição "orgânica" e foram feitas tentativas de se reformar a arquitetura segundo os princípios da lei natural e da razão — ambos tendo em vista a descoberta da "verdadeira" tradição e um ceticismo com relação à tradição em geral.

Giorgio Grassi, A. Monestiroli e R. Raffaele Conti
Moradia estudantil, Chieti, 1976-78.

Ao tentar dar a esse fenômeno uma estrutura teórica, seria sensato evitar hipóteses redundantes — como a que defende que a cultura européia tenha dado uma guinada errada em torno de 1800 —, hipóteses que levam em consideração apenas os aspectos "retrógrados" do pensamento do século XVIII e ignoram seus aspectos "progressistas". (Essas duas palavras são utilizadas de maneira descritiva, e não prescritiva.) Em vez disso, devemos buscar uma teoria que considere somente o que for necessário para explicar o fenômeno. Seria possível, por exemplo, argumentar que o que estamos testemunhando é uma inversão das posições assumidas na vanguarda clássica da década de 20.

Existe, neste momento, uma forte sensação de que essa vanguarda foi, de alguma maneira, "traída", que seus ideais utópicos foram distorcidos pelo próprio sucesso na esfera da construção e da expansão imobiliária. Essa traição é ora interpretada como uma traição de fato (as versões extremas dessa visão, defendidas por Claude Schnaidt e Anatole Kopp, entre outros, afirmam que o modernismo era a verdadeira expressão de um socialismo ainda não alcançado), ora, como o faz Manfredo Tafuri, como a revelação de uma cumplicidade latente entre o movimento moderno e o sistema capitalista. Segundo Tafuri, o "materialismo" do movimento moderno era a ideologia final de um processo político que não possuía mais nenhum uso para o idealismo filosófico; a atual assimilação do modernismo ao sistema é, portanto, menos uma traição do que uma exposição, em que o que permanecia de subversivo

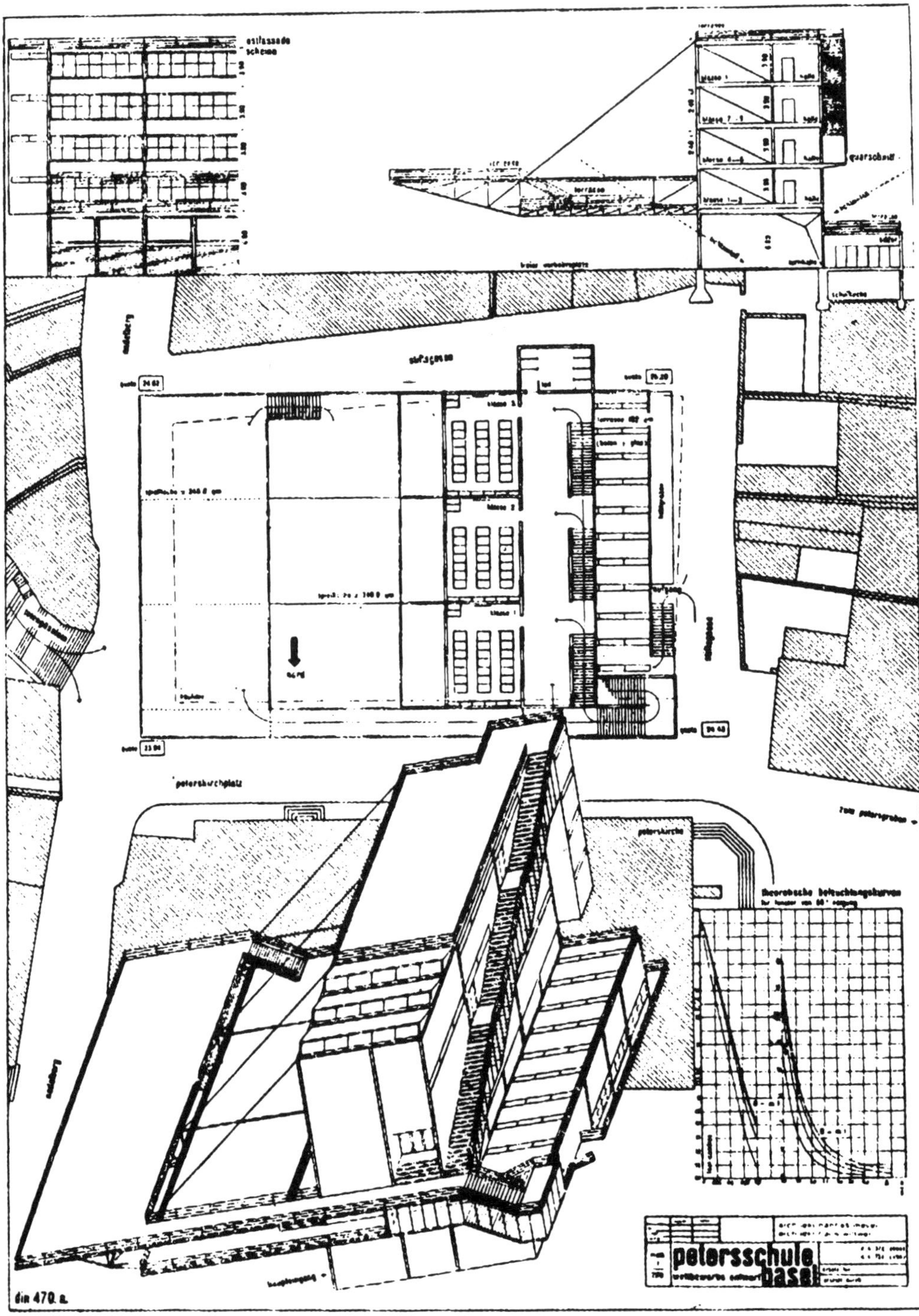
ostfassade
schema
querschnitt
petersschule
basel
din 470 a.

no impulso original agora fora dissolvido em um sistema que tudo abarcava e do qual não havia escapatória.

Podem ser vistos sinais desses argumentos em alguns pronunciamentos recentes. (Foram estes que, até certo ponto, instigaram o presente artigo.) O. M. Ungers diz que o "funcionalismo" invalidara o movimento moderno desde o início. Vittorio Gregotti responde com o argumento de que não era o funcionalismo que estava errado, mas um posterior "empirismo econômico".[1] Talvez um termo melhor, que engloba ambos os pontos de vista, seja "positivismo". O positivismo possuía seu componente progressista utópico desde o início. O problema do positivismo, entretanto, não era (*pace* Gregotti) ser ou não utópico, mas a maneira como era visto o funcionamento dessa utopia. Ao adotar uma atitude positivista, o movimento moderno aplicou à arquitetura os critérios das ciências físicas (e fazia parte do positivismo que *todos* os aspectos da cultura pudessem e devessem ser assim definidos).

A partir de um ponto de vista, o "experimentalismo" do movimento moderno tinha como propósito a libertação da arquitetura do dogma acadêmico. A teoria desse movimento moderno jamais afirmou que a arquitetura não era "nada além" de ciência e tecnologia. O que tal teoria afirmou foi que seu *principal impulso* deveria ser a *abertura* à realidade tecnológica e social. Para que isso acontecesse, foi necessário rejeitar totalmente as regras *a priori* da arquitetura. Até onde houvesse regras a serem aplicadas à arquitetura, estas deveriam ser as regras do experimento científico.

Hannes Meyer
Peterschule,
Basiléia, 1926.

Portanto, vemos no modernismo uma carga positiva e uma negativa, de alguma maneira. As regras da arquitetura correta estavam agora implícitas, não explícitas. Eram um tribunal de recurso, cujo propósito era regular o sistema arquitetônico, não provê-lo de uma constituição. Esse contrapeso dos critérios da arquitetura correta variava entre uma dialética explícita, como em Le Corbusier, e um sistema de valores suprimido e não reconhecido, como em Hannes Meyer e o grupo ABC. Mas sempre existiu.

A situação contemporânea parece ter invertido tais cargas. Enfrentando uma palpável inadequação de uma prática que recusa a formulação de princípios arquitetônicos e os deixa se elaborarem por si próprios no contexto dos critérios externos, ela busca esses princípios como uma estrutura sobre a qual se solucionariam problemas empíricos.

Não se trata da questão da "autonomia" da arquitetura — uma expressão sem sentido, já que qualquer princípio da arquitetura é vazio até que seja corporificado em uma ação, na realidade de uma situação (utilizando essa palavra nos sentidos literal e metafórico — terreno, programa, técnica).

A arquitetura propriamente dita, considerada como um conceito culturalmente definido, é meramente uma "situação" em um nível mais aprofundado do que a contingência imediata. Portanto, não é nem necessário nem possível estabelecê-la como uma entidade transcendental fora e além da contingência, uma idéia platônica que de alguma maneira age como o molde a partir do qual ela toma emprestada suas formas, em primeiro lugar. Porém, esse fato não pretende negar à arquitetura sua "idealidade" ou dizer que não mais precisamos distinguir matéria e forma. A idealidade da arquitetura (ou de qualquer arte) encontra-se em sua capacidade de exemplificar uma necessidade *a priori* que nunca pode ser dada por nenhum conjunto *específico* de condições empíricas, seja ele qual for.

Essa necessidade foi situada pelo positivismo dentro do empírico. Se é possível dizermos que a presente situação, em certo sentido, é o inverso disso, é porque agora existe uma tendência a se ver a tradição arquitetônica como aquilo que propicia à arquitetura sua constituição, apesar de ser o mundo da ação empírica que age como regulador.

[Publicado originalmente em *Casabella*, 490, abr. 1983.]

NOTA

1. Vittorio Gregotti, "Common Enemies", *Casabella*, set. 1982, p.10.

Classicismo e ideologia

O retorno de certos arquitetos aos modelos clássicos mais uma vez levantou a questão do "significado" dos estilos e de sua capacidade de encerrar atitudes políticas. É um pouco como o problema sobre se a caligrafia revela ou não o caráter do escritor. Sempre houve, porém, uma caligrafia "normativa", ensinada na escola, em comparação à qual se pode avaliar qualquer variante individual. Um critério duplo semelhante sempre atormentou o problema do classicismo na arquitetura: a tradição clássica possui um valor estético a-histórico ou está limitada a uma história específica e, portanto, a um conjunto específico de inevitáveis conotações políticas?

A discussão deriva, em última análise, do conflito entre as idéias do século XVIII sobre o homem universal e a lei natural e as do historicismo do século XIX, que via todos os sistemas culturais e seus correspondentes artefatos como relativos à sua posição na história. Porém, o historicismo não resultou meramente no relativismo cultural; ele acarretou o que se pode chamar de uma "inversão de paradigmas". O classicismo não somente teve seu *status* a-histórico negado, mas, exatamente devido às suas pretensões absolutistas, também adquiriu um novo conjunto de conotações negativas, identificando-se com a dominação de classes e o governo autoritário. Essa visão negativa do classicismo foi uma das molas propulsoras da vanguarda dos séculos XIX e XX, segundo

192

Bertram Goodhue
Capitólio do Estado
de Nebraska,
Lincoln, Nebraska,
1924.

Albert Speer

Pavilhão alemão da Exposição Internacional em Paris, 1937.

a qual a arquitetura não deveria limitar-se a um conjunto de regras estilísticas, mas sim ser um reflexo "livre" e "espontâneo" da vida.

O formalismo e o estruturalismo demonstraram que todos os fenômenos culturais são governados por regras e que, portanto, a idéia de uma arquitetura "natural" é necessariamente falsa. Parece inevitável que, mais cedo ou mais tarde, esse ponto de vista gravitaria em direção ao sistema da arquitetura que é explicitamente fundamentado em regras — o classicismo.

Ao mesmo tempo, seria de se supor que tal retorno deveria ser cético em relação à própria pretensão do classicismo de ser fundamentado na natureza. O classicismo, interpretado de uma nova maneira, obteria seu prestígio mais de sua insistência de que a arte funda-se na mediação de convenção e de tipo do que na crença de que uma tipologia de formas possui, essencialmente, algum *status* ontológico.

Na verdade, os proponentes contemporâneos do classicismo, como Leon Krier, tendem a fundamentar sua preferência mais na beleza evidente por si mesma e na humanidade da tradição clássica do que nas crenças cosmológicas do século XVI.

O classicismo passou a desempenhar um novo papel em que a admiração passiva da arte do século XVIII, tão característica do século XX, foi convertida em uma arma ativa contra um "naturalismo" putativo

que não possui nenhuma defesa contra a moderna sociedade de consumo. Se nos lembrarmos do freqüente recurso do próprio movimento moderno aos modelos de ordem, proporção e "desornamentação" do século XVIII, não podemos deixar de ver as tendências neoclássicas contemporâneas como fenômenos intimamente relacionados, apesar de não mais estarem vinculados à noção histórica de progresso e conformidade com o *Zeitgeist*. Em ambos os casos, uma cultura de minoria tenta destruir a hegemonia dos valores "materialistas" e filisteus. A primeira tentativa falhou, pois, obcecada com a analogia entre o racionalismo do Iluminismo e o racionalismo da produção moderna, foi rapidamente absorvida pelos modos capitalistas de produção, distribuição e consumo. A segunda tentativa, pelo que se discute, é à prova de tal absorção por ser destituída de todas as considerações do progresso material. Dessa maneira, o que até esse momento agia no século XX como um ideal contracultural expresso segundo padrões de consumo passivo (monumentos, concertos de música do século XVIII, exposições, instrução educacional "de fundo") agora é postulado como um modo ativo de prática artística.

A própria possibilidade dessa inversão repousa sobre o profundo ecletismo da cultura moderna, em que diferentes paradigmas culturais existem lado a lado em diferentes níveis de discurso. Nada poderia mostrar mais claramente a "arbitrariedade" do signo estético tal como ele opera no século XX.

Portanto, qualquer tentativa de vincular o classicismo a determinada ideologia ou prática política deve necessariamente aparecer como apenas uma entre inúmeras possíveis interpretações. Um exemplo disso é a conexão dos revivalismos clássicos com os regimes totalitários da primeira metade do século XX e a atribuição de culpa por associação. Pode-se facilmente mostrar que a preferência desses regimes pelo classicismo para o estilo dos edifícios públicos era apenas um caso especial de uma tendência cultural mais ampla compartilhada da mesma maneira tanto por regimes totalitários quanto liberais. Mesmo se admitirmos que seu uso nas democracias liberais foi freqüentemente associado a sonhos imperialistas (o movimento City Beautiful, a Nova Delhi de Lutyens), não podemos negar que a admiração (se não a prática) da arte clássica foi um elemento de todos os grupos (mesmo os mais politicamente radicais) que tentaram manter "padrões culturais". No que diz respeito a esse fato, o pensamento cultural avançado no século XX é completamente diferente de seu equivalente em meados do século XIX. A volta aos paradigmas clássicos na arquitetura na virada do século XX, relacionados ao movimento neokantiano na filosofia e na história da arte, era um evento complexo que envolvia todo o espectro político. Era igualmente capaz de servir ao imperialismo comercial norte-americano, britânico e prussiano e às aspirações da social-democracia na Escandinávia. Era igualmente vinculado à retórica do "estadismo" e à tradição vernácula.

Os fatos sugerem que o classicismo não pode ser identificado objetivamente com nenhum conteúdo ou ideologia específicos, mas que, em vez disso, é uma tradição arquitetônica capaz de atrair uma multidão de significados diferentes e contraditórios para dentro do mesmo amplo ambiente cultural.

Todos os retornos ao classicismo indubitavelmente possuem uma noção em comum: a idéia de que é impossível criar uma linguagem arquitetônica *ex nihilo*. Porém, há uma outra idéia que todo momento de neoclassicismo compartilha, que é a da existência de uma única tradição normativa na arquitetura européia. Quaisquer que sejam as táticas imediatas de sua motivação, o neoclassicismo sempre foi um retorno a essa tradição normativa — uma tradição que de uma vez por todas estabeleceu os limites da arquitetura como uma arte.

Parece haver duas maneiras pelas quais essa idéia apareceu no século XX. Seu aparecimento pode supor que o classicismo é uma tradição figural cuja recuperação envolvia a noção de imitação, mesmo se fosse permitido a essa imitação certo grau de licença. É nesse sentido que devemos interpretar fenômenos tão variados quanto o neoclassicismo escandinavo das décadas de 20 e 30, o classicismo dos regimes socialista e fascista tradicionais e o de certos arquitetos contemporâneos, notavelmente Leon Krier. O significado do classicismo aqui não pode ser separado da noção de sua "reprodutibilidade". Diferentemente, ele pode aceitar as técnicas e programas construtivos modernos como determinantes, em algum sentido, e interpretá-los mediante princípios clássicos. Nesse caso, o significado de classicismo é ou abstrato ou a-histórico, ou, no que se refere ao classicismo figural, conta com elipses e ironias (como em certas colunas e frontões na obra de Aldo Rossi, que permanecem como lapsos de memória desconexos e enigmáticos que se recusam a ser integrados como uma sinédoque).

De fato, parece que o classicismo contemporâneo pode ser avaliado segundo a medida em que o arquiteto confere ironia ao problema de relacionar o mundo moderno aos valores do passado.

[Publicado originalmente em *Casabella*, 489, mar. 1983.]

Regionalismo e tecnologia

Recentemente houve, mais uma vez, demandas por um novo regionalismo na arquitetura. Elas incluem (para tomar apenas dois exemplos provenientes da América do Norte) desde a crença de Robert Stern na possibilidade de um regionalismo norte-americano que fizesse uso das tradições étnicas até a promoção de Kenneth Frampton de um "regionalismo crítico", em que o que é celebrado parece ser mais a *perda* da autenticidade do que seu resgate. Porém, assim como as filosofias regionalistas que brotaram da ideologia do modernismo nas décadas de 30 e 50, suas correlatas recentes fundam-se todas na idéia de uma volta (seja ela redutível aos modos retóricos do cômico ou do irônico) a uma arquitetura artesanal que de alguma maneira simboliza a "essência" cultural sufocada pela tecnologia universal. Esse impulso possui uma genealogia surpreendentemente antiga, chegando ao movimento romântico na época das Revoluções Francesa e Industrial. Sugere um tipo de bloqueio histórico em que os termos da mesma discussão ocorrem recorrentemente sem nenhuma mudança substancial. Todos os regionalistas parecem falar com as vozes dos irmãos Schlegel e de Pugin.

Porém, há um outro fenômeno que pode ser igualmente chamado de "regionalismo", que nada tem a ver com qualquer utopia vernácula ou qualquer crítica do industrialismo. Esse regionalismo existe como parte das ideologias inconscientes subjacentes à prática corrente e está

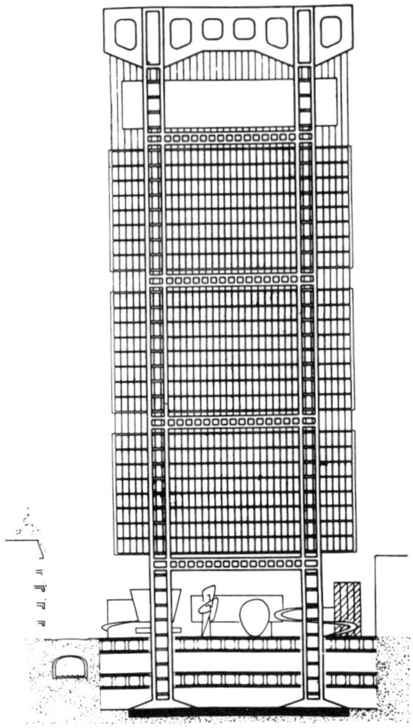

ligado à atual situação político-econômica cujas modalidades estão apenas indiretamente relacionadas com qualquer cultura supostamente nativa. É o resultado de uma complexa interação entre o capitalismo internacional moderno e as várias tradições nacionais arraigadas em instituições e atitudes. Não devemos esperar encontrar, nesse tipo de regionalismo, nenhuma diferença fundamental de tipo, ou sobrevivências completas. Em vez disso, ele se manifesta na forma de nuanças.
Os materiais da cultura são similares em todos os casos, mas cada país tende a interpretar esses materiais de maneira um pouco diferente.
É exatamente devido ao fato de os ingredientes da arquitetura contemporânea serem tão similares em todo o mundo "desenvolvido" que as pequenas diferenças de interpretação às quais eles são submetidos em diferentes países são tão interessantes. Nem é preciso dizer que o tipo de regionalismo ao qual me refiro nada tem a ver com as antigas "regiões de cultura" atribuídas a características étnicas, clima, língua e assim por diante. Suas áreas de demarcação, ao contrário, são as divisões mais óbvias e banais do mundo político moderno, em que o estado-nação é uma realidade. É um regionalismo fundamentado na política. Parece curioso o fato de que sempre que o regionalismo é mencionado, ele nunca esteja referido a essas regiões óbvias do mundo político, mas a alguma entidade imaginária cujo valor é desviar a atenção das realizações mais típicas do século XX. Se esse fenômeno pode ser chamado de utopia, o novo e existente regionalismo está mais para uma patologia.

Amancio Williams
Edifício de escritórios suspenso, 1948.

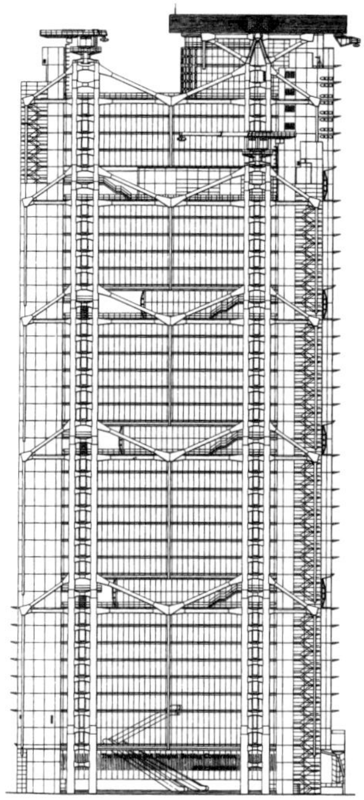

Norman Foster
Sede do banco HSBC, Hong Kong, 1986. Elevação norte.

Uma das maneiras pelas quais tal fenômeno se manifesta é nas diferenças de atitude no que diz respeito à relação entre tecnologia e "arquitetura", onde a tecnologia é considerada uma força externa que age sobre um conceito cultural que se tornou profissionalmente institucionalizado. Uma das mais surpreendentes distinções regionais está nas diferenças entre as interpretações norte-americanas e européias dessa interação. A atitude norte-americana em relação à tecnologia sempre foi livre e pragmática, enquanto que a da Europa era idealista. Em uma recente exposição no Museum of Modern Art de Nova York, esse contraste foi novamente sublinhado. A exposição consistia em quatro projetos de arranha-céus, dos quais três eram norte-americanos e um inglês. Os exemplos norte-americanos (de Philip Johnson, Cesar Pelli e Gordon Bunshaft) referiam-se todos aos problemas de configuração externa e superfície. Os edifícios eram concebidos como algo que consistia em um volume dado, maximizado, e envolto por uma camada externa. Os principais problemas diziam respeito a se deveria haver mais de uma torre, que configuração a torre ou as torres deveriam receber e que interpretação deveria ser dada a uma superfície mais ou menos opaca que revestiria os volumes. Em recentes arranha-céus norte-americanos, as decisões de projeto baseiam-se em grande parte na idéia do volume como parâmetro determinado por considerações econômicas, estando o problema "arquitetônico" na natureza da superfície que recobre esse volume. Não mais satisfeitos com o cubo puro envolto por uma cortina de vidro, os arquitetos buscavam dar "caráter" aos arranha-céus ou por meio da manipulação da forma da torre ou mediante o tratamento ornamental da fachada. Partindo desse ponto de vista geral, os recentes experimentos de Cesar Pelli e Michael Graves pertencem à mesma síndrome. A torre é um abrigo a ser decorado, e isso é possível porque a tecnologia do projeto de arranha-céus já forçou uma distinção entre o corpo do edifício e sua superfície externa. De fato, nos últimos anos, houve vários casos de torres comerciais que tiveram sua superfície refeita em Nova York.

O exemplo inglês, o edifício-sede do HSBC, de Norman Foster, fundamentava-se em uma abordagem bastante diversa. A torre foi concebida como uma estrutura expressiva, da qual os volumes compreendidos eram um subproduto. O propósito primeiro do edifício não é satisfazer as necessidades práticas e econômicas do cliente, mas celebrar a idéia do progresso tecnológico e sugerir uma utopia tecnológica. As raízes dessa idéia encontram-se no modernismo do pré-guerra, e o edifício pode ser comparado ao projeto da torre de escritórios de 1948, de Amancio Williams. Porém, seus antepassados mais imediatos são os projetos fantásticos da década de 60 do Archigram, em que o programa da arquitetura moderna era projetado no âmbito do futurismo wellsiano. A imagem da superfície do edifício de Foster (assim como o projeto do Centre Pompidou ou do Lloyds Bank, de Richard Rogers) é tão importante quanto no caso do típico arranha-céu norte-americano. Porém, essa imagem supostamente é gerada "organicamente" a partir da estrutura e do programa. No edifício de Foster, essa preocupação com a expressão estrutural e tecnológica resultou em um aumento de custo aceitável somente no caso de um edifício cuja intenção simbólica era política, e não comercial. Independentemente do fato de o governo britânico ter ou não intervido na promoção do HSBC (assim como o governo francês interveio no caso do Centre Pompidou), o interesse desse exemplo repousa no fato de que ele sugere uma ligação entre certo tipo de arquitetura e certo tipo de consciência nacional. É difícil não inferir que a abordagem da tecnologia em relação à arquitetura é influenciada por arraigadas obsessões nacionais. Nos Estados Unidos, o impulso fundamental é o sucesso comercial e a necessidade de mostrar que ele é compatível com a "cultura". O trabalho do arquiteto é transformar um edifício comercialmente viável em uma representação do valor cultural, preservando, dessa maneira, os mitos fundamentais da livre iniciativa e do capitalismo. Na Inglaterra, a situação é bastante diferente. É pelo menos possível que o seu atual entusiasmo pela arquitetura *high-tech* seja uma compensação pela falta de sucessos recentes em um nível comercial e político. Uma arquitetura que tem como meta uma visão transcendental e utópica da tecnologia talvez possa ser vista, segundo parâmetros freudianos, como deslocamento.

[Publicado originalmente em *Casabella*, 491, maio 1983.]

"Novidade" e "valor de época" em Aloïs Riegl

O ensaio "O culto moderno aos monumentos: seu caráter e sua origem", de Aloïs Riegl, esclarece de maneira interessante as mudanças nas conotações das palavras *moderno* e *histórico.*[1]

As categorias que Riegl utiliza nesse ensaio tomaram forma no início do que recentemente passou a ser chamado de "modernismo" — numa época em que a vanguarda artística de Viena clamava por uma arte e arquitetura que refletissem a vida moderna. Apesar de seus próprios intuitos estarem limitados aos problemas teóricos e institucionais associados à preservação de monumentos artísticos, suas observações foram claramente influenciadas pelo contexto histórico em que vivia e eram, ao mesmo tempo, suficientemente gerais para que fosse possível aplicá-las à situação contemporânea em arquitetura.

Riegl distingue três tipos de resposta às obras artísticas do passado. Tais obras podem ser interpretadas como *monumentos intencionais*, como *monumentos não-intencionais* ou como possuidoras de um *valor de época.* Riegl define "valor de época" (age-value) como aquilo que é "arraigado puramente em seu valor como memória [...] [que] surge de nossa apreciação do tempo decorrido desde que [a obra] foi realizada e que a carregou com sinais de idade". E continua:

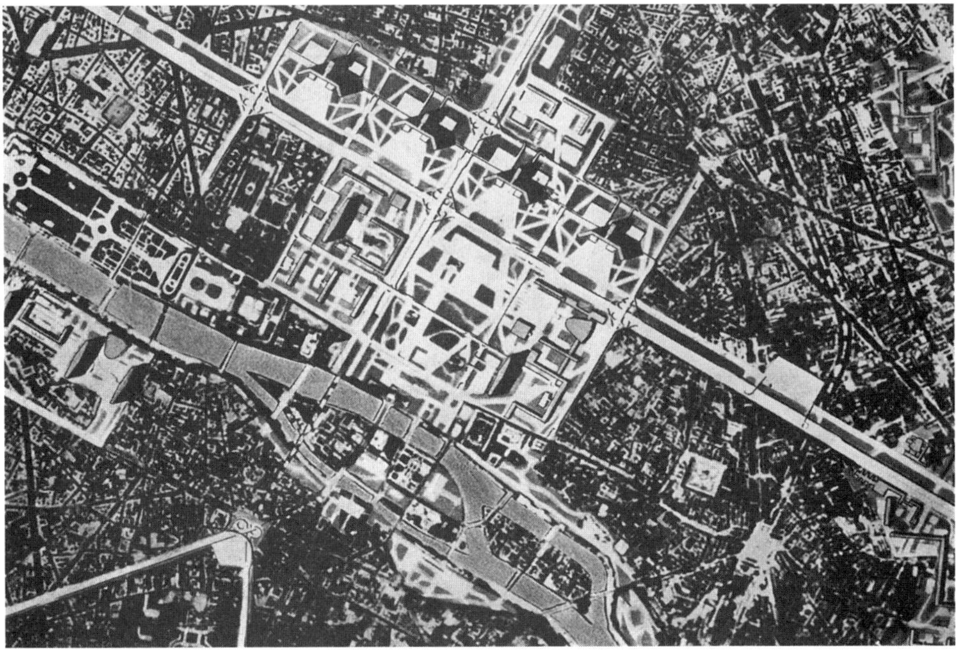

> Esses monumentos não são nada além de indispensáveis catalisadores que acionam no espectador uma sensação de ciclo da vida, do surgimento do particular a partir do geral e, novamente, sua gradual, mas inevitável, dissolução no geral. Esse efeito emocional imediato não depende nem do conhecimento erudito nem da educação histórica.

Le Corbusier
Projeto para uma cidade empresarial em Paris, 1936.

Riegl determina essas categorias em justaposição a dois outros conceitos: o de *Kunstwollen* (que atribui às obras do passado seus próprios valores artísticos) e algo que variadamente chama de "novidade" (newness), "completude" e "valor artístico essencial" (que ele define como a qualidade essencial de toda nova arte de qualquer período).

As noções de "valor de época" e "novidade" parecem particularmente adequadas aos problemas da arquitetura contemporânea. Apesar de Riegl atribuir a "novidade" a toda obra histórica quando nova, é difícil evitar a impressão de que ele tinha em mente as idéias e obras de contemporâneos como Otto Wagner, e fica-se tentado a estender o conceito ao movimento moderno que se seguiu. O que se justifica em sua observação: "Em nossa visão moderna, o artefato novo exige uma impecável integridade de forma e cor, e também de estilo [...] *a obra verdadeiramente moderna deve fazer lembrar [...] o mínimo possível as obras anteriores*" (grifo meu). Portanto, deve haver um "valor de novidade e a irresistível força estética que ele assume sempre que as circunstâncias são favoráveis".

Le Corbusier Projeto para uma cidade empresarial em Paris. Fotomontagem mostrando as regiões antigas e novas de Paris. A legenda de Le Corbusier diz: "*As novas dimensões modernas e a valorização dos tesouros históricos trazem uma graça deliciosa*".

O próprio Riegl estabelece um tipo de complementaridade entre essa noção de "novidade" e a de "valor de época". Ele diz que o reconhecimento do valor de época depende de seu contraste com os artefatos novos e modernos:

> Do homem esperamos artefatos executados como símbolos de um processo necessário da produção humana; por outro lado, da ação da natureza com o passar do tempo, esperamos sua desintegração como o símbolo de um fim igualmente necessário [...]. O que deve ser rigorosamente evitado é a interferência na ação das leis da natureza, seja ela a supressão da natureza pelo homem ou a prematura destruição das criações do homem pela natureza.

Portanto, apesar de as duas idéias serem antitéticas e terem de ser mantidas rigorosamente separadas, são também complementares e dependentes uma da outra. Essa idéia corresponde exatamente às idéias do movimento moderno, em que a preservação dos monumentos históricos às vezes andava de mãos dadas com a destruição e a reconstrução da cidade (ver o Plano Voisin de 1936, de Le Corbusier, para o centro de Paris). As obras históricas perderam, agora, seu significado como parte do tecido do tempo e do espaço e são preservadas como emblemas de um passado generalizado e suplantado.

Está claro que a idéia de "novidade" não possui a mesma relação complementar com as outras duas categorias de consciência histórica

Turistas visitando o Coliseu em Roma, c. 1860. Coleção Piero Becchetti, Roma.

especificadas por Riegl — as que pertencem aos monumentos *intencionais* e *não-intencionais*, que, como ele mesmo ressalta, dependem ambas de seu valor comemorativo. No primeiro caso, a consciência histórica é o resultado de um ponto de vista "que ainda é normativo, autoritário, portanto de uma antigüidade medieval, e não histórico no sentido moderno, já que não reconhecia o progresso". Portanto, não pode existir nenhuma distinção real entre o novo e o antigo. No segundo caso, apesar de haver consciência do progresso histórico, o conhecimento histórico exige que o antigo seja reconstruído com precisão e a ele seja conferida a aparência de o mais novo possível. Nesta perspectiva historicista, o antigo assume uma contemporaneidade surreal, sendo o tempo histórico simultaneamente afirmado e anulado, assim como nas reconstruções de Viollet-le-Duc.

O par "novidade" e "antigüidade", portanto, pertence à sensibilidade especificamente moderna à qual Riegl era, é evidente, bastante sensível, e cujo futuro previa vagamente. Segundo seu próprio pensamento, uma demanda característica do valor de época era a de que se deveria permitir que os monumentos envelhecessem graciosamente e exibissem as depredações do tempo, embora, nos casos em que o monumento ainda possuísse uma utilidade prática ou simbólica, a idéia de sua deterioração "natural" pudesse passar a incluir o controle igualmente "natural" dessa deterioração decorrente do permanente uso e reparo. Esse ponto de vista via algo quase orgânico no processo por meio do qual o novo suplantava o antigo; não previa (e não poderia prever) o ataque violento à malha do passado que caracterizaria tanto os planos ideais de cidades das décadas de 20 e 30 como o planejamento urbano real de meados do século XX, e que traria, como uma reação, um novo nível de consciência ao problema da relação do novo com o antigo na arquitetura. Contudo, é exatamente ao considerar essa reação que as categorias de Riegl assumem um novo significado. Apesar de a evidência da deterioração não mais ser, como na época de Riegl, o elemento mais crucial em nosso sentido de valor de época, parece que é ainda a "idade" dos edifícios históricos o que hoje constitui seu valor, em vez de suas qualidades como monumentos intencionais ou não-intencionais. O passado é valorizado por sua "antigüidade" e não por fornecer modelos para uma arquitetura normativa ou representar valores arquitetônicos atemporais (como representava de 1450 a aproximadamente 1800), nem por poder ser reconstruído com precisão como evidência da relação orgânica entre os monumentos e as sociedades que os produziram (como ocorria no século XIX).

Existem duas maneiras pelas quais isso pode ser demonstrado. Em primeiro lugar, o antigo ainda é definido, negativamente, em relação ao novo e não relativamente a qualidades positivas. A diferença entre os

O baluarte de Carcassone antes da restauração feita por Viollet-le-Duc, 1852.

pontos de vista "pós-moderno" e "modernista" não reside em nenhuma reavaliação radical de nossa relação com a cultura histórica; repousa somente no fato de que, enquanto segundo o *ethos* modernista o sentido do novo possuía um valor positivo e uma "irresistível força estética", hoje ele é freqüentemente denegrido como um símbolo do reducionismo. A complementaridade do novo e do antigo ainda persiste, mas agora falta um de seus termos.

Em segundo lugar, os monumentos históricos não mais possuem a força comemorativa que Riegl afirmou ser um elemento essencial tanto dos monumentos intencionais quanto dos não-intencionais. Da mesma

 maneira, as regras estéticas e as regras de propriedade que eram parte integral de seu significado não possuem mais força alguma. O ecletismo contemporâneo não se funda nem em uma crença nas normas absolutas da beleza, nem na capacidade do estilo de evocar significados socioculturais definidos.

Parece, portanto, que ainda estamos no período que Riegl definiu como dominado pelo "valor de época", apesar de os problemas ligados a esse conceito não serem mais aqueles enfrentados pelo próprio Riegl.

[Publicado originalmente em *Oppositions*, 25, outono de 1982.]

NOTA

1. Aloïs Riegl, "The Modern Cult of Monuments: Its Character and Its Origin", trad. em *Oppositions*, 25, outono de 1982.

O baluarte de Carcassone depois da restauração feita por Viollet-le-Duc.

Bull, Field, Volkman e Stockwell Empreendimento Venetian Gardens, Stockton, Califórnia, 1974-77.

Conceitos de espaço urbano no século XX

Nestas notas, discutirei o espaço urbano nos termos das ideologias da vanguarda do século XX em comparação às noções revisionistas do espaço urbano que surgiram nos últimos anos — um aspecto da chamada crítica pós-moderna.

Para tal, utilizarei o exemplo de Berlim. O motivo de tal escolha é que, durante aproximadamente os oito últimos anos, Berlim tem sido palco de um conflito ideológico e uma produção criativa no campo da arquitetura e do planejamento urbano particularmente intensos devido a circunstâncias econômicas e políticas especiais. A tragédia de Berlim também foi, em um sentido, sua oportunidade.

Deixe-me, em primeiro lugar, estabelecer alguns limites ao que entendo por "espaço urbano". Essencialmente, acredito, existem dois sentidos em que a expressão normalmente é utilizada: no primeiro, característico de geógrafos e sociólogos, o objeto de estudo é o "espaço social" — isto é, as implicações espaciais das instituições sociais. Desse ponto de vista, as características físicas do ambiente construído tendem a ser epifenomenais. No segundo sentido, característico dos arquitetos, o objeto de estudo é o espaço construído propriamente dito, sua morfologia, o modo como afeta nossas percepções, a maneira como é utilizado e os significados que pode evocar. Essa visão está sujeita a duas abordagens — a que considera as formas independentes das funções e a que considera as funções como determinantes das formas. Neste último ponto de vista, o conceito de espaço tenderá a se aproximar daquele do geógrafo ou do sociólogo, apesar de, diferentemente destes, o arquiteto estar sempre interessado, em última análise, nas formas, independentemente de como se pense que elas tenham sido geradas.

A questão da “autonomia” do espaço arquitetônico e urbano — isto é, se são formas ou funções que assumem a prioridade — tem sido motivo de muita controvérsia no discurso arquitetônico desde o final do século XVIII. Um dos motivos disso foi a cisão que começou a se formar, no século XVIII, entre a idéia de ciência e a de estética, ao se considerar os artefatos em geral.

Tal controvérsia teria sido insignificante para os gregos, os primeiros em nossa cultura a conceituar a cidade como um artefato. No pensamento grego, o critério para ser um artefato de qualquer tipo era o de que o objeto fosse bem feito para determinada finalidade. O conceito pós-kantiano da obra de arte como um tipo especial de artefato útil, mas sem finalidade, não existia. É improvável que os gregos pensassem a cidade, ou mesmo edifícios, como objetos de contemplação estética, no sentido moderno. A organização espacial da cidade era o resultado de uma prática social e política, da ação no âmbito público.

Os gregos não faziam a distinção que costumamos fazer entre natureza e razão. Para Aristóteles, a arquitetura e a cidade eram extensões do mundo natural e obedeciam às mesmas leis. Essa visão antiga dava cor à teoria artística do Renascimento com seu conceito de lei natural.

Com o surgimento do ponto de vista historicista no final do século XVIII, entretanto, o que era “racional” e, portanto, “natural” no pensamento clássico tornou-se cada vez mais dúbio. O que costumava ser visto como “racional” agora passava a ser visto como mera opinião. A beleza, que era sustentada, de alguma maneira, pela razão absoluta, agora passava a ser vista como contingente, subjetiva e relativa. Porém, ao mesmo tempo, em reação a esse relativismo cético, surgia um novo idealismo que atribuía à beleza um *status* transcendental. O idealismo e o relativismo histórico eram dois lados da mesma moeda. Ainda estamos inseridos nessa discussão, e ela possui uma forte relação com a idéia de espaço urbano. O modernismo tendia a assumir uma visão historicista e relativista da arquitetura e a considerar a cidade um epifenômeno de funções sociais que resultava em determinado tipo de espaço urbano. Porém, os acontecimentos pós-modernos tenderam a desobrigar o espaço urbano de depender de funções e a vê-lo como, pelo menos em certo sentido, um sistema formal autônomo. Essa visão pode, de fato, aceitar que toda arte seja ideológica, mas defende que a ideologia sempre opera com um número limitado de artifícios retóricos e artísticos, que não são meros sintomas das ideologias que deles fazem uso. Insiste, portanto, que devemos discutir o espaço urbano segundo aspectos dessas estratégias retóricas e artísticas, que são independentes de qualquer simples determinismo histórico ou funcional.

Antes de passar a discutir exemplos específicos do espaço urbano contemporâneo mediante esses conceitos, gostaria de falar brevemente sobre a palavra *espaço* propriamente dita, como é utilizada no discurso arquitetônico. A noção de uma entidade que podemos chamar de "espaço arquitetônico" é relativamente nova. Provavelmente foi originalmente formulada pelo esteta e historiador da arte alemão August Schmarsow, na década de 1890, como uma crítica à teoria do desenvolvimento estilístico apresentada por Heinrich Wölfflin em seu livro *Renascimento e barroco*. A definição de espaço de Schmarsow é estritamente fenomenológica e psicológica. Antes de Schmarsow, todos percebiam o espaço arquitetônico sem se dar conta dele, como Monsieur Jourdain sempre dizia. Porém, apesar de em certo sentido todo o esforço de Schmarsow ter sido classificar algo que "sempre existira", em um outro sentido, ele contribuiu para uma mudança na percepção do espaço por parte dos arquitetos.

Daí em diante, o espaço seria uma entidade positiva *dentro da qual* as categorias tradicionais de forma tectônica e superfície *ocorriam*. A partir de então, os arquitetos pensariam o espaço como algo preexistente e ilimitado, conferindo um novo valor às idéias de continuidade, transparência e indeterminação. Então, quando utilizamos a palavra *espaço*, aparentemente livre de valor, temos de estar conscientes de suas implicações ideológicas. Ela não é uma expressão neutra. E, como mostrarei, é exatamente essa idéia de um espaço abstrato indiferenciado que tem sido um dos principais objetos de ataque por parte da crítica urbana pós-moderna.

Com essa advertência em mente, vejamos agora exemplos do espaço urbano do século XX, utilizando uma narrativa sobre Berlim para investigar dois temas: o espaço da habitação social e o espaço do domínio público urbano.

Nada ilustra mais claramente a gênese do que se pode chamar de espaço urbano modernista do que a habitação social em Berlim e em outras cidades alemãs na década de 20. É bem sabido que os arquitetos da vanguarda liberal e socialista da década de 20 rejeitaram a habitação perimetral com pátio interno em favor de lâminas paralelas autoportantes. Havia soluções intermediárias em Viena, Amsterdã e na própria Berlim, em que o bloco perimetral era mantido, mas liberado de toda construção interna para fornecer pátios interiores espaçosos, como o Karl Marx Hof, em Viena. E não se podiam esquecer as soluções francesas do início do século XX, como as de Eugène Hénard, em que o pátio era virado do avesso e se abria para a rua para receber luz e ar.

Porém, no geral, os modernistas da década de 20 rejeitaram essas soluções como "conciliatórias", e as fileiras apertadas de lâminas paralelas *à la* Hilberseimer e Gropius, espaçadas de acordo com ângulos de luz, se tornaram a norma — principalmente na Alemanha da República de Weimar, apesar de também na Holanda, na segunda fase do plano de Amsterdã, e em vários projetos dos racionalistas italianos.

Acredito que devamos ver essa tipologia como uma resposta direta às *Mietkasernen* que haviam sido construídas às pressas em cidades alemãs nos trinta últimos anos do século XIX para abrigar o proletariado urbano que crescia rapidamente. Quando se vêem essas *Mietkasernen* hoje, com suas altas densidades e seus pátios labirínticos e esquálidos, de repente se compreende todo o movimento moderno. Hoje, tanto na Berlim Ocidental, onde eles são ocupados por imigrantes turcos, quanto na Berlim Oriental, onde são ocupados por alemães nativos, esses edifícios ainda estão em uso, e sua condição de favela é exagerada por uma total falta de manutenção. O uso continuado dessas *Mietkasernen* mostra quão incompleto foi o impacto dos ideais urbanos do movimento moderno sobre a estrutura e morfologia das cidades antigas, exceto em áreas onde ocorreu uma destruição considerável nos tempos de guerra — e isso é válido mesmo sob regimes em que o estado controla toda a expansão imobiliária.

As *Siedlungen* de Berlim, ou "conjuntos habitacionais" da década de 20, erguidas sob a supervisão geral de Martin Wagner e Bruno

Taut, foram construídas como uma crítica às *Mietkasernen*. Elas são algo intermediário entre as cidades-jardim e os *quartiers* urbanos, na maioria das vezes (apesar de nem sempre) situadas na periferia da cidade, freqüentemente próximas a áreas industriais e atendidos por serviços públicos.

O movimento das cidades-jardim tivera um profundo impacto na Alemanha, nos anos imediatamente anteriores à Primeira Guerra Mundial, quando vários terrenos nos arredores da cidade tinham sido projetados em Berlim com base nos princípios provenientes de Unwin, da Beaux-Arts e de Camillo Sitte.

Nem esses tipos de projetos nem as *Siedlungen* eram pensados como extensões da grade da cidade, como haviam sido as novas áreas habitacionais do século XIX. Eram vistos como "subúrbios"-modelo auto-suficientes.

Diferentemente das propriedades das cidades-jardim, porém, as novas *Siedlungen* não exibiam eixos simétricos ou contenção espacial. Consistiam em *séries* de blocos paralelos dispostos mecanicamente, eram deliberadamente *sachlich*; isto é, eram anti-sentimentais e "científicas", tanto no planejamento quanto na iconografia — suaves superfícies brancas, telhados horizontais, janelas repetitivas. Toda a operação, da disposição das lâminas à organização das plantas padronizadas de apartamentos, foi influenciada pelas teorias de gerenciamento dos norte-americanos Taylor e Henry Ford.

Não obstante, os arquitetos que os projetaram retinham muitas das idéias "humanistas" da geração anterior, com uma orientação mais "artística" (muitos deles eram, de fato, renegados exatamente por essa geração, incluindo o próprio Bruno Taut). Existem muitos exemplos de manipulação espacial a fim de criar uma ordem e um recinto reconhecíveis, incluindo espaços voltados para o centro como o esquema de ferradura de Taut na Britz Siedlung e o longo e curvado muro de apartamentos em Siemenstadt. Também volta-se a atenção à variedade do desenho, à composição do sólido e do vazio, e um uso extremamente sensível de materiais e da cor para atenuar o efeito da regularidade, monotonia e abstração. Hoje, depois de cinqüenta anos de implantação, poucas delas lembram os projetos diagramáticos e insensíveis de Hilberseimer. Na verdade, eles parecem, de muitas maneiras, pertencer mais ao *ethos* do movimento *arts and crafts* do que ao de Hilberseimer, ou aos conjuntos habitacionais pós-Segunda Guerra Mundial da década de 60, com os quais estamos hoje familiarizados.

Uma das principais características dessas *Siedlungen* da década de 20 era o conceito da lâmina de construção *no* espaço, em oposição ao quarteirão fechado — uma inversão de figura e fundo da cidade tradicional, com sua malha sólida entremeada por ruas. Esse conceito foi mantido nos conjuntos habitacionais soviéticos da década de 60. Porém, as características mais humanas das *Siedlungen* do pré-guerra — sua escala relativamente pequena e a uniformidade de altura, por exemplo — foram abandonadas por lâminas mais altas com elevadores, amplamente separadas, ocupando um enorme espaço aberto. Tal abordagem era característica das habitações sociais na Europa ocidental e de algumas cidades norte-americanas (notadamente a cidade de Nova York) depois da Segunda Guerra Mundial. Era também uma característica da era pós-Stalin na Berlim Oriental, quando regiões inteiras da área ubana foram destruídas e substituídas por lâminas de dez andares muito espaçadas.

Se tomarmos esses acontecimentos como um todo, da década de 20 à de 60, temos de fazer a pergunta: seria essa abordagem representativa de uma contínua atenção humanizante e aperfeiçoadora voltada ao espaço da habitação social, ou existiriam outros fatores menos utópicos em jogo? Com essa pergunta, estamos no cerne do problema do modernismo, com sua eliminação do espaço urbano perceptível, sua insistência na habitação verticalizada e a precedência que deu à circulação de automóveis. Parece que o que começou como uma crítica utópica das condições de habitação do século XIX transformou-se em nada além do que era necessário para o sucesso do centralismo econômico do século XX, seja na forma do capitalismo monopolista ou da burocracia socialista. Isso levanta todo o problema da insuperável divergência entre o que o indivíduo pode perceber e sentir em casa e a rede infra-

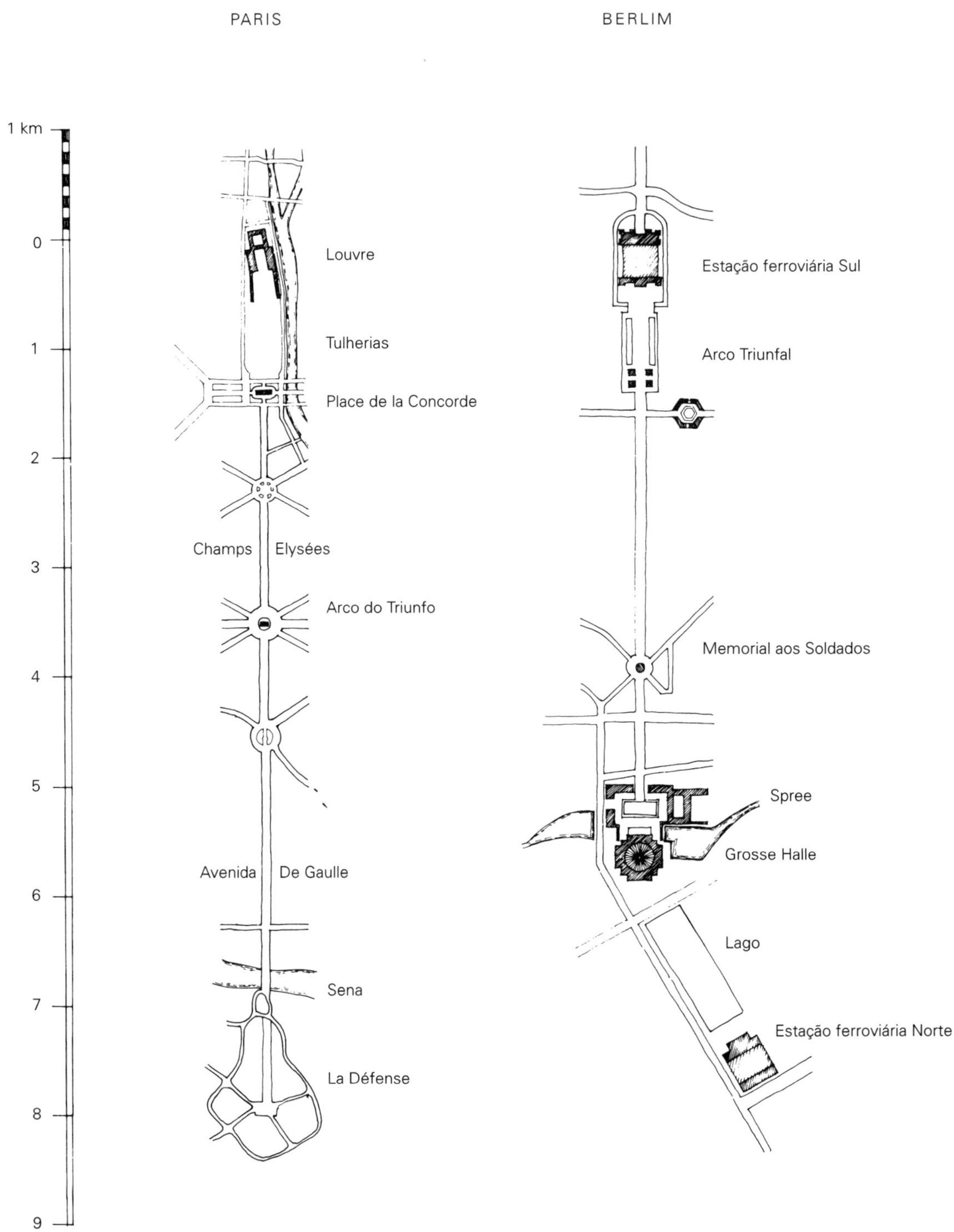

PARIS
BERLIM
1 km
0
1
2
3
4
5
6
7
8
9
Louvre
Tulherias
Place de la Concorde
Champs
Elysées
Arco do Triunfo
Avenida
De Gaulle
Sena
La Défense
Estação ferroviária Sul
Arco Triunfal
Memorial aos Soldados
Spree
Grosse Halle
Lago
Estação ferroviária Norte

WASHINGTON

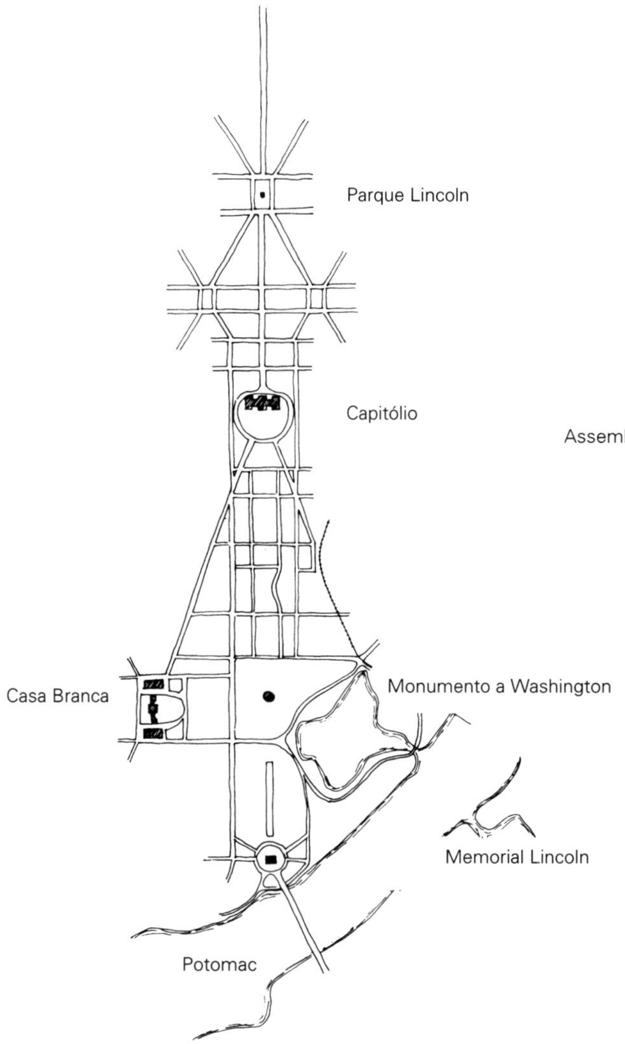

NOVA DELHI

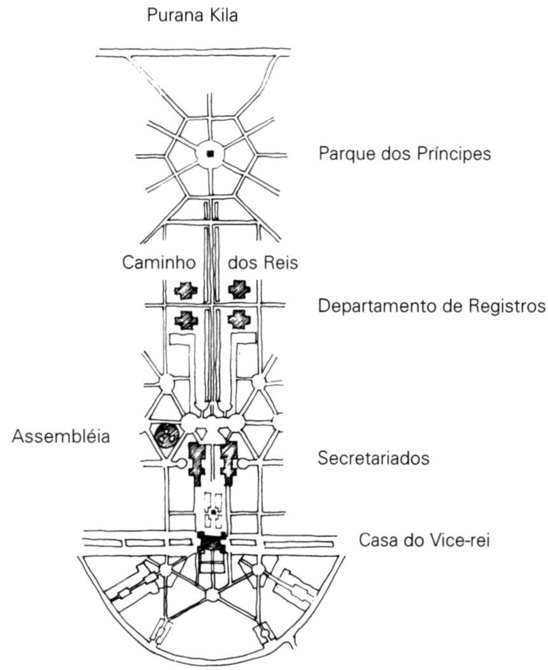

Plantas comparativas de Paris, Berlim, Washington e Nova Delhi.

estrutural vasta e abstrata que é necessária para a operação da moderna sociedade baseada na mídia e no consumo. O planejamento de cidades modernistas destruiu a possibilidade de simbolizar o domínio público social e criou uma polaridade entre o espaço *privado* cada vez mais isolado e um domínio público que desafia qualquer tipo de representação espacial.

Isso me leva à consideração de meu segundo tema: o espaço das construções urbanas públicas. Há um consenso de que a vanguarda da década de 20 negou a distinção entre o domínio público e o privado, simplesmente por ser sua principal preocupação o problema da habitação social na periferia e a criação de áreas dormitório auto-suficientes. Porém, essa tendência da vanguarda do século XX de ignorar o domínio público foi equilibrada, nos primeiros anos do século, pelo seu oposto exato: espaços urbanos gigantescos, nos moldes barrocos e puramente honoríficos simbolizando o estado. Alguns exemplos são o Washington Mall, redesenhado no plano de 1901 de McMillan, a Nova Delhi, Camberra, de Lutyens e Bakers, e o plano de Albert Speer para o novo eixo que cruzava Berlim de norte a sul.

A pretensão e a megalomania do projeto de Speer e suas associações políticas não devem nos cegar diante do fato de ele pertencer ao tipo característico do início do século XX, seja em regimes democráticos, socialistas ou fascistas, e que está ligado a um fenômeno do final do século XIX e início do século XX que Eric Hobsbawm chamou de "A reinvenção do ritual".[1]

O projeto de Speer, porém, não foi criado em um vácuo histórico. Ele foi o ápice de toda uma série de projetos fracassados do início do século XIX em diante para desenvolver um eixo norte-sul cruzando o Tiergarten (jardim zoológico), terminando no conveniente *loop* côncavo do Spree. O Reichstag, que agora se encontra na parte mais abandonada do Tiergarten, próxima ao muro, fazia parte dessa mudança histórica. Além disso, o esquema de Speer era não somente o ápice dessa tradição, mas também uma maneira de ligar as estações de trem norte e sul. Portanto, possuía o propósito hausmanniano de criar uma importante rota de circulação entre as duas partes da Berlim Ocidental, historicamente isoladas uma da outra pela interposição do Tiergarten.

A esses exemplos deve-se somar a Karl Marx Allee (antiga Stalin Allee) na Berlim Oriental, onde, em uma curiosa fusão de formas barrocas e conjuntos habitacionais socialistas, a principal rota de entrada em Berlim pelo leste foi transformada em um bulevar.

Na vanguarda do século XX, foi somente Le Corbusier que, ambiguamente, tentou preencher a lacuna entre uma cidade socialmente funcionalizada e a cidade como símbolo da identidade e poder cívico ou nacional — como mostram seus projetos para Paris, Rio, Argel, Saint-Dié e o projeto realizado de Chandigarh.

Mas na década de 50 os CIAMs passaram a se ocupar, pela primeira vez no movimento moderno, da questão do núcleo da cidade — o tradicional e não-programado centro da cidade formava, então, uma nova categoria não abarcada pelas antigas categorias do CIAM: vida, trabalho, recreação, circulação.

Um dos resultados mais significativos (porém indiretos) dessa nova divergência foi o concurso para o Hauptstadt Berlin, em 1957, para a qual os arquitetos foram convidados a enviar planos para a área central oitocentista do que hoje é Berlim Oriental. Deixando de lado o papel político que essa competição desempenhou na guerra fria, talvez possamos vê-la como um contragolpe à Stalin Allee e como um símbolo em oposição à "democracia e à modernidade".

Todos os esquemas enviados para essa competição foram demonstrações dos princípios do espaço urbano modernista, nesse momento aceito como o reflexo arquitetônico do capitalismo do estado de bem-estar social. Consistiam em edifícios *objet-type* isolados uns dos outros, ou formando séries, em um espaço neutro e ilimitado, dispostos em torno do grande eixo do *Unter den Linden* e conectados por redes de transporte. A maior parte dos esquemas era vagamente corbusiana em sua inspiração — o próprio Le Corbusier enviou um esquema — aos quais os de Hans Scharoun e Peter e Alison Smithson faziam um tipo de contraproposta "organicista". O projeto de Scharoun era como um gigantesco espaço de diversão infantil. Os Smithson propuseram uma grade de pedestres elevada, formando uma rede de circulação alternativa, que deixava o padrão de ruas original mais ou menos intacto. Esse foi o único projeto a valorizar a estrutura urbana existente, apesar de sua apresentação do antigo e do novo como realidades coexistentes e suas vastas áreas de passeios redundantes ser irrealista e esquemática. Em todos os esquemas, os edifícios históricos sobreviventes eram preservados, mas deixados à margem, como o Reichstag encontra-se hoje — fragmentos de museu isolados e diminuídos pelos novos edifícios e redes de transporte.

Um pouco antes disso, o arquiteto de Berlim Oriental Hermann Henselmann, em seu espírito pós-stalinista, havia começado a erigir lâminas de habitação na área ao sul da Stalin Allee baseado em princípios modernistas antes rejeitados. As habitações mais recentes na própria Allee também refletem essa mudança de direção.

Nos últimos anos, porém — e isso sublinha a relação curiosamente simbiótica entre Berlim Oriental e Ocidental — houve, em ambos os lados do muro, uma reação contra essas idéias urbanas modernistas. Em certo sentido, também houve uma reação no lado oriental (ou pelo menos é o que parece) contra o monumentalismo apoiado pelo stalinismo — um monumentalismo que, como já vimos, tinha algo em comum com o de Speer e Hitler. Essas rejeições, entretanto, não foram totais. A cidade modernista foi rejeitada na medida em que pressupunha os espaços urbanos como ilimitados e abstratos, e que se fundava na separação dos diferentes elementos funcionais da cidade. A cidade monumental foi rejeitada na medida em que sua meta era propagandista e seu estilo, megalomaníaco. Porém, como disseram corretamente Tafuri e Dal Co, em relação à Stalin Allee:

> Seria errado considerar o resultado como puramente ideológico e propagandista; na realidade, a Stalin Allee é o fulcro de um projeto de reorganização urbana que afeta todo um distrito. Na verdade, ela teve um perfeito êxito em expressar as pressuposições da construção da nova Cidade Socialista, que rejeita divisões entre arquitetura e urbanismo e aspira a impor-se como uma estrutura unitária.[2]

Em 1984, no Centro Cultural de Berlim Oriental, foram exibidas maquetes de planos para a reintegração do padrão de ruas em grade e os blocos urbanos em uma grande área central de Berlim. Em vez de tentar criar símbolos de grandiosidade, a intenção parece ter sido reforçar o tradicional centro da cidade. Essa intenção é confirmada pelo fato de que Berlim Oriental está agora no processo de renovação dos monumentos oitocentistas de seu centro histórico. (Houve até mesmo alguma colaboração entre os lados ocidental e oriental; recentemente, as autoridades de Berlim Ocidental devolveram ao setor oriental as esculturas desenhadas por Schinkel para a Schlossbrücke, hoje Marx-Engels-Brücke, que já foram reintegradas).

Ao mesmo tempo, em Berlim Ocidental, a Internationale Bauausstellung (IBA) inaugurou uma série de esquemas baseados no quarteirão urbano como unidade fundamental da morfologia urbana para se voltar a construir em áreas abandonadas adjacentes ao muro. Esses esquemas são mais modestos em escala do que os da Berlim Oriental e diferem deles na logística de planejamento. Na parte ocidental, vários terrenos foram distribuídos de maneira *ad hoc* a arquitetos famosos que trabalharam em conjunto com os projetistas locais, enquanto que na parte oriental havia um projeto mestre de comum acordo, com a variedade e a individualidade restritas ao tratamento da fachada. Em Berlim Oriental agora está sendo utilizada uma pré-fabricação de concreto em larga escala para a produção de fachadas "clássicas" e "*art déco*", de uma maneira que sugere que, se pudermos falar de pós-modernismo aqui, este será um pós-modernismo que possui fortes ligações com a antiga tradição do realismo socialista. Os projetos que estão sendo desenhados no lado ocidental são menos literalmente "historicistas" em suas fachadas, sendo feitas apenas algumas referências muito generalizadas, à maneira do neo-racionalismo, às tradições clássica e vernácula. Uma das desvantagens dos procedimentos de planejamento do IBA é que quarteirões desenhados por diferentes arquitetos e em diferentes estilos estão frente a frente em ambos os lados das ruas, de modo que a própria rua não é unificada. Porém, por todas as suas características problemáticas, acho que podemos ver nesses acontecimentos um regresso bem-vindo a um novo conceito do espaço no domínio público. O principal impulso dessa nova tendência é reconstituir a cidade como uma malha urbana contínua. Ela rejeita a noção de que todo tipo de programa possui sua forma de tipo equivalente. Rejeita também a classificação de cidade dos CIAMs em diferentes funções genéricas, com o rígido conceito de zoneamento e a negação da multivalência que este implicava.

Em vez disso, essa tendência parece sugerir uma classificação da cidade segundo um possível número de tipos ou estratégias formais.

1. Considera a cidade, com seus quarteirões fechados e ruas, como uma malha sólida e anônima que deve conter uma variedade de funções, inclusive a habitação e o comércio.
2. Os poucos edifícios isolados, sejam eles antigos ou modernos, ganhariam uma importância simbólica por contraste com essa malha contínua.
3. Reintegra a rua e a praça pública como os lugares de diversão e congregação pública não-programadas.
4. Reforça a escala de pedestre e rejeita a predominância de uma circulação rápida e motorizada.
5. Considera o espaço público da cidade como mais análogo a muitas salas e corredores externos, com seus contornos definidos, do que a um vazio ilimitado dentro do qual existem edifícios, rotas de circulação etc.
6. Finalmente, concebe a cidade tanto histórica quanto espacialmente contínua — como capaz de ser lida como um palimpsesto. Na vanguarda do início do século XX, a cidade era vista diacronicamente, como um progresso linear com o decorrer do tempo, cada período cancelando os períodos anteriores em nome da unidade do *Zeitgeist.* A visão revisionista considera a cidade como o resultado de acumulações temporais no espaço — a última intervenção que assume seu lugar na seqüência total.

Essa visão, no meu entender, é um dos mais potentes modelos do espaço urbano para a substituição das utopias urbanas das décadas de 20 e 30. A contrapartida desse modelo não são somente essas utopias, mas também a cidade moderna *real*, cuja imagem é a de oportunidade, competição, lucro e poder corporativo. Em vez de seu caos — que é alternadamente visto como "estimulante" e "alienante" —, essa cidade tende à especialização de funções, determinando, assim, o fim de uma das metas da vanguarda da década de 20. A cidade adequada é o lugar do trabalho e do comércio. A vida privada acontece nos subúrbios rurais. Tal cidade sustenta uma imagem esquizofrênica do indivíduo, que é uma pessoa em sua própria situação de trabalho e outra bastante diferente em casa. Encoraja a visão da vida moderna como dominada por simulacros.

O modelo revisionista, na verdade, tolera mais a cidade existente do que as utopias da vanguarda clássica, exatamente porque a cidade real é confusa e congestionada, e ainda faz uso de padrões tradicionais. Não obstante, implica um grau de comprometimento ideológico consciente e de ordem arquitetônica que se opõe à cidade real. Essa visão foi criticada por ser representante de uma utopia (igual e oposta, talvez, à utopia modernista), fundada em uma imagem nostálgica da cultura passada. Tal crítica certamente seria justificada se o que se apresenta fosse um modelo literal do passado, que poderia facilmente cair no *kitsch* ou, no máximo (na medida em que era realizável em qualquer escala substancial) constituir nada mais do que uma solução informal incapaz de ser infundida com a vida e apropriada socialmente.

Porém, dizer que o passado simplesmente não pode ser repetido, admitir que a vida moderna possui suas próprias exigências equivalentes às que conferiram à cidade tradicional seu significado original, não é o mesmo que dizer que a ruptura na sociedade moderna é tão total e inexorável que nenhum valor tradicional, qualquer que seja, possa vir a ser relevante para ela. Fazer tal sugestão seria voltar à concepção mo-

dernista de uma história totalmente determinista, em que o passado simplesmente tem de ser apagado. Nesse debate, *todos* os argumentos absolutistas como esse são inúteis, já que se fundamentam puramente em antinomias lógicas cujas conseqüências são construídas em suas premissas.

[Publicado originalmente em *Architecture, Criticism, Ideology*, ed. Joan Ockman (Princeton: Princeton Architectural Press, 1985).]

NOTA

1. Eric Hobsbawm e Terence Ranger (eds.), *The Invention of Tradition* (Cambridge University Press, 1983), especialmente Eric Hobsbawm, cap. 7, "Mass-producing Traditions; Europe 1870-1918", pp. 263-307.
2. Manfredo Tafuri e Francesco Dal Co, *Modern Architecture* (Nova York: Abrams, 1980), p. 326.

Atitudes críticas pós-modernas

O principal propósito das discussões interdisciplinares não é obscurecer as distinções entre as diferentes artes, mas ser capaz de definir e, se necessário, redefinir essas distinções com maior precisão. Seria interessante, por exemplo, investigar as áreas de concordância e discordância entre críticos da arquitetura e críticos da pintura em relação a uma definição para o pós-modernismo. Não obstante, há certos fatores comuns à crítica de todas as artes nos dias de hoje. O mais importante e, ao mesmo tempo, o mais óbvio, é que não mais estamos na fase do modernismo e da vanguarda clássica.

Ao dizer isso, não desejo deixar implícito que havia uma posição crítica monolítica durante essa fase, mesmo em uma única disciplina. Porém, se observarmos a arquitetura, veremos que as opiniões, apesar de suas diferenças mútuas, tinham mais em comum umas com as outras do que qualquer uma delas teria com a avançada posição crítica de hoje. É verdade que existe a opinião de que a expressão "pós-moderno" é sem sentido e que nossa época é uma continuação do modernismo, mas a existência de um forte e coerente movimento *contra* essa idéia é suficiente para distinguir nosso período de, digamos, o período da década de 50.

Entretanto, dizer que vivemos em uma atmosfera crítica pós-moderna talvez não seja dizer muito, pois o chamado pós-modernismo contém, se isso for possível, ainda mais variações do que o próprio modernismo.

Eu disse anteriormente que a crítica modernista estava longe de ser monolítica. Na verdade, porém, as declarações críticas da vanguarda arquitetônica durante as décadas de 20 e 30 mostram que havia um considerável acordo. As principais idéias foram até mesmo reiteradas com certa monotonia. A heterogeneidade pertence mais à prática artística de diferentes arquitetos do que às divergências de opinião sobre o que eles estavam tentando fazer.

Uma das principais idéias do movimento moderno na arquitetura era a doutrina do funcionalismo. O funcionalismo, é verdade, foi empregado de diversas maneiras por diferentes escolas — a holandesa, a alemã, a russa e a francesa — e por diferentes arquitetos. Mas não tão diversamente assim. Tomemos a analogia "orgânica" como exemplo. É comum se ressaltar a diferença entre os críticos e arquitetos que utilizaram a analogia da forma e do crescimento orgânico e aqueles que utilizaram a analogia da máquina. Wright *versus* Le Corbusier; expressionismo *versus* Nova Objetividade, e assim por diante.

Contudo, tanto a analogia orgânica quanto a mecânica, que haviam sido parte do que estava em voga entre os críticos desde o final do século XVIII, fundavam-se no fato de que havia nesses termos uma ambigüidade um tanto escorregadia. Eles tendiam a transformar-se um no outro. O mesmo era válido para o modernismo. Não há dúvidas de que para Le Corbusier, por exemplo, a própria máquina era uma metáfora da natureza. E, do lado oposto, o que distinguia Wright ou Hugo Häring do *art nouveau* do final do século XIX e os aliava à facção mais "racional" do movimento era exatamente a noção da forma abstrata decorrente da industrialização.

Então, caso se tentasse resumir a vanguarda clássica, se poderia dizer que ela estava preocupada com a aplicação funcional da forma abstrata. Mas o que exatamente se chamava de "função"? Afinal, função e utilidade eram conceitos críticos importantes desde o final do século XVIII. De que maneira era o modernismo diferente? Uma possível maneira de se definir essa diferença seria dizer que o modernismo removeu da idéia de função todos os traços de propriedade e decoro — qualquer coisa que, na verdade, estivesse ligada aos costumes sociais. Ele desejava criar uma arquitetura que fosse totalmente motivada e natural, sem contaminação das formas arbitrárias que sobreviveram da história.

O projeto modernista, então, conferia uma posição privilegiada à razão, à abstração, à ciência e à técnica; e fazia duas suposições sobre a sociedade moderna. A primeira era a de que o período moderno devia possuir suas próprias e singulares formas culturais, com o mínimo possível de contaminação pela tradição, e a segunda era a de que a sociedade era como a descrição da mente segundo Locke; uma tábula rasa.

As instituições e as formas humanas podiam ser racionalmente criadas com base nas necessidades conhecidas.

Foi essa visão positivista e científica da sociedade e da cultura, uma parte essencial do modernismo (pelo menos na arquitetura), que a crítica pós-moderna transformou em um de seus principais objetos de ataque. Porém, ela o fez em nome de pelo menos dois modelos totalmente diferentes. Gostaria de chamá-los — adaptando a útil terminologia de Françoise Choay — de modelos *progressista* e *culturalista.*

Para os progressistas, o pós-modernismo é uma transfiguração do modernismo. Mantém muitas das idéias associadas ao modernismo — principalmente a noção de uma radical ruptura com a história —, mas as transforma. Para os culturalistas, ao contrário, o pós-modernismo implica uma completa dissociação do modernismo e uma reação contra ele a favor da tradição.

Tomarei Jean-François Lyotard e seu livro *The Postmodern Condition: A Report on Knowledge* como representantes da posição progressista.[1] Ao fazê-lo, tenho consciência de que Lyotard não escreve sobre arquitetura ou mesmo arte, mas sobre o conhecimento e a ciência. Porém, sua interpretação de conhecimento é tão ampla que seu ensaio é essencialmente uma crítica da *cultura* pós-moderna, e é perfeitamente legítimo projetar suas idéias na arquitetura, contanto que se tenha em mente que tal projeção é conjetural.

A crítica ao modernismo de Lyotard é feita a partir de uma posição que é tão libertária e contra o sistema quanto a do próprio modernismo. Ele ainda está preocupado com o projeto de liberdade do Iluminismo — o título de seu ensaio, com suas sugestões "enciclopédicas", mostra isso —, mas não mais acredita que essa liberdade possa ser alcançada pelos meios que o modernismo e o Iluminismo compartilhavam: um "programa" racional de comum acordo que substituiria um conjunto de idéias controladoras por outro (e, portanto, um conjunto de controladores por outro).

Para Lyotard, as grandes metanarrativas que legitimaram as visões de sociedade dos séculos XVIII e XIX não estão mais disponíveis. Essas metanarrativas eram duas: a primeira era a idéia cognitiva da liberdade espiritual e intelectual, de origem alemã; a segunda era a idéia prática da liberdade política, que alcançou sua principal expressão na França. Essas duas "grandes narrativas" não estão mais disponíveis, afirma Lyotard, porque a tecnologia — particularmente a tecnologia da informação e da comunicação — assumiu irreversivelmente todas as posições de poder. Ela não pode ser atacada frontalmente, por ser, essencialmente, uma história de sucesso, e é julgada puramente com base naquilo que possui de melhor: desempenho e eficiência e a maximização da produção para determinado gasto de energia. Apesar de não dizer tanto, Lyotard deixa implícito que o modernismo inconscientemente auxiliou esse processo por meio da fusão da ciência e da técnica e de sua crença na técnica como força libertadora.

Na medida em que diagnostica a sociedade pós-industrial dessa maneira, Lyotard parece concordar totalmente com as idéias de Niklas Luhmann e da escola alemã da "Systemtheorie" de que, na sociedade pós-industrial, a *executabilidade dos procedimentos* substitui a *normatividade das leis*. Discorda, contudo, da cética e desesperançada interpretação de Luhmann. Lyotard acredita que possamos evitar a "tomada de poder" do sistema. Ele não acha que essa tomada de poder possa ser feita à maneira do modernismo, pelo ataque frontal, pois teria de ser fundamentada no controle técnico e, dessa maneira, meramente reforçaria o próprio sistema que pretendia solapar. Porém, Lyotard acredita que ela possa ser feita pela ação proveniente do interior do próprio sistema, devido a certos fatores humanos internos que não podem por ele ser absorvidos. Lyotard faz uso de inúmeros conceitos para descrever esse poder de resistência, esse anticorpo interior à sociedade pós-moderna e pós-industrial. Três deles podem ser mencionados.

Em primeiro lugar, a idéia de "conhecimento narrativo". O conhecimento narrativo distingue-se do conhecimento científico. Ele é prescritivo e não apenas descritivo. É o "saber como" em vez de apenas o "saber". Saber como viver, como ouvir, como fazer. Inclui juízos de valor sobre a justiça, a felicidade e a beleza. Esse tipo de conhecimento (que talvez deva ser chamado de "opinião") foi aquele que predominou na era pré-científica. Funda-se na tradição e no hábito e ainda é, segundo Lyotard, essencial e, de fato, bastante difundido na vida cotidiana.

Em segundo lugar, a idéia dos "jogos de linguagem". Segundo Lyotard, há um tipo de incomensurabilidade entre diferentes tipos de discurso, de modo que eles não podem ser reduzidos um ao outro ou a um tipo comum a eles subjacente. É nesse sentido que reúne J. L. Austin e Ludwig Wittgenstein: a diferença entre as elocuções denotativas, performativas e prescritivas (Austin) e entre perguntas, promessas, narrativas (Wittgenstein).

Em terceiro lugar, o paralogismo na ciência. Como as declarações científicas têm de ser testadas segundo certos procedimentos predeterminados, elas diferem das declarações narrativas, que não estão sujeitas a nenhuma restrição. Entretanto, a ciência possui como meta não a eficiência performativa (como o faz a tecnologia), mas a complexidade, a diversidade, a instabilidade e a contradição. Os resultados gerais da ciência são paralógicos: eles não podem ser classificados sob uma única lógica ou corresponder um ao outro. A ciência está sempre produzindo novas declarações.

É evidente que esses conceitos tendam todos ao relativo e ao indeterminado. O conhecimento não é *somente* o conhecimento científico. Existem muitos *jogos* de linguagem, não somente a *linguagem*. A ciência leva à multiplicidade, não à unidade. Em certo sentido, essa visão dá maior continuidade à ruptura com as certezas tradicionais do que o faz o modernismo. Não é necessário nenhum "significado" global — apenas múltiplos significados (*petits récits*) — que são imanentes nos próprios interstícios da existência.

E quanto ao segundo tipo de crítica pós-moderna, a "culturalista"? Esta tem sua principal preocupação na validação de disciplinas tradicionais específicas — como a arquitetura —, em vez de tentar fornecer uma filosofia geral da arte na sociedade pós-industrial. Portanto, qualquer exemplo que possamos fornecer estará mais relacionado a um padrão específico do que no caso da visão progressista.

Como sabemos, na arquitetura, a visão culturalista é marcada pela afirmação de que existem valores tradicionais positivos independentemente de seu lugar na história. Esses valores tradicionais, no entanto, não mais são abstrações platônicas por meio das quais o modernismo criou uma genealogia de si próprio (rejeitando o pai e recorrendo a um sombrio e remoto bisavô). Não são nada além dos artifícios e formas que a própria história da arquitetura criou. Em outras palavras, temos de aprofundar a experiência do passado para criar uma arquitetura contemporânea.

O que varia nesse tipo de discurso crítico pós-moderno é até que ponto o passado é visto como fornecedor de modelos absolutos, ou um
conjunto de princípios gerais que têm de ser transformados para que sejam aplicáveis ao mundo moderno. Não há nada na crítica pós-moderna que possa decidir essa questão, e encontramos as mais variadas interpretações da idéia de retorno ao passado. Em um extremo, encontramos alguém como Robert Venturi, cuja atitude em relação à tradição parece, de certa maneira, com a de Lyotard. A ênfase de Lyotard sobre o indeterminado, o confuso, o pluralista e o fragmentário parece ecoar a tese da *Complexidade e contradição* de Venturi e grande parte de sua arquitetura. No outro extremo, encontramos um arquiteto como Leon Krier, que trata a tradição do classicismo como um modelo absoluto mesmo que siga tanto o neoclassicismo quanto a arquitetura românica.

Entre esses dois extremos, encontra-se toda uma gama de tipos de solução em que as formas clássicas são utilizadas de maneira bastante literal, mas são reunidas de maneiras peculiares. Muitos arquitetos agora estão utilizando essas formas tradicionais com um sentido de paródia (apesar de não ficar claro por que elas devam ser parodiadas) ou como uma irreverência caricata e uma vulgaridade aparentemente não intencional (mas o que é vulgaridade?).

Porém, por mais diferentes que essas soluções possam ser, elas possuem uma coisa em comum — todas rejeitam a proibição modernista à imitação. Todas, até certo ponto, afrouxam a ligação que o pensamento historicista estabelece entre as formas artísticas e o *Zeitgeist*. Todas tratam a arquitetura como uma disciplina com sua própria tradição, pelo menos parcialmente independente das mudanças nas condições técnicas, econômicas e sociais. Em outras palavras, elas *des-historicizam* a arquitetura.

Talvez, na verdade, a maior diferença entre esse tipo de pós-modernismo e o primeiro tipo seja que este é fundamentalmente historicista. Em vez de subenfatizar a importância das mudanças históricas, como faz o pós-modernismo culturalista, o pós-modernismo progressista a enfatiza — enfatiza a diferença entre nossa época e todas as que a precederam. O modelo historiográfico em questão parece ser o de Michel Foucault, com sua noção de diferentes períodos e seus diferentes "epistemes", ou o de Thomas Kuhn, com sua noção de "paradigmas" em constante modificação.

Porém, eu chamaria a atenção para uma curiosa inversão que parece ocorrer nas respectivas posições dos pós-modernos progressistas e culturalistas em sua relação com a história. Lyotard gostaria de dizer que estamos comprometidos com uma etapa peculiar da evolução cultural, diferente de qualquer coisa que já tenha passado, e que está intimamente ligada aos progressos econômicos e técnicos da sociedade pós-industrial. Lyotard enfatiza isso em sua rejeição do que ele chama de legitimação pelo tipo de metanarrativa característica de todas as sociedades tradicionais. Porém, como já disse, ele também enfatiza a permanente importância do conhecimento narrativo e o papel do *petit récit*. Não estaria Lyotard, com isso, invocando uma imagem arcaica e nostálgica? Ele diz que, paradoxalmente, o conhecimento narrativo, com sua dependência de tipos de conhecimento habituais e tradicionais, possui o efeito de obliterar o passado. Isso ocorre porque, no processo de ser restabelecido, o passado *torna-se* presente.

Ao traduzir essa idéia para a arquitetura, pode-se imaginar que ela se aplique à Idade Média, onde uma tradição artesanal internalizava e transformava o que havia (remotamente) sido recebido da Antigüidade. Talvez seja possível aplicar essa noção à Renascença, em que uma tradição morta foi reanimada e codificada, mas logo se tornou habitual. Seria difícil, acredito, aplicá-la ao final do século XVIII, quando o passado de repente começa a parecer muito remoto e é visto de maneira nostálgica. Seria mais difícil aplicá-la ao ecletismo e revivalismo do século XIX, e seria ainda mais difícil aplicá-la ao presente, em que quase toda referência mais ou menos literal à tradição arquitetônica parece uma citação.

Quanto aos pós-modernistas culturais, vemos uma inversão recíproca. Aqui a alegação é de que a arquitetura está, em grande parte, livre da determinação histórica. Ao retornar ao passado, estamos nos voltando para valores estéticos eternos. Contudo, é exatamente o uso de formas do passado que chama a atenção para nossa distância da época em que essas formas foram originalmente desenvolvidas. Lembramo-nos do passado *como o passado*. A única maneira por meio da qual um edifício poderia nos fazer sentir que os valores da arquitetura são eternos e não estão sujeitos a mudanças históricas seria se suas formas parecessem "naturais" para nosso modo de vida, em outras palavras, "modernas". Nesse caso, porém, teríamos de ser capazes de esquecer que essas formas são especificamente históricas, assim como sem dúvida era possível na Idade Média e na Renascença. O tempo histórico teria de se tornar, mais uma vez, o tempo mítico.

Finalmente, talvez fosse interessante comparar as atitudes em relação ao "novo" em Lyotard e no pós-modernismo culturalista.

O "novo" é um ingrediente da vanguarda desde a introdução desse termo no discurso crítico, em meados do século XIX. Na verdade, essa discussão existe desde a querela entre os antigos e os modernos na academia francesa no século XVII. Naquela época, é claro, o termo surgiu no campo da ciência, mas foi aplicado à arquitetura pelos irmãos Perrault. "Podemos ser melhores do que os antigos." Porém, na vanguarda do século XIX, o "novo" assumiu conotações proféticas: pensava-se que a arte prenunciava a liberdade cultural, principalmente por meio de sua capacidade de perceber e projetar a realidade.

Em Lyotard, o "novo" está vinculado à ciência. Ao pedir a cooperação dos "participantes" do "jogo" do discurso científico para estarem prontos a aceitar "regras" diferentes, ele diz: "A única legitimação que pode tornar esse tipo de pedido admissível é que ele gerará idéias, em outras palavras, novas afirmações". Essa crença no novo é ainda mais extrema do que no modernismo, onde se esperava que as afirmações fossem "verdadeiras" e correspondessem à "realidade", além de serem novas. (O que é o funcionalismo senão um tipo de realismo?).

É provável que não seja totalmente justo supor, com base na visão de ciência de Lyotard, qual seria sua concepção de arte. Se o conhecimento narrativo é o conhecimento do hábito, a novidade não pode ser sua propriedade mais importante. (Coerência absoluta é, afinal, a última coisa que Lyotard pretende ter.) Não obstante, há um espírito em Lyotard que favorece a ausência de limites fixos e o risco, o que possui muito em comum com a vanguarda clássica e se opõe ao espírito conservador do pós-modernismo culturalista.

Poucos pós-modernistas culturalistas negariam que as obras modernas estão fadadas a ser diferentes das obras do passado, mesmo que apenas pelo fato de o artista ou arquiteto não estar consciente de todos os fatores que lhe são impingidos. No entanto, eles provavelmente dariam ênfase ao que *não* era novo em um desenho — no elemento da tradição que estava sendo transformado. Parece, então, que em suas atitudes em relação à maneira como a memória histórica opera no presente e ao conceito de invenção, os pós-modernistas progressistas e culturalistas possuem visões diametralmente opostas, por mais que concordem em outras questões.

Meu propósito neste ensaio foi tentar elucidar algumas dessas diferenças e, ao fazê-lo, mostrar que a crítica pós-moderna está muito longe de ser monolítica. A meu ver, não se tem dado atenção suficiente ao fato de que o mesmo termo é, às vezes, utilizado para fazer referência a idéias opostas.

[Publicado originalmente em *Art Criticism*, vol. 2, n. 1 (State University of New York at Stony Brook, 1985).]

NOTA

1. Jean-François Lyotard, *The Postmodern Condition: A Report on Knowledge* (Minneapolis: University of Minnesota Press, 1984).

Pós-modernismo e estruturalismo: um olhar retrospectivo

O termo *pós-moderno* parece ora vazio, ora tendencioso. Provavelmente, o mais próximo que poderíamos chegar de uma definição aceitável seria algo na linha da proposição de Andreas Huyssen: os movimentos da arte e da arquitetura que tomaram o lugar de um alto modernismo extenuado.[1] Essa definição deixa implícito que os conceitos unificadores do modernismo foram substituídos por uma pluralidade de tendências e que seria tolo esperar uma única idéia orientadora na prática pós-moderna. Por outro lado, podem-se discernir certas tendências dominantes em cada uma das instituições semi-autônomas da cultura contemporânea, e este ensaio pretende investigá-las no campo da arquitetura. Isso para não dizer que na arquitetura enfrentamos um conjunto de práticas singulares que nada possuem em comum com as de outras disciplinas. Porém, antes de podermos reconhecer as sobreposições e transgressões que ocorrem entre os limites que separam diferentes campos, é necessário primeiramente estabelecer limites provisórios.

Começarei, portanto, apontando duas características da arquitetura que, me parece, a diferenciam das outras artes e que ajudam a explicar as formas específicas da prática pós-moderna que encontramos na arquitetura. A primeira condição pela qual a arquitetura difere das outras artes é que ela é muito dispendiosa. Estando a arquitetura tão vinculada às fontes de finanças e poder, é muito mais difícil para o arquiteto do que para outros artistas operar dentro de uma cultura particular *aparentemente* autônoma ou manter a independência em relação ao gosto burguês, o que tem sido a ambição da arte desde o início do século XIX. Para desempenhar um papel crítico eficaz, a arquitetura precisa aliar-se às principais tendências econômicas declaradas como progressistas — como aconteceu na década de 20, quando a "modernização" e o avanço técnico foram associados à renovação social e a uma visão utópica. A segunda condição pela qual a arquitetura difere das outras artes é que seu modo de recepção é o da distração em vez de o da contemplação. Como Walter Benjamin ressaltou em seu ensaio "A obra de arte na era da sua reprodutibilidade técnica", esse modo distraído de recepção — que o levou a ver a arquitetura como um paradigma para as artes caracteristicamente "modernas", a fotografia e o cinema — é moldado pelo estabelecimento de hábitos.[2] Dessa maneira, o poder que inicialmente parece ser investido no arquiteto é retirado dele — em primeiro lugar, porque ele é um mero agente e, em segundo, por meio de um tipo de indiferença diante da arquitetura que decorre de sua própria ubiqüidade e utilidade. Esses fatores desempenharam um grande papel no fracasso do movimento moderno na arquitetura em estar à altura de seu próprio programa, fundamentado como era em uma visão um tanto fictícia do papel profético e influente do arquiteto na sociedade.

A crítica do modernismo que se desenvolveu no final da década de 60 estava esmagadoramente preocupada com esse fracasso. A arquitetura moderna prometera nada menos do que uma completa renovação do ambiente urbano e rural. Nisso, ela diferiu dos movimentos de vanguarda das outras artes, que somente podiam prometer uma renovação espiritual. É claro que certos movimentos artísticos — notavelmente o dadaísmo e o surrealismo — estavam intimamente ligados à esquerda política; mas apenas a arquitetura oferecia uma revolução no âmbito social propriamente dito independentemente de seus protagonistas serem ou não da esquerda política (o que, no final das contas, muitos eram). Apenas na vanguarda arquitetônica o mundo ideal da arte e o mundo real dos fatos empíricos misturavam-se sem a suposta necessidade de uma revolução política. A arquitetura fundou sua promessa, em grande parte, na crença de que a tecnologia poderia resolver os problemas práticos e artísticos da existência social moderna.

Como o movimento moderno pretendia uma revolução global, e não meramente um gosto arquitetônico, é com o ataque à cidade modernista que devemos começar nossa descrição de pelo menos uma vertente do que é conhecido como "pós-modernismo". Muitos fatores contribuem para a reação contra a cidade modernista. Um deles é a visão de que ela era essencialmente impossível de ser construída, exceto sob as inerentemente raras condições políticas que possibilitaram uma Brasília ou uma Chandigarh — e que, nesses casos, os resultados eram altamente questionáveis, tanto de um ponto de vista sociológico quanto estético. Um outro fator é que nas cidades existentes, a aplicação gradual de princípios modernistas como o zoneamento, a construção de rodovias e a aceitação da tecnologia dos arranha-céus destruíam ou tornavam estranhas as áreas urbanas centrais. Um terceiro fator é que a criação de grandes projetos de habitação verticalizada no centro ou na periferia das grandes cidades obliterava todos os vestígios da malha existente e da estrutura de comunidade a ela associada, sem fornecer uma alternativa genuína.

Dessa maneira, podemos observar dois fenômenos principais: em primeiro lugar, a aplicação fragmentária e gradual de versões da utopia tecnológica da década de 20 como parte ou da política do estado de bem-estar social ou do crescimento capitalista; em segundo lugar, a apropriação de técnicas e imagens modernistas, originalmente utópicas em sua intenção, por corporações empresariais e grupos de pressão de interesse privado. No primeiro caso, a crítica era sociológica e psicológica. No segundo, era ideológica: a própria intenção e significado do movimento moderno eram vistos como se tivessem sido "traídos" e invertidos, de modo que a tecnologia avançada de construção e a estética a ela relacionada, não mais sendo símbolos de uma nova ordem social fundada na cooperação, tornaram-se um meio de aumentar o prestígio das grandes empresas.

Ao voltarmos nossa atenção da cidade para o edifício individual, vemos que uma das críticas mais fortes dirigia-se à versão arquitetônica do minimalismo, intimamente ligada à doutrina do funcionalismo. Quando a arquitetura moderna foi adotada de maneira geral depois da guerra, adaptando-se às verdadeiras tarefas da construção em larga escala e sendo disseminada por toda a profissão, suas regras formais passaram a ser aplicadas de maneira cada vez mais perfunctória. O que poderia ser chamado de a crítica proto-pós-moderna da arquitetura moderna na década de 60 era amplamente fundamentado na qualidade monótona e tediosa da maioria dos edifícios modernos. Eles não somente pareciam artisticamente incompetentes, mas também freqüentemente não funcionavam em um nível técnico e prático. Mesmo levando-se em consideração o populismo ingênuo e o filistinismo de grande parte dessa crítica, temos de admitir que ela continha muitas verdades. Estava envolvida uma boa parcela de arrogância profissional e, por um curto período, testemunhamos o curioso espetáculo de todo um corpo profissional que se considerava uma vanguarda. Acredito que seja importante, portanto, compreender que a reação antimodernista foi, na verdade, uma reação contra um movimento moderno que se tornara conservador, profissionalizado e rotineiro. Não se dirigia *fundamentalmente* às obras seminais das décadas de 20 e 30.

Também presente, entretanto, estava uma crítica em desenvolvimento da teoria modernista, especialmente a doutrina explícita do funcionalismo e a doutrina implícita do historicismo. Foi dito corretamente que essa crítica dirigia-se mais freqüentemente à autoperpetuada mitologia do modernismo do que à arquitetura moderna propriamente dita — que estava longe de se permitir ser restringida pelo estreito conceito do funcionalismo ou da total rejeição da história proclamada pela teoria. Porém, não é tão fácil separar a prática do modernismo de sua teoria, e mesmo se a crítica deixasse certas obras modernas intactas, estava mais do que na hora de se questionar um corpo de suposições que, em meados da década de 60, havia se tornado restritivo e irrelevante.

O funcionalismo e o minimalismo estavam intimamente ligados na arquitetura. Essa associação de idéias não se limitava à arquitetura — podemos encontrar um sistema de idéias comparável na filosofia de Bertrand Russell e na antropologia de Bronislaw Malinowski, além de, mais aparentemente, na música de Arnold Schönberg — na arquitetura, porém, o funcionalismo tinha uma óbvia aplicação prática que não possuía em nenhum outro lugar. A arquitetura, assim como a música e as outras artes, depende tradicionalmente da disposição ou composição de inúmeras figuras retóricas pré-formadas — o que Charles Rosen, falando de música, mas utilizando uma metáfora arquitetônica, chama de o uso de "grandes blocos de material pré-fabricado". A nova arquitetura da década de 20 procurou banir esses tropos e fórmulas e substituí-los por elementos atômicos que fossem considerados formal e funcionalmente irredutíveis. O significado decorreria do contexto formal e funcional da própria obra, supostamente independente dos clichês estilísticos e dos gestos retóricos legados pela tradição.

Um dos principais objetos do ataque pós-moderno foi essa noção de um conjunto de funções ligadas à obra específica, mas com uma existência anterior e externa a ela. O ataque não era contra a idéia de um edifício possuir um propósito, mas contra a idéia de que a forma estética do edifício devia deixar transparecer completamente seu propósito, definido por um conjunto de funções mais ou menos quantificáveis. Tais idéias haviam sido questionadas antes, tanto pelos inimigos do modernismo quanto pelos arquitetos do próprio movimento. Na década de 60, entretanto, exatamente na época em que alguns arquitetos haviam reduzido a idéia do funcionalismo ao que seria um sistema comportamentalista, disponibilizou-se uma arma de ataque contra o funcionalismo — uma arma que parecia possuir todas as credenciais de uma ciência positiva. Era o "estruturalismo", inaugurado por Ferdinand de Saussure e desenvolvido de várias maneiras por Roman Jakobson, Claude Lévi-Strauss e Roland Barthes. De acordo com essa abordagem, a capacidade dos signos de transmitir significado, em qualquer que seja seu sistema, depende de uma estrutura arbitrária e convencional de relações dentro de determinado sistema, e não da relação entre signos e referentes preexistentes ou fixos na realidade externa. A aplicação desse modelo lingüístico à arquitetura permitiu que a "função" fosse vista como a falsa reificação e naturalização de um conjunto de valores culturalmente determinados que podem ou não ser considerados como parte do sistema de significação constituído por um edifício.

O segundo objeto de ataque foi o determinismo histórico. A arquitetura moderna, como fora proposto por seus principais teóricos e historiadores, fundava-se em uma teoria da história estabelecida no início do século XIX que, em parte, interpretava o progresso cultural por meio da metáfora de desenvolvimento orgânico. Nesse sentido, estava intimamente ligada à teoria estética do romantismo e a seu uso da analogia orgânica para explicar a estrutura da forma artística. De acordo com uma interpretação historicista extrema, a prática cultural de qualquer período somente pode ser compreendida a partir de sua posição em uma linha do tempo evolutiva e como parte de uma cadeia causal-temporal. Essa abordagem foi tão vulnerável quanto a do funcionalismo para a crítica estruturalista. O contra-modelo era novamente a lingüística de Saussure, uma explicação referente à estrutura que substitui uma estrutura avançada nos padrões de uma causalidade linear.

Continuando essa discussão, os sistemas culturais, assim como a própria linguagem, podem ser explicados menos como *processos* temporais do que como estruturas espaciais. Os significados culturais de um período se inter-relacionam, e o significado de qualquer palavra, ou qualquer forma artística singular, depende da existência de todas as outras. Se tomarmos uma prática como a arquitetura, poderemos ver que, assim como no caso da linguagem, a história está presente não somente como um processo em que cada fase anula a fase anterior, mas também como uma série de rastros que sobrevivem em modos atuais de se ver o mundo. Uma forma histórica pode, portanto, ser vista como matéria-prima *dentro* da presente prática da arquitetura — e não como algo que foi relegado a um passado externo.

A aplicação do modelo lingüístico às artes resultou em certa confusão, pois poderia ser interpretado de uma dentre duas maneiras: como uma sintaxe que estivesse "vazia" ou como uma semântica que estivesse "cheia". Nenhuma dessas interpretações contradiz a noção da arbitrariedade do signo. Nem necessariamente excluem uma à outra, já que uma envolve o significante e a outra, o signo (significante + significado) como seu objeto de atenção. Porém, eu discutiria, é a segunda dessas duas interpretações que se aplica à arquitetura, uma posição mais bem justificada por Lévi-Strauss em sua discussão relativa a um campo diferente — o da música.[3] Lévi-Strauss fundamenta seu argumento na analogia das duplas articulações da linguagem. Na música, o significado (isto é, o significado "musical") somente é imaginável se o material sônico já tiver recebido uma estrutura; somente podem surgir novos significados como modificações de uma estrutura herdada. Ora, em música, a base de qualquer estruturação cultural já existe nos graus naturais da dissonância. Pode-se discutir que existe uma base similar na arquitetura e que, portanto, a arquitetura, assim como a música, é um sistema natural e arbitrário.[4]

Podemos ver, a partir do que se disse, que o estruturalismo foi capaz de fornecer a lógica para um ataque a dois dogmas — o funcionalismo e o determinismo histórico — que foram fundamentais para a teoria e prática do modernismo. Porém, o estruturalismo somente podia fornecer um contexto crítico geral. A compreensão de como a crítica estruturalista pode ser aplicada à arquitetura exige um processo de tradução.

Um meio para tal tradução é a noção de tipo, que pode explicar como, em um sistema análogo à linguagem, são geradas formas na arquitetura. Assim como a linguagem sempre preexiste a um grupo ou locutor individual, o sistema da arquitetura preexiste a determinado período ou arquiteto. É exatamente por meio da persistência de formas anteriores que o sistema pode comunicar significado. Essas formas, ou *tipos*, interagem com as tarefas apresentadas à arquitetura, em qualquer época da história, formando todo o sistema.

Um dos muitos motivos pelos quais a tipologia das formas pode ter causado mais impacto sobre a prática na arquitetura do que nas outras artes é a inerente reprodutibilidade da arquitetura e sua dependência de protótipos. No passado, todas as artes fundavam-se, em maior ou menor grau, na fiel reprodução de elementos prototípicos. Na teoria artística clássica, esse uso de protótipos era, por assim dizer, sublimado na teoria da mimese, na medida em que esta se aplicava à imitação dos modelos da arte clássica. O movimento romântico condenava esse conceito como uma negação da originalidade absoluta de cada obra de arte; contudo, o processo não foi destruído; depois do romantismo, deixou de ser uma prática *de jure* e tornou-se oculto ao público. Na arquitetura, porém, o conceito de reprodutibilidade persistiu. (É curioso que Benjamin não mencione isso em seu ensaio *Kunstwerk*.) Uma vez que uma idéia tenha se estabelecido na arquitetura, ela tende a ser repetida em incontáveis exemplos. Apesar de os monumentos raramente serem exatamente repetidos, construções mais humildes, como casas, freqüentemente são idênticas. Isso, sem dúvida, ocorre, em parte devido ao fato de tais construções terem o propósito de satisfazer necessidades humanas básicas e permanentes, e em parte devido ao fato de que traduzir uma idéia em forma material exige a mediação de inúmeros agentes, o que, por sua vez, exige certo grau de padronização.

Todas essas razões foram compreendidas pelo movimento moderno. Hermann Muthesius e Le Corbusier fizeram uma ligação entre a produção industrial e um classicismo impessoal e normativo. Os conceitos de *Typisierung* e *objet-type* foram desenvolvidos nos primórdios do movimento moderno. Nesse caso, porém, a ênfase era na produção industrial. O revivalismo da idéia do tipo na década de 60 estava certamente relacionado a esse aspecto do modernismo. Mas ele diferia do modernismo no sentido de que continha a noção da repetição de certas morfologias na história da arquitetura que parecem ser independentes dos avanços técnicos. Giulio Carlo Argan, que pôs essa idéia novamente em voga num período de interesse pela arquitetura do Iluminismo por parte do grupo *Casabella*, fundamentou-a em uma releitura do verbete "Type" no *Dictionnaire historique d'architecture*, de Quatremère de Quincy. Essa noção de tipo tornou-se, desde então, uma das idéias recorrentes no discurso crítico da arquitetura.

Nela vemos uma tentativa de se reintegrar a forma e o corpo de uma obra arquitetônica com uma dimensão de significado que se funda em um tipo de memória coletiva. A idéia não somente contesta o funcionalismo ingênuo e a tirania da tecnologia sobre a forma; mas estabelece também um novo tipo de necessidade no lugar da função e do determinismo histórico. Fixa limites à imaginação do arquiteto e o prende a algo análogo ao conceito de *langue* em Saussure — uma estrutura aceita e uma possessão coletiva que precisa ser pressuposta antes de qualquer significação poder ser atribuída à *parole* do locutor individual.

Na noção de tipo, porém, estabelecida por Quatremère e reinterpretada por Argan e o grupo *Casabella*, há uma distinção entre tipo e modelo. O restabelecimento da continuidade entre a arquitetura moderna e a história foi o impulso por trás de todo o conceito e supôs-se que isso poderia ser alcançado mediante o estabelecimento de uma tipologia arquitetônica em um nível relativamente abstrato. Entretanto, não era tão fácil distinguir entre o abstrato e o concreto e, na prática, foi impossível distinguir totalmente entre tipo e modelo.

Em vez de tentar fornecer uma explicação de todas as diferentes tendências que, durante aproximadamente os dez últimos anos, produziram variadas fusões entre o modernismo tradicional e a referência histórica, e entre uma idéia restrita de tipologia e um ecletismo livre, prefiro concentrar-me em um único problema: aquele que envolve a relação entre uma recuperação do passado na arquitetura e uma atitude relativa à realidade social. Preocupar-me-ei aqui com a arquitetura como afirmação ou crítica.

O problema de distinguir entre um pós-modernismo afirmativo e um crítico é imediatamente complicado pela incerteza relativa a qual aspecto da produção cultural está sendo atacado e qual reforçado. Se examinarmos o modernismo e a vanguarda como uma precondição necessária para a discussão do pós-modernismo, veremos que ele já está repleto de ambigüidades e inversões sobre essa questão. Na dialética de *Gemeinschaft* e *Gesellschaft*, encontramos as sementes da maior parte dessas ambigüidades posteriores.[5] Segundo os proponentes da *Gemeinschaft*, a vida na sociedade industrializada era abstrata e alienante.[6] No entanto, isso implicava uma interpretação oposta: uma verdadeira cultura moderna não poderia ser alcançada até que superássemos nossa resistência à abstração e à especialização e estivéssemos preparados para rejeitar valores tradicionais e seus fundamentos idealistas.

Ao mesmo tempo, o próprio projeto de "modernização" decorrente da segunda interpretação da oposição *Gemeinschaft/Gesellschaft* estava imbuído de um conteúdo ideal de arquitetos como Muthesius e Le Corbusier. Em uma tendência relacionada ao *rappel à l'ordre* na Paris do pós-guerra, acreditava-se que a arquitetura da era da máquina estivesse superando a história e alcançando um tipo de classicismo trans-histórico. Em um movimento oposto, mas ainda dentro dessa mentalidade "progressista", os arquitetos da Nova Objetividade exigiam o abandono de todas as pretensões artísticas em uma arquitetura que seria totalmente objetiva e transparente às necessidades sociais.

Portanto, já podemos ver a formação de um conjunto de oposições que vai se tornando cada vez mais importante: a arte erudita *versus* a arte popular; a "modernização" como símbolo da pureza artística *versus* a "modernização" como símbolo da renovação social.

Havia uma situação análoga na pintura: pode-se traçar uma distinção entre, de um lado, uma verdadeira "vanguarda", que tinha por objetivo a subversão do próprio conceito de arte erudita e, de outro, um

"modernismo" contínuo ao desenvolvimento histórico da tradição da arte erudita (uma posição defendida tanto por Clement Greenberg quanto por Theodor Adorno). Um exemplo característico é a discussão entre Adorno e Benjamin sobre "A obra de arte na era de sua reprodutibilidade técnica". Benjamin percebia o cinema, poisitivamente, como uma nova cultura de massa; Adorno condenava toda cultura de massa como um sintoma da decadência cultural — uma decadência que a arte modernista pretendia deter. A teoria estética de Adorno é uma típica inversão dos traços de caráter da *Gemeinschaft* e *Gesellschaft*. Naquele momento, um abstracionismo com um caráter de *Gesellschaft* se identificava com a preservação da cultura, evitando que a arte fosse engolida pela indústria cultural. A autonomia da arte, sua aura, somente poderia sobreviver se as condições originais de sua prática fossem abandonadas.

Se conflitos desse tipo existiam dentro do próprio modernismo, aqueles entre os modernistas e antimodernistas nos anos do entreguerras eram ainda mais distintos. Porém, eles seguiam exatamente a mesma linha de falha cultural. Na década de 30, com o enfraquecimento do otimismo do pós-guerra na Rússia e na Europa Ocidental e com o surgimento do fascismo, esses conflitos tornaram-se críticos. Surgiram os tradicionalistas na Alemanha, Itália e Rússia, promovendo variadas formas de realismo social. O *Heimatstil* e o classicismo de estado na Alemanha, os projetos de Marcello Piacentini na Roma de Mussolini e a promoção de um realismo "burguês" na Rússia estavam intimamente ligados, e as mesmas tendências existiam ao mesmo tempo nos países democráticos — notadamente nos Estados Unidos.

Depois da guerra, o realismo social continuou na Rússia; no Ocidente, porém, foi o modernismo que passou a ser associado à democracia e à vitória sobre o fascismo. Na Alemanha e na França, apesar de suas muitas diferenças, desenvolveu-se um modernismo monolítico e profissionalizado que tornava qualquer crítica externa praticamente impossível. Foi principalmente na Itália que se desenvolveu uma crítica externa, devida, em parte, à relação ambígua do modernismo com o fascismo, mas, também, à relativa fraqueza das estruturas institucional e financeira, das quais dependiam os planos de habitação em larga escala e de desenvolvimento comercial. Essa crítica parece ter incorporado muitas influências, das quais a principal era uma nova forma de realismo social — encontrada na obra de Ludovico Quaroni e Mario Ridolfi em Roma, cujos projetos de habitação tomavam elementos formais emprestados da tradição vernácula. Em todas essas tendências, talvez possamos discernir a influência do realismo social russo e as teorias artísticas de Georg Lukács. É duvidoso — e provavelmente não muito importante — dizer até que ponto esses movimentos anteciparam um "pós-modernismo". Pós-modernas ou não, as atitudes do movimento subseqüente ao neo-racionalismo — representado, por exemplo, por Aldo Rossi — constituíam uma rejeição não ambígua e não comprometedora da doutrina do funcionalismo e abriam as portas à associação e à memória, bem como à citação histórica. A aceitação simultânea de algumas soluções típicas da década de 20 por Rossi e Giorgio Grassi não se fundava na aceitação do dogma modernista. Em vez disso, somavam certas invenções modernistas a um inventário tipológico mais geral da arquitetura. Os momentos decisivos da história da arquitetura representados pelo Iluminismo e os primeiros anos do movimento moderno foram abordados com um renovado interesse como períodos que ainda podiam fornecer analogias e modelos para a presente situação. Pela primeira vez, vemos o projeto de se revisar o movimento moderno de um ponto de vista que não está mais dentro do movimento moderno propriamente dito.

É interessante observar que a crítica mais coerente do modernismo na Europa — a dos italianos — era proveniente de arquitetos pertencentes à esquerda política e que estavam preocupados com o papel fundamentalmente social da arquitetura. É verdade que os neo-racionalistas enfatizavam a relativa autonomia da arquitetura e que não mais a consideravam capaz de gerar uma revolução técnica, social ou política. Porém, essa atitude negativa contra o potencial revolucionário da arquitetura não era devido a nenhum desejo de se preservar o *status quo* político. Em vez disso, ela surgiu da perda da fé na tecnologia como uma força libertadora, na idéia de "modernização" e nos elementos correspondentes de uma arquitetura modernista.

O que estou sugerindo é que nessa vertente do pós-modernismo reside uma teoria da obra arquitetônica que contradiz a fusão realizada por Adorno e a Escola de Frankfurt entre o modernismo e a resistência cultural. Essa nova teoria remonta à noção de *Gemeinschaft* no sentido de ser crítica à crescente rotinização e centralização da cultura capitalista moderna e vê na tradição autônoma da arquitetura uma maneira de se combater essa cultura. Parece claro que essas posições associem uma preocupação um tanto conservadora com certas tradições culturais a uma crítica do capitalismo moderno: a afirmação de determinados "valores" arquitetônicos não significa o endosso da estrutura política existente.

Parece igualmente claro, porém, que a reintrodução de elementos e estruturas estilísticas tradicionais na arquitetura contemporânea *por si só* não significa absolutamente nada. Isso não implica nem uma afirmação de valores arquitetônicos genuínos nem uma crítica das tendências culturais modernas. E se as grandes corporações, cada vez mais os patronos dos grandes projetos arquitetônicos, seguirem essa mudança da imagem arquitetônica? E se eles a virem meramente como uma mudança de moda que pode ser facilmente acomodada à tecnologia de ponta e a restrições orçamentárias? Isso, é claro, foi exatamente o que aconteceu. Os arquitetos que estavam na linha de frente do desenvolvimento dos arranha-céus durante os trinta últimos anos de repente re-

descobriram que não existe nenhum argumento econômico (isto é, funcional) para uma arquitetura minimalista que extraia sua força expressiva da geometria abstrata e de uma cortina de vidro lisa e uniforme. Dentro de limites razoáveis, é economicamente exeqüível complicar o perfil de um edifício alto de inúmeras maneiras, inclusive algumas que lembrem vagamente composições clássicas.

Para compreendermos a contradição entre esses dois diferentes exemplos da prática pós-moderna, devemos voltar à noção de tipo. Uma tipologia das formas que procura disponibilizar os elementos mais invariáveis da tradição histórica não pode ignorar o problema do programa, por mais que ela rejeite a função como o único determinante da arquitetura. O uso de formas históricas implica alguma analogia — talvez no nível mais geral — entre os usos tradicionais associados a essas formas e sua presente adaptação. De fato, se, como sustentam os neo-racionalistas, é apenas por meio da manifestação de seus códigos autônomos que a arquitetura pode estar relacionada à prática social, isso necessariamente sugere, em algum nível, uma homologia entre esses códigos e as práticas sociais.

Se enxergarmos o problema dessa maneira, podemos ver dois pólos limitando o uso de motivos históricos: em um pólo, encontramos edifícios cujo propósito ainda guarda alguma relação com uma *res publica* historicamente contínua, ou que estão localizados em contextos urbanos densos e ressonantes, histórica e artisticamente; em outro pólo encontramos tipos novos, sem equivalência histórica. O tipo de prática pós-moderna associada ao neo-racionalismo freqüentemente, apesar de não invariavelmente, se enquadra na primeira categoria. Por outro lado, os exemplos mais claros da segunda categoria encontram-se nas formas do novo tipo de edifício americano, os edifícios de escritórios corporativos, sejam eles complexos horizontalizados na zona rural ou torres na cidade. Seja programática, seja morfologicamente, esse tipo de edifício difere tanto de qualquer tipo tradicional que, quando as formas históricas são a ele aplicadas, operam em um tipo de vazio semântico. Essas figuras tornam-se meramente os signos da "cultura"; o que, antes, eram significante e significado, foi destruído e utilizado novamente como um novo signo. A substância do tipo permanece obstinadamente moderna, enquanto que a roupagem do edifício serve para dar uma falsa aparência de complexidade arquitetônica e profundidade cultural. Tal interpretação, naturalmente, é muito útil para uma corporação ansiosa por convencer o público de que desempenha um papel responsável no âmbito da cultura. É claro que a arquitetura sempre foi usada dessa maneira para "convencer", e se um modo retórico é ou não aceito é simplesmente uma questão de nossa posição no espectro político. O problema que encontramos no típico edifício de escritórios norte-americano pós-moderno é a falta de ligação entre o propósito do edifício e as associações históricas de sua forma artística.

Essa situação parece ter sido promovida por uma condição cultural caracteristicamente moderna. Nos últimos 250 anos foi se tornando cada vez mais possível separar a recepção estética das obras das condições de sua criação. Em seu ensaio "The Modern System of Arts", Paul Kristeller chamou a atenção para o surgimento da *connoisseurship* amadora no século XVIII e a permanente mudança que esse fato causou em relação à teoria da recepção da obra de arte.[7] A pedra de toque do valor artístico não mais era, discute Kristeller, o artista ou artesão, mas o espectador. Esse fato sugere um acontecimento historicamente singular desde o século XVIII; o "espaço de possibilidades" do artista e o do espectador não mais coincidem. O artista continua a ser restringido pelas possibilidades técnicas e práticas de sua arte, enquanto que o *connoisseur* encontra-se relativamente livre para ajustar seu limiar de percepção à arte de diferentes períodos e de diferentes culturas.

Tal separação entre o artista e o espectador é um aspecto do ecletismo que raramente é percebido. O ecletismo, que freqüentemente tem sido visto como algo que existe igualmente para o artista e para sua audiência, parece estar inseparavelmente ligado à crescente importância do *connoisseur*. Tomando um contra-exemplo, um período como o século XVI revela uma convergência geral entre as preocupações do artista e as do público. Quando passa a ser possível para as pessoas cultas desfrutar das obras de uma cultura historicamente remota, as formas dessas obras são imediatamente incorporadas à prática artística. Por exemplo, a descoberta da decoração em gesso na Domus Aurea, em Roma, inspirou Rafael e outros a reavivar tanto as técnicas quanto as formas desse gênero.

A distância entre o espaço de possibilidades do espectador e do artista continuou a crescer. Alguns projetistas contemporâneos supõem que o artista tenha o mesmo acesso ao passado que o *connoisseur*. Porém, parece não haver nenhum motivo pelo qual uma tendência de duzentos anos na direção oposta deveria, repentinamente, ser invertida. Quando os artistas vão a museus, salas de concerto ou cidades antigas, é mais na qualidade de *connoisseurs* do que com o objetivo de aprender como operar uma tradição viva.

Comecei este artigo com uma afirmação sobre a importância do estruturalismo na crítica da arquitetura moderna. Gostaria de finalizá-lo indicando a inadequação do estruturalismo quando a questão é agir em determinada situação histórica. O estruturalismo nos fornece o campo de possibilidades que existe em qualquer momento; ao fazê-lo, reintroduz o elemento de escolha excluído pelo funcionalismo e pelo historicismo. Permanece em silêncio, porém, em relação aos motivos das escolhas que os artistas devem continuamente fazer — escolhas que, coletivamente, podem determinar a mudança de um conjunto de paradigmas para outro.

Nenhuma teoria da arquitetura pode ignorar esse problema. Por um lado, temos de aceitar que não haja tradução direta entre função e forma. Sua relação é sempre mediada pelo costume e pela história. A imaginação arquitetônica deve estar livre para fazer sua escolha a partir da causa completa das formas arquitetônicas sem ser restringida por teorias *a priori* sobre as imposições do espírito de época. Por outro lado, não devemos pensar que essa escolha é ilimitada. A arquitetura tem a origem de seu significado nas circunstâncias de sua criação; e isso implica que o que é externo à arquitetura — o que pode ser, de maneira geral, chamado de seu conjunto de funções — é de vital importância. É ele que fornece o que Pierre Bourdieu chamou de "motor". Estrutura e função são falsas oposições; precisam ser conciliadas.

[Publicado originalmente em *Assemblage*, 5, fev. 1988.]

NOTAS

1. Andreas Huyssen, "Mapping the Postmodern", *New German Critique*, 33 outono de 1984, pp. 5-52.
2. Walter Benjamin, "The Work of Art in the Age of Mechanical Reproduction", in *Illuminations*, trad. Harry Zohn (Nova York: Schocken Books, 1969), pp. 239-40. [*Obras escolhidas*. São Paulo: Brasiliense, 1985.]

3. Claude Lévi-Strauss, *Le Cru et le cuit* (Paris, 1964); edição inglesa, *The Raw and the Cooked: Introduction to a Science of Mythology I*, trad. John e Doreen Weightman (Nova York: Harper & Row, 1969). [*O cru e o cozido*. São Paulo, Cosac & Naify, 2004.]

4. Ver Alan Coulqhoun, "Historicism and the Limits of Semiology", in *Essays in Architectural Criticism: Modern Architecture and Historical Change* (Cambridge: The MIT Press, 1981).

5. Essa tipologia originou-se com Ferdinand Tönnies, cujo livro *Gemeinschaft und Gesellschaft* de 1887 exerceu uma influência duradoura sobre o pensamento sociológico. *Gemeinschaft* [comunidade] e *Gesellschaft* [sociedade] são tipos ideais de associação nos pólos extremos de um *continuum*. Em associações do tipo *Gemeinschaft*, as relações são espontâneas e afetivas e representam fins em si mesmas. Nas associações *Gesellschaft*, ao contrário, as relações são produto da razão e do cálculo e são meios para se alcançar fins. A ligação dessa oposição à daquela entre o historicismo, com seu conceito de uma sociedade orgânica, e o racionalismo do Iluminismo, com sua crença na lei natural, é óbvia. Os dois tipos não são pensados como mutuamente exclusivos e acredita-se que ambos existam em proporções variadas em todas as sociedades.

6. Esse ponto de vista pode ser observado mais claramente na fase inicial do romantismo, por exemplo, em A.W. N. Pugin. Os sociólogos alemães do final do século XIX, como Tönnies e Georg Simmel, eram menos prescritivos e mais "científicos" em sua abordagem. Dessa maneira, em sua discussão sobre a cidade
moderna no ensaio "Die Grosstädte und das Geistesleben" ("A metrópole e a vida mental"), de 1903, Simmel não condena abertamente as características qualidades "abstrata" e "nervosa" da vida da cidade moderna, apesar de sua ampla adesão à escola de *Lebensphilosophie* (trad. em Kurt H. Wolff, ed., *The Sociology of Georg Simmel* [Glencoe, Illinois: Free Press of Glencoe, Illinois, 1950]).

7. Paul Oskar Kristeller, "The Modern System of the Arts", in *The Renaissance and the Arts: Collected Works*, edição revisada (Princeton: Princeton University Press, 1980).

Créditos das ilustrações

p. 27, 28 B. Seeley, *Stowe: A Description of the House and Garden* (1797).

p. 31, 32 Robert Rosenblum, *Transformations in Late Eighteenth Century Art* (Princeton: Princeton University Press).

p. 34 Nikolaus Pevsner, *Some Architectural Writers of the Nineteenth Century* (Oxford: Oxford University Press, 1972).

p. 43 J. Fergusson, *Illustrated Handbook of Architecture* (1855).

p. 46 J. J. Coulton, *Greek Artists at Work* (Londres: Granada, 1982).

p. 54 © SPADEM, Paris. Cortesia Garland Publishing.

p. 56 Arthur Drexler, *The Architecture of the Ecole des Beaux-Arts* (Nova York: Museum of Modern Art, 1977).

p. 57 Arthur Drexler, *The Architecture of the Ecole des Beaux-Arts* (Nova York: Museum of Modern Art, 1977).

p. 58↑ Georg Germann, *Gothic Revival in Europe and Britain* (Cambridge: The MIT Press, 1973).

p. 58↓ Wolf Tegethoff, *Mies van der Rohe: The Villas and Country Houses* (Nova York: Museum of Modern Art, 1985).

p. 59 Walter Gropius, *The New Architecture and the Bauhaus* (Londres, 1935).

p. 65 © SPADEM, Paris. Cortesia Garland Publishing.

p. 73 Staatliche Museen Preussischer Kulturbesitz, Kunstbibliothek mit museum für architectur, Modelbild und Grafik Design, Berlim.

p. 80, 81 Centre d'histoire de la construction, Conservatoire nationale des arts et métiers, Paris.

p. 86 Cortesia The Art Institute of Chicago.
p. 87 Studio Terragni, Como.
p. 88 Cortesia Paolo Libera, Roma.
p. 90 *Das Abenteuer der Ideen: Architectur und Philosophie seit der Industriellen Revolution*, ed. Claus Baldus (Berlim: Internationale Bauausstellung, 1987).
p. 103-180 Todas as ilustrações de Le Corbusier são © SPADEM, Paris.
p. 104 Le Corbusier, *Urbanisme* (1924).
p. 105 *Oeuvre complète*, vol. 2 (1929-34).
p. 107 *Oeuvre complète*, vol. 1 (1910-29).
p. 110 Le Corbusier, *Urbanisme* (1924).
p. 112, 113 Le Corbusier, *La Ville Radieuse* (1933).
p. 116 *Oeuvre complète*, vol. 1 (1910-29).
p. 117 Le Corbusier, *Vers une architecture* (1923).
p. 120, 121, 126 *Oeuvre complète*, vol. 1 (1910-29).
p. 127 *Oeuvre complète*, vol. 2 (1929-34).
p. 128 *Oeuvre complète*, vol. 3 (1934-8).
p. 130 *Oeuvre complète*, vol. 1 (1910-29).
p. 132, 133 Cortesia Garland Publishing.
p. 134 Heinz Geretsegger e Max Peinter, *Otto Wagner 1841-1918* (Londres: Academy Editions, 1979).
p. 135 Cortesia Garland Publishing.
p. 136 Le Corbusier, *Vers une architecture* (1923).
p. 137↑ Cortesia Garland Publishing.
p. 137↓ Le Corbusier, *Vers une architecture*, 2.ed.
p. 138 Le Corbusier, *Vers une architecture*, 2.ed.
p. 140, 141 Cortesia Garland Publishing.
p. 142 *Oeuvre complète*, vol. 1 (1910-29).
p. 143 *Oeuvre complète*, vol. 5 (1946-52).
p. 144, 145, 147, 148, 149↑ Cortesia Garland Publishing.
p. 149↓ *Oeuvre complète*, vol. 2 (1929-34).
p. 152 Le Corbusier, *Vers une architecture* (1923).
p. 153, 154 *Oeuvre complète*, vol. 2 (1929-34).
p. 166 Cortesia Garland Publishing.
p. 167 *Oeuvre complète*, vol. 2 (1929-34).
p. 170 *Oeuvre complète*, vol. 2 (1929-34).
p. 171 *Oeuvre complète*, vol. 3 (1934-8).
p. 172 *Oeuvre complète*, vol. 3 (1934-8).
p. 176, 177 *Oeuvre complète*, vol. 5 (1946-52).
p. 178↑ *Oeuvre complète*, vol. 6 (1952-7).
p. 178↓ Cortesia Garland Publishing.
p. 179↑ *Oeuvre complète*, vol. 7 (1957-65).
p. 179↓ *Oeuvre complète*, vol. 4 (1938-46).
p. 180 *Oeuvre complète*, vol. 7 (1957-65).
p. 186, 187 Leon Krier, *Rational Architecture* (Bruxelas: Archives d'architecture moderne, 1978).

p. 192 Coleção Solomon D. Butcher, Nebraska State Historical Society.

p. 193 Luis Jesus Arizmendi Barnes, *Albert Speer. Arquitecto de Hitler: una Arquitectura Destruida* (Pamplona, Espanha: EUNSA, 1978).

p. 198 *Zodiac*, 16 (1966).

p. 199 Cortesia Foster Associates.

p. 202, 203 *Oeuvre complète*, vol. 3 (1934-8). © SPADEM, Paris.

p. 205 Paul Léon, *La vie des monuments français, destruction, restauration* (Paris, Editions Picard, 1951).

p. 206 Cortesia Kurt Foster.

p. 207 Arthur Drexler, ed. *Transformations in Modern Architecture* (Nova York: Museum of Modern Art, 1979).

p. 214 Desenhado por Cymbre Raub.

Índice [os números das páginas com ilustrações estão em itálico]

Sobre o autor

Alan Colquhoun nasceu na Inglaterra, em 1921, e estudou arquitetura no Edinburgh College of Art e na Architectural Association de Londres, onde se graduou em 1949. Tendo iniciado sua prática como arquiteto no London County Council Architects Office, onde participou do projeto de alguns conjuntos habitacionais, estabeleceu entre 1961 e 1988 uma parceria profissional com John Miller, com quem projetou a reforma de renovação e ampliação da Whitechapel Art Gallery em 1979, entre outros projetos arquitetônicos e de exposições.

A partir de 1957, começou sua carreira didática como conferencista e professor visitante, tendo atuado em diversas instituições: Architectural Association, Princeton University, Cornell University, Polythecnical of Central London, École Polythecnic de Lausanne e University of Virginia. A partir de 1978, tornou-se professor da escola de arquitetura da Princeton University, da qual é professor emérito.

Colquhoun começou a atuar como crítico no início da década de 1960, escrevendo textos que logo se destacaram no debate arquitetônico. Desde então, já publicou ensaios em *Oppositions*, *Architectural Design*, *L'Architecture d'Aujourd'hui* e *Casabella*, entre outros periódicos, livros e coletâneas, e os livros *Arquitectura Moderna y Cambio Histórico: Ensayos 1962-1976* (Barcelona: Gustavo Gili, 1978), *Essays in Architectural Criticism: Modern Architecture and Historical Change* (Cambridge: The MIT Press, 1981), pelo qual ganhou o Architectural Critics Awards em 1985, *Modernity and the Classical Tradition: Architectural Essays 1980-1987* (Cambridge: The MIT Press, 1989), que já foi traduzido para o francês e o espanhol, e *Modern Architecture* (Oxford: Oxford University Press, 2002).

[As indicações biográficas provêm de: COLQUHOUN, Alan, MILLER, John. [s.t.] In: EMANUEL, Muriel (editor). *Contemporary Architects*. London: St. James Press, 1994, pp. 185-187; OCKMAN, Joan. "1961". In: — (editor). *Architectural Culture 1943-1968. A Documentary Anthology*. New York: Columbia Books of Architecture, Rizzoli, 1993, p. 341.]

Edição original: 1989

Capa Louis Kahn, Delfos de Marmaria, 1951

Coordenação editorial Cristina Fino
Tradução Pedro Maia Soares
Projeto gráfico Elaine Ramos
Revisão técnica Guilherme Wisnik
Revisão Cássio Arantes Leite

Dados Internacionais de Catalogação na Publicação (CIP)
[Câmara Brasileira do Livro, SP, Brasil]

Colquhoun, Alan [1921-]
Modernidade e tradição clássica : ensaios sobre arquitetura 1980-1987 / Alan Colquhoun ; tradução Christiane Brito. São Paulo : Cosac & Naify, 2004.

Título original: Modernity and the classical tradition
Bibliografia.
ISBN 85-7503-278-X

1. Arquitetura e história 2. Arquitetura pós-moderna 3. Funcionalismo (Arquitetura) 4. Le Corbusier, 1887-1965 — Crítica e interpretação 5. Neoclassicismo (Arquitetura) I. Título

03-7268 CDD 724

Índices para catálogo sistemático:
1. Arquitetura moderna: História 724

COSAC & NAIFY
Rua General Jardim, 770, 2° andar
01223-010 — São Paulo — SP
Tel: (55 11) 3218-1444
Fax: (55 11) 3257-8164
info@cosacnaify.com.br
www.cosacnaify.com.br

Atendimento ao professor: [55 11] 3218-1466

tipologia Walbaum e Univers papel alta alvura 120 g/m²
escaneamento Graphbox impressão Cromoset